公司治理之
股东知情权150问

主 编\杨 桥 颜学刚

副主编\佘宸熠 李 熠 段 莎

参 编\陈 润 薛 超 熊 蓉

西南财经大学出版社
Southwestern University of Finance & Economics Press

中国·成都

图书在版编目(CIP)数据

公司治理之股东知情权 150 问/杨桥,颜学刚主编 . —成都:西南
财经大学出版社,2021.6

ISBN 978-7-5504-4337-2

Ⅰ.①公⋯ Ⅱ.①杨⋯②颜⋯ Ⅲ.①股份有限公司—股东—
权利—研究—中国 Ⅳ.①D922.290.4

中国版本图书馆 CIP 数据核字(2021)第 062516 号

公司治理之股东知情权 150 问

GONGSI ZHILI ZHI GUDONG ZHIQINGQUAN 150 WEN

主 编 杨 桥 颜学刚
副主编 佘宸熠 李 熠 段 莎

责任编辑:陈何真璐
封面设计:何东琳设计工作室
责任印制:朱曼丽

出版发行	西南财经大学出版社(四川省成都市光华村街55号)
网 址	http://cbs.swufe.edu.cn
电子邮件	bookcj@ swufe.edu.cn
邮政编码	610074
电 话	028-87353785
照 排	四川胜翔数码印务设计有限公司
印 刷	郫县犀浦印刷厂
成品尺寸	170mm×240mm
印 张	17.25
字 数	317 千字
版 次	2021 年 6 月第 1 版
印 次	2021 年 6 月第 1 次印刷
书 号	ISBN 978-7-5504-4337-2
定 价	68.00 元

作者简介

主编

杨桥　四川和普律师事务所律师，主任，律所公司法课题组牵头人，四川省律师协会民商事专业委员会委员，曾任四川师范大学文理学院（现成都文理学院）校外兼职教师，执业 10 余年，主要代理各类重大、疑难民商事诉讼与非诉案件，善于公司治理、合同纠纷、建工争议解决、企业常年法律顾问等法律服务事项。

颜学刚　四川和普律师事务所律师，执行主任，曾任职于某省高级人民法院，有 4 年政府行政执法经历、7 年高院审判实务经验，曾参加省级"两会"，所办大案要案被载入高院在"两会"上的工作报告，擅长处理重大民商事与刑民交叉案件，善于争议解决、刑事合规、企业风险防控、重大刑事辩护等法律服务事项。

副主编

佘宸熠　四川和普律师事务所律师，副主任，西南政法大学法学硕士，主要研究方向为公司法、合同法、知识产权、刑民交叉案件，曾办理多起重大民商事、刑事案件，拥有丰富的民商事诉讼、公司诉讼与非诉处理经验。

李熠　四川和普律师事务所律师，副主任，曾任职于某区公安局，有 12 年刑事案件办案经验，目前专攻企业反舞弊板块，获得反舞弊联盟全国反舞弊"十佳个人"称号，擅长各类企业内部舞弊案件办理及内部风险控制，善于办理刑民交叉案件。

段莎　成都某高校教师，兼职律师，中国政法大学在职研究生，主要研究方向为民商法、经济法、合同法、公司法、婚姻家事法等，擅长教学研相结合，拥有多年高校教学生涯与律师执业经历，创造性地将数理逻辑、数据分析与法律适用、法庭辩论、法律风险防范紧密结合。

参编

陈润　四川和普律师事务所律师，公司业务部主管，擅长处理各类公司纠纷、合同纠纷，曾办理多起重大疑难股权纠纷案件，为多家企业提供常年法律顾问服务，拥有丰富的诉讼和非诉经验。

薛超　四川和普律师事务所主任助理，律所公司法课题组主干研究人员，助理部负责人，专注于公司治理与商事诉讼，擅长企业法律顾问、尽职调查与风险控制。

熊蓉　四川和普律师事务所律师，副主任，曾就职于某大型房地产集团公司，专注于房地产建筑、公司投融资、股权等诉讼及非诉业务，熟悉地产建筑、公司实务，具有丰富的企业管理、诉讼及非诉经验。

序 言

　　所谓知情权，是指知悉了解的权利。理论界认为"知情权"一词最早于1945年1月由美联社记者肯特·库伯在《纽约时报》中提出，是指公众有知悉和获取信息的权利①。后来，随着经济的发展，知情权被引入商法领域，认为股东有获取、知悉公司经营状况的权利，这一权利被称为股东知情权。

　　股东知情权是一种工具性的权利，股东行使知情权的目的可能是了解公司的经营状况，从而确保自身投资的安全或帮助自己做出商业判断，也可能是监督公司运营、避免高管和实际控制人侵害公司利益、揭发经济犯罪等。但无论目的如何，行权股东、公司及其他股东，都不应回避或者轻视股东知情权。究其原因，一方面，对于行权股东而言，股东行使知情权是实现其根本诉求的敲门砖；另一方面，对于公司而言，公司无权随意拒绝股东行使知情权，同时股东行权也有助于公司的合规化治理。只有股东和公司真正重视股东知情权，才能在保障股东及公司合法权益的前提下实现公司合规发展。

　　事实上，我国现行法律法规中有关股东知情权的规定并不详尽，目前我

---

① 王志荣. 信息法概论 [M]. 北京：中国法制出版社，2003：323.

国对有限责任公司的股东知情权的规定仅在《中华人民共和国公司法》第三十三条、《最高人民法院关于适用〈中华人民共和国公司法〉若干问题的规定（四）》第七至十二条这七则条款中出现，主要提及了股东知情权的行权主体、行权对象、行权方式、行权范围、行权救济等方面的问题。但是司法实践中围绕着股东知情权的系列争议却纷繁复杂，如果把这些问题展开来讲，就会发现这些规定在司法实务中的理解和运用可能完全不一致，很多问题都没有明确规定。

比如，在行权主体部分，继承人尚未取得股东资格但是被继承人已经死亡期间，能否行使股东知情权？在行权对象部分，股东能否向合并或分立后的公司行权？在行权方式部分，虽然法律规定了查阅权制度，但是查阅权究竟应该以怎样的方式行使？比如股东在行使知情权时，对于不能复制的材料能否摘抄、录音、录像等？在行权范围部分，原始凭证是否在查阅的范围内或者公司能否通过章程或者其他内部约定限制或者扩大股东行使知情权的范围？在行权救济部分，股东能否对查阅资料申请采取保全措施？若公司提供的查阅账簿有毁损或者缺失，应如何归责？等等。

有鉴于此，我们决定成立课题组，从案例着手，提炼案例要点，总结办案经验，完成一本以股东知情权为核心的作品，以飨读者。《公司治理之股东知情权 150 问》一书，便是和普律师事务所（简称"和普律所"）公司法课题组专题研究的成果。研究起源于和普律所同仁在长期的诉讼和非诉服务过程中，就股东主张知情权一事进行的实务总结和理论探索。和普律所同仁在办理股东知情权的诉讼案件过程中，既代理过股东一方，要求行使知情权，亦代理过公司一方，抗辩拒绝股东行权。在代理角色的互换中，律所同仁首先以事实为基础、以法律为准绳，针对不同的诉求，设计不同的代理思路。所以，针对该课题中每一个商事部分的问题，我们都会站在行权股东以及公司（或其他股东）双方的立场上提出相关建议。从行权股东的角度讲，我们提议行权股东应当进行事前论证，确保自己有资格行权，对于行权方式、行权范围、行权救济等问题要做全方位的考虑；从公司的角度讲，我们自始至终都倡导公司治理的合规性，希望公司正视并维护股东基本权利，但是我们同时也会在法律的框架内，提出对股东的行权做出合理且非实质性限制的操作建议。

本课题组成员在该课题上倾心投入了大量精力。出于对法律职业的兴趣、执着以及敬畏之心，我们跳出工作中的具体问题，倾注精力研究相关工作衍生出的其他问题。同时，我们又将研究的结果运用到诉讼及非诉的法律服务中，并由此形成了良性的循环。我们会继续以这种态度对待我们的事业，对待我们的委托人。

此外，目前市面上还没有相关的书籍专门从实务的角度去研究股东知情权的问题，我们也希望此次研究可以填补市场的些许空白。本书尤其适合公司的股东、高级管理人员、财会人员以及其他投资人阅读，我们也希望本书的介绍有助于这些人员早日明确自身的权利，早日识别公司的风险，以及找到解决问题的答案。

当然，我们也不得不承认，由于经验的限制，我们在股东知情权问题的研究上还有一定的局限性，可能存在研究的范围仍然不够宽、研究的程度仍然不够深、研究方法仍然不够全面等问题，希望读者批评指正，以助进益。

最后要说明的是，本书正文中引用的法律法规，如无特别标注均为截至出版时现行法律法规。本书研究对象中的"公司"仅限于有限责任公司，不包括股份公司、国有独资公司、自然人或法人独资公司。这主要是因为股份公司强调资合性，其存在主要依赖公司的资本信用，在《中华人民共和国公司法》中也另有股份有限公司股东知情权的规定，其在行权范围、行权方式等方面与有限责任公司有很大不同，为避免读者产生混淆，便不将股份公司放在本书中进行讨论；而国有独资公司、自然人或法人独资公司因其出资人仅为一人，公司所有资产及利益均属其一人所有，不存在股东与公司之间的对抗，所以在本书中也不做研究。

是为序。

杨桥　颜学刚

2020 年 12 月 9 日

法律规范文件名称说明

全称	简称
《中华人民共和国公司法》	《公司法》
《最高人民法院关于适用〈中华人民共和国公司法〉若干问题的规定（二）》	《公司法司法解释（二）》
《最高人民法院关于适用〈中华人民共和国公司法〉若干问题的规定（三）》	《公司法司法解释（三）》
《最高人民法院关于适用〈中华人民共和国公司法〉若干问题的规定（四）》	《公司法司法解释（四）》
《中华人民共和国民法典》	《民法典》
《中华人民共和国民事诉讼法》	《民事诉讼法》
《最高人民法院关于适用〈中华人民共和国民事诉讼法〉的解释》	《民事诉讼法解释》
《中华人民共和国会计法》	《会计法》
《最高人民法院关于人民法院办理财产保全案件若干问题的规定》	《财产保全规定》
《最高人民法院关于民事诉讼证据的若干规定》	《新证据规定》
《中华人民共和国反不正当竞争法》	《反不正当竞争法》
《中华人民共和国刑法》	《刑法》
《中华人民共和国刑事诉讼法》	《刑事诉讼法》
《中华人民共和国企业破产法》	《企业破产法》

续表

全称	简称
《中华人民共和国合伙企业法》	《合伙企业法》
《企业会计准则第 33 号——合并财务报表》	《企业会计准则第 33 号》
《中华人民共和国治安管理处罚法》	《治安管理处罚法》
《中华人民共和国行政处罚法》	《行政处罚法》
《中华人民共和国行政许可法》	《行政许可法》
《中华人民共和国行政强制法》	《行政强制法》
《中华人民共和国行政复议法》	《行政复议法》
《中华人民共和国行政复议法实施条例》	《行政复议法实施条例》
《中华人民共和国公司登记管理条例》	《公司登记管理条例》
《中华人民共和国行政诉讼法》	《行政诉讼法》
《最高人民法院关于适用〈中华人民共和国行政诉讼法〉的解释》	《行政诉讼法解释》
《中华人民共和国海关行政复议办法》	《海关行政复议办法》
《中华人民共和国国家赔偿法》	《国家赔偿法》
《中华人民共和国社会保险法》	《社会保险法》
《中华人民共和国劳动法》	《劳动法》
《中华人民共和国税收征收管理法》	《税收征收管理法》
《中华人民共和国税收征收管理法实施细则》	《税收征收管理法实施细则》
《中华人民共和国发票管理办法》	《发票管理办法》
《中华人民共和国发票管理办法实施细则》	《发票管理办法实施细则》
《最高人民法院、最高人民检察院关于办理贪污贿赂刑事案件适用法律若干问题的解释》	《贪污贿赂案件司法解释》
《最高人民检察院、公安部关于公安机关管辖的刑事案件立案追诉标准的规定（一）》	《立案追诉标准（一）》
《最高人民检察院、公安部关于公安机关管辖的刑事案件立案追诉标准的规定（二）》	《立案追诉标准（二）》

目录 *MULU*

第一篇　商事篇

第二篇　行政篇

第三篇　刑事篇

本篇笔者以行权股东、公司及其他股东为视角，探讨在司法实践中，股东行使知情权的权利边界和行权障碍，以及公司或股东的行权救济问题，这也是本书的核心内容。

本篇共分五章五十七问，分别从行权主体、行权对象、行权范围、行权方式以及行权救济五个方面对相关问题进行探讨。

在第一章中，笔者主要探讨了行权主体的问题。虽然从权利名称上看，股东知情权的权利主体即为股东，但在司法实践中，股东持股的方式各异，持股状态节点各异，股东权利能力各异。如在持股形式上，股东可以显名持股也可以隐名持股，而隐名持股还要区分对内是否隐名；在股权激励的情形下，员工可能直接持股，也可能通过平台间接持股；从持股状态讲，该股东的股权可能处于正在对外转让或者正在增资取得或者继承人正在分割，甚至股东资格已经丧失等情况；从权利能力上讲，股东权利可能因为出资瑕疵而受到限制。以上情形都可以纳入广义的"股东"的相关范畴，但真正享有股东知情权的权利主体有哪些？此处的"股东"应该如何做实质性的划定？行权"股东"的边界在哪里？对这些问题笔者均将在本章中探讨。同时笔者在序言中谈到，股东知情权是一种救济性的权利，对于如果跳出公司法的限制，非公司性质的其他企业的投资人是否可以参照公司法的规定，通过行使"股东"知情权实现自我救济的问题，本章也进行了相应探讨。举一反三，类似其他非公司类型的企业投资人是否可以参照公司法的规定行使"股东"知情权，也会在本章得到答案。

在第二章中，笔者主要探讨了行权对象的问题。虽然法律规定了股东行使知情权的对象是公司，但在现实生活中，公司的状态也可能不断发生变化，如合并与分立、破产、清算或已经不运作甚至已经注销。那么股东除了向正常经营的公司行使股东知情权之外，是否可以向其他状态下的公司行使知情权？此处"公司"的边界在哪里？这些问题是笔者在本章中探讨的重点。

在第三章中，笔者探讨了股东的行权范围的问题。虽然法律规定了股东的查阅权范围包括会计账簿，但是会计账簿是由会计账簿和会计凭证共同组成的，其中会计账簿又包含总账、明细账、日记账、其他辅助性账簿，会计凭证又包含记账凭证、原始凭证及作为原始凭证入账的有关材料。那么"会计账簿"的边界在哪里？股东的查阅权是否包含会计凭证，如原始凭证等？股东行权范围的边界是否可以触及公司的商业秘密？同时公司章程是否可以约定扩大股东行使知情权的范围等？这些问题是笔者在本章讨论的重点。

在第四章中，笔者探讨了股东的行权方式的问题。虽然法律规定了股东的相对和绝对知情权，但是查阅权应当如何理解？可否委托专业人士行使？查阅的时候可否进行拍照、录音或者录像？"查阅"这种行权方式的边界在哪里？这些问题是笔者在本章讨论的重点。

在第五章中，笔者从股东和公司两方视角探讨了股东的行权救济问题。在股东救济方面，探讨如确定管辖法院、申请保全、诉讼时效、确认股东资格之诉与股东知情权之诉合并审理，以及股东的举证责任等问题；在公司救济方面，探讨公司应当如何抗辩、防止泄密，资料遗失的责任以及反诉和执行异议等问题。这些问题是笔者在本章中讨论的重点。

另外，对于证据保全、财产保全、执行异议、主张股东知情权等相关问题，为了方便读者理解，笔者还提供了相关的范文供读者参考。

在本篇中，笔者多以问题背景、裁判要旨、参考案例、和普提示的框架顺序进行编写（当然有部分问题实在无案例参考的，笔者也会提出自己的理解）。其中问题背景是笔者研究问题的切入点；裁判要旨是笔者对裁判观点的归纳总结；参考案例来自最高人民法院裁判文书网的公开案例，笔者选取的案例有的是支持笔者观点的典型案例，也有与笔者观点相左的案例，为的是让读者能够更全面地掌握司法实践中存在的差异；和普提示是课题组对于股东行权或者公司治理的建议。

　　需要说明的是，我国不是判例法国家，除最高人民法院指导性案例以外，其他所有的另案判决都不具指导性的法律效力。但研究判例可以让我们知道抽象的法律是怎么运用到具象的实体争议中去解决问题的，也让我们知道法官是怎样通过法律解释去填补法的漏洞的。同时，研究判例也是学习法律的有效方法，对大量判例的阅读学习可以加深我们对法律条文及立法宗旨、司法理念的理解和认知，让我们能够更有效地去处理实务争议问题。

　　在参考本篇内容时，笔者希望读者能够熟悉和普提示的内容，这部分建议内容，有的看似简单、寥寥数语，但真的是凝结了笔者的大量精力。为了方便读者阅读，笔者还在部分引用案例旁备置了二维码，读者如果希望阅读案例全部内容，只需扫一扫二维码进入中国裁判文书网，并在登录后跳转到相应页面即可。

第一章　行权主体

第 1 问　对外对内均隐名的股东能否行使股东知情权？

【问题背景】

所谓隐名股东，指在公司投资过程中，以他人名义出资，且在公司的章程、股东名册和工商登记中将他人记载为股东的实际出资人。所谓显名股东，是与隐名股东相对，指虽被记载于工商登记资料上，但没有实际出资的股东。从对内是否显名的角度，隐名股东可以分为对外隐名对内不隐名和对内对外均隐名两种类型。对外隐名对内不隐名指虽未显示在工商登记中但公司内部知晓并认同该股东的股东资格；对内对外均隐名指既未显示在工商登记中，公司内部也不知晓该股东的股东资格。隐名股东和显名股东在不同情况下行使股东知情权的条件存在较大差异。在本书中，对于隐名股东以及显名股东是否可以行权的问题将分成三问进行论述。本问是该系列第一问，主要针对对内对外均隐名的股东能否直接行权的问题进行探讨，相较而言也是最容易理解的一篇。

【裁判要旨】

隐名股东的身份未显示在工商登记中，也未记载于公司股东名册中。公司及其他股东不承认其股东资格的，隐名股东只能通过显名股东来行使包括知情权在内的股东权利，而不能直接以隐名股东的名义行权。

【参考案例】

案例一：浙江省宁波市中级人民法院在（2017）浙 02 民终 3155 号民事判决书中认为，恒盾公司现股东为林锡雷、杨辉，其中林锡雷持有 95% 股份，杨辉持有 5% 股份，沈亚伟以林锡雷名义出资恒盾公司，其在出资范围内享有的股份隐名在林锡雷名下，沈亚伟并未记载于恒盾公司股东名册，亦未向工商登记机关登记为公司股东。而公司运行过程中，由显名股东行使权利和承担义务，隐名股东在公司中的权益也是通过显名股东来主张和实现，因此沈亚伟行使股东知情权时应通过显名股东来完成，不能直接以自己名义请求。沈亚伟作为恒盾公司的隐名股东直接行使股东知情权，无法律依据，难以支持。

案例二：广东省江门市中级人民法院在（2017）粤07民终3420号民事判决书中认为，林盛长以其系大广农牧公司的隐名股东为由，主张其有权行使股东知情权，而股东知情权是指法律赋予股东通过查阅公司的财务会计报告、会计账簿等有关公司经营、管理、决策的相关资料，实现了解公司的经营状况和监督公司高管人员活动的权利，该项权利属于股东权的内容之一，股东权又是股东基于股东资格而享有的权利。本案中，林盛长主张其为大广农牧公司的隐名股东，可见，其亦确认其本身并非大广农牧公司工商登记或股东名册中记载的名义股东。在公司名义股东与实际出资人（隐名股东）相分离的情形下，股东的权利应由名义股东直接行使，实际出资人应通过名义股东之手间接行使股东权益来实现其投资权益。因此，林盛长以隐名股东的身份行使股东知情权并要求查阅大广农牧公司的会计账簿等资料，缺乏法律依据，不予支持。

【和普提示】

对于隐名股东一方，如确要通过代持的方式来持股，单从行使股东知情权的角度考虑，笔者建议可以采用对外隐名但对内不隐名的方式，具体建议参见本书第3问"对外隐名对内显名的股东能否行使股东知情权？"。如果隐名股东基于各种原因对内也无法显名的话，建议在与代持股的显名股东签订的代持股协议中明确约定显名股东必须无条件配合隐名股东行使股东权利，同时约定较为严格的违约责任，如此可在一定程度上确保显名股东能作为隐名股东的"代言人"，使隐名股东能够通过显名股东行权。例如约定显名股东必须接受隐名股东为显名股东指定的代理律师，代理权限包括但不限于代为提起诉讼、变更诉讼请求、参与调解、代为和解、确认债权债务金额、签订调解或和解协议等，代理程序为一审、二审、强制执行（产生的代理费用由隐名股东承担），否则显名股东应当赔偿隐名股东因无法行使股东权利而遭受的实际损失，损失难以界定时，按照隐名股东实际出资金额的 N 倍计算。

对于公司一方，若不希望隐名股东直接行权，笔者建议公司及其他股东慎重审查内部相关文件资料，不轻易认可隐名股东的股东资格。例如在公司股东会会议纪要、股东会会议决议、股东名册、股东出资证明书、公司章程（含未经工商备案登记的内部章程）等相关文件资料中不以公司及其他股东的名义确认隐名股东的身份。

第 2 问　隐名股东对外隐名对内显名，显名股东能否行使股东知情权？

【问题背景】

在公司及其他股东不清楚委托持股的情况下，受托人即显名股东当然有权行使股东知情权。但若在公司及其他股东认可隐名股东委托持股的情况下，显名股东是否还有权行使股东知情权呢？

【裁判要旨】

支持观点：《公司法》作为规范公司的组织和行为的法律，其更为关注的是公司的稳定性与其形式要件的完备性，而不过分探求当事人的内心真意，即使是显名股东，只要其符合《公司法》的条件，就是公司的股东，仍享有股东知情权。

反对观点：股东资格的取得是基于实际出资人履行出资义务以及其他股东共同意思表示的结果，显名股东之所以显名是因为接受了隐名股东的委托，如果没有特别约定，显名股东的权利仅限于约定的公示显名，显名股东应当秉持受托人的忠实义务，不得滥用其显名股东资格。如果没有委托人的授权或者授意，显名股东要求行使股东知情权可以被认定为具有不正当目的。

【参考案例】

支持案例：北京市第一中级人民法院在（2015）一中民（商）终字第 5478 号民事判决书中认为：訾金龙系争创公司工商登记股东，其虽然与王成洋存在股权代持关系，争创公司及其他股东均予以认可，但我国公司法并未对显名股东享有股东知情权作出限制性规定，争创公司及其股东是否认可訾金龙与王成洋的代持关系，亦不影响訾金龙系争创公司股东这一事实，故一审法院认定訾金龙享有股东知情权并无不当，争创公司该项上诉主张于法无据，依法不予采信。

相反案例：广东省广州市中级人民法院在（2019）粤01民终9436号民事判决书中认为：股份代持未被法律禁止，实际出资人的权利对外虽因股东登记的公示公信原则受到限制，但在内部关系上，显名股东应当秉持善意受托人义务，不得滥用其登记股东身份损害实际出资人和公司利益。在天津进和国际贸易有限公司、进和株式会社已先行向法院提出股东资格确认诉讼的情况下，结合（2018）粤01民初508号案一审判决的内容，再结合广东省高级人民法院在（2018）粤民申8117号民事裁定书中的意见，足以表明余承林是否所持广州市进禾贸易有限公司40%股份的实际出资人的身份已明显存疑。《公司法》设立股东知情权的目的，是保障实际出资的股东的出资权利，使其对于其出资的使用以及公司的经营享有知情和监督的权利。从本案查明的事实来看，余承林与天津进和国际贸易有限公司、进和株式会社之间已经产生矛盾，并多次诉诸法院，天津进和国际贸易有限公司、进和株式会社均要求确认其股东身份，而余承林要求解散广州市进禾贸易有限公司，双方矛盾已很深。从余承林向广州市进禾贸易有限公司发函来看，多年来余承林均未实际参与广州市进禾贸易有限公司经营。在各方对股份归属产生重大争议的情况下，余承林此时提出行使股东知情权的目的存疑。对股东知情权的保护，既要考虑股东个人权益，也要考虑公司利益。综合以上分析，基于本案的实际情况，本院认定余承林行使股东知情权的条件暂不成就。

【和普提示】

通过上述两则不同的案例，笔者发现，如果公司没有明确的证据证明隐名股东反对显名股东行使股东知情权或者隐名股东与显名股东有重大矛盾、分歧，则法院一般会支持显名股东行使股东知情权。但如果公司能够证明显名股东违反隐名股东的意思表示，或者与隐名股东存在重大矛盾的，则显名股东的行权请求可能得不到法院的支持。

对于隐名股东一方，在公司内部知晓其隐名的情况下，建议在与显名股东签订代持股协议的时候，根据实际需要明确约定显名股东的权限是否包含股东知情权等。当然更重要的是选择可信赖的人来做显名股东。

对于显名股东一方，在对内关系上应当秉持善意受托人义务，不得滥用其登记股东资格损害实际出资人和公司利益，因此显名股东是否选择行使股东知情权应当严格按照实际出资人的授意进行。

对于公司一方，当显名股东提出要行使股东知情权的时候，公司应当联系隐名股东，弄清楚是显名股东违背与隐名股东的约定，擅自行动，还是背后有隐名股东的授意。如果是显名股东擅自行动，公司应联合隐名股东阻止显名股东的违约行为；如果是有隐名股东的授意的话，笔者则建议公司方尊重其知情权。

第 3 问　对外隐名对内显名的股东能否行使股东知情权？

【问题背景】

笔者在本书第 2 问"隐名股东对外隐名对内显名，显名股东能否行使股东知情权？"探讨了受托持股的显名股东有权行使股东知情权，也在第 1 问"对外对内均隐名的股东能否行使股东知情权？"探讨了对内对外均隐名的股东无权行使股东知情权的问题。如果隐名股东对内显名，即公司及其他股东认可该隐名股东资格，该隐名股东能否行使股东知情权呢？

【裁判要旨】

虽然隐名股东没有在对外公布的公司章程及工商信息中显示为股东，但公司内部治理层面应以股东与公司间的合意为准，故应当认为隐名股东实质上具有股东资格，可以在公司内部关系中以实际股东身份向公司主张股东知情权。

【参考案例】

案例一： 广东省广州市中级人民法院在（2016）粤 01 民终 62 号民事判决书中认为：关于上诉人郭少勇是否具备玮思公司的股东资格的问题，因 2014 年 7 月 22 日的董事会决议已明确玮思公司的全部收益由郭少勇、林锦芳等六名董事会成员按持股比例享有，（该六名董事会成员）为玮思公司的实际股东，该六名董事会成员与被上诉人玮思公司及其显名股东玮思玩具企业（香港）有限公司亦在上述决议上签字或盖章，而被上诉人玮思公司一审中对此份决议的真实性也予以认可，故该决议系玮思公司与其显名股东和郭少勇、林锦芳等六名董事会成员之间的真实意思表示，对内应当具有相应的法律效力。虽然玮思公司经工商登记的股东为玮思玩具企业（香港）有限公司，且郭少勇若要被登记为玮思公司股东需经过国家有关部门审批并办理相关登记手续，但行政审批仅具有公示和备案的作用，实际股东的认定应以公司内部实际出资人通过的上述董事会决议为准。故应认定郭少勇实质上具有股东的身份，其可以在公司的内部关系中以实际股东的身份向被上诉人玮思公司主张相应的权利。

案例二： 江苏省宿迁市中级人民法院在（2015）宿中商终字第00257号民事判决书中认为：即使未经鑫嘉达公司股东会决议，赵加建也有权成为鑫嘉达公司股东。理由为：赵加建提供的补充协议、承诺书及第三人李健的陈述能够认定赵加建为实际出资人，即为鑫嘉达公司的隐名股东。《最高人民法院关于适用〈中华人民共和国公司法〉若干问题的规定（三）》第二十四条第三款规定，实际出资人未经公司其他股东半数以上同意，请求公司变更股东、签发出资证明书、记载于股东名册、记载于公司章程并办理公司登记机关登记的，人民法院不予支持。根据该规定，实际出资人要成为公司股东须经其他股东半数以上同意。之所以如此规定，是因为有限责任公司具有封闭性，即较强的人合性，股东之间一般具有一定的密切联系，股东之间相互信任；如果允许陌生人随意加入，就会破坏有限公司的人合性。但在本案中，显然不会发生这种情况。第三人刘家风是除李健外的唯一股东，根据其与赵加建签订的补充协议及其股权变更情况可以看出，刘家风对赵加建的实际出资人身份自始至终都是明知。第三人刘家风于2013年4月18日与赵加建达成股金分配协议，由此可见，刘家风不仅明知赵加建是实际出资人，且认可赵加建即为公司股东。所以，赵加建由隐名股东变为显名股东并不与第三人的本意冲突，也不会破坏公司的人合性。在已确认赵加建系鑫嘉达公司股东身份的情况下，赵加建当然享有股东知情权，也可以行使该权利。

【和普提示】

通常情况下，隐名股东行使股东知情权一般要通过显名股东间接行使，或者让自己显名后再行使股东知情权。但若有证据证明公司及其他股东均认可委托持股及隐名股东资格，隐名股东即可行使股东知情权。

对于隐名股东一方，若要直接行使股东知情权，笔者建议在隐名之前就让其他全部股东及公司出具书面材料，说明其他股东及公司均知晓并且认可隐名股东的股东资格，并且同意其行使股东权利，包括股东知情权，并且在公司股东发生变更后及时补上新股东的认可说明。否则，其很可能只能通过显名股东间接行使知情权。

对于公司及其他股东一方，笔者建议慎重审查隐名或者显名股东提出的要求，这是出于对特殊情况的考虑，如出于防止隐名股东侵害公司商业秘密、防止泄露公司商业信息、防止同业竞争以及维持公司人合性等方面的考虑，不在任何场面以任何方式认可隐名股东的股东资格及其有权行使股东权利。

第 4 问　代持股情况下，显名股东和隐名股东能够重复行权吗？

【问题背景】

在本书第 2 问"隐名股东对外隐名对内显名，显名股东能否行使股东知情权？"中，笔者认为显名股东有权行使股东知情权。但如果显名股东或者隐名股东其中一方先行使了股东知情权，另一方在后又提出同样的行权要求，能得到支持吗？

【和普提示】

虽经笔者查阅，未能找到直接持支持观点或者反对观点的案例，但结合《公司法》关于股东知情权的规定以及民事诉讼中关于"一事不再理"的规定①，笔者倾向性地认为，一方面，显名股东和隐名股东是在同一股权之上享有股东权利，对于公司及其他股东而言，显名股东和隐名股东是一体的，如果其中一方行权后，没有出现新的状况，如股权结构未发生变化，先行权股东无法证明已经查阅、复制的资料毁损、灭失等，另一方再要求行权很可能被认定为重复行权；另一方面，虽然《公司法》并没有对行使股东知情权的次数进行限制，但从节约司法资源、提高司法效率的角度考虑，另一方再次对相同资料要求行权，极有可能被法院以重复诉讼为由驳回。

---

① 《民事诉讼法解释》第二百四十七条规定：

当事人就已经提起诉讼的事项在诉讼过程中或者裁判生效后再次起诉，同时符合下列条件的，构成重复起诉：（一）后诉与前诉的当事人相同；（二）后诉与前诉的诉讼标的相同；（三）后诉与前诉的诉讼请求相同，或者后诉的诉讼请求实质上否定前诉裁判结果。

当事人重复起诉的，裁定不予受理；已经受理的，裁定驳回起诉，但法律、司法解释另有规定的除外。

对于隐名股东一方，建议在与显名股东的委托持股协议中明确约定行使股东权利的具体要求，包括但不限于约定股东知情权、分配利润请求权、分配财产请求权等事项必须事先取得隐名股东的书面同意，否则将承担违约责任。

对于公司一方，如果存在同时认可隐名股东及显名股东资格的情形时，须由二者明确行权主体。对于无权行权的主体，公司可以明确拒绝其行权或者要求其提供有权行权的主体的授权证明。

第5问　有出资证明的员工能否行使知情权？

【问题背景】

为了挽留公司管理、销售、技术等方面的核心员工，并且激发他们工作的积极性，公司往往会以授予公司股权的方式予以激励。股权激励的方式有很多，从是否实际授予员工股权的角度，股权激励可以分为虚拟股激励、实际股激励。其中，实际股激励又称工商注册股激励，指的是公司或其他股东将员工的股东身份进行工商变更登记，达到利益共同体的目的。本问主要探讨实际股激励的情形。在现实中，时常会有企业工商变更登记滞后于股权激励协议的签订及股权对价的支付的情形，在这种情形下，员工能否仅凭借股权激励协议、股权对价支付凭证来证明取得股东资格并行使股东权利，从而主张行使股东知情权？

【裁判要旨】

被公司授予激励股权，且股权激励协议中并未约定由第三人代为持股并行使股东权利，员工取得了相关的出资证明，且该出资不违反法律法规及公司规章制度的规定，应为有效；虽员工取得股权后未经过工商变更登记，但是工商登记并无创设股东资格的效力，其仅仅具有对善意第三人宣示股东资格的证权功能，故员工已取得股东资格，可以行使股东知情权。

【参考案例】

案例一：重庆市第一中级人民法院在（2016）渝01民终6272号民事判决书中认为：本案的争议焦点为汪剑松是否为奥普泰公司的股东以及汪剑松股东知情权的范围是否受到限制。根据《最高人民法院关于适用〈中华人民共和国公司法〉若干问题的规定（三）》第二十二条的规定："当事人之间对股权归属发生争议，一方请求人民法院确认其享有股权的，应当证明以下事实之一：（一）已经依法向公司出资或者认缴出资，且不违反法律法规强制性规定；（二）……"汪剑松已经向奥普泰公司出资并取得了出资证明书，而且不违反法律法规强制性规定，其股东身份应当得到确认。虽然未经工商登记，但是工商登记并无创设股东资格的效力，其仅仅具有对善意第三人宣示股东资格的证权功能，未经登记并不能排除汪剑松的股东身份。《中华人民共和国公司法》第三十三条第二款、第三款的规定，也只是强调登记于股东名册的股东可以依据股东名册行使股东权利，但并未排除未登记于股东名册的股东行使其相应的股东权利……综上，汪剑松的股东身份可以确认，根据《中华人民共和国公司法》第三十三条的规定，汪剑松具有股东知情权。

案例二： 江苏省无锡市中级人民法院在（2012）锡商终字第 0468 号民事判决书中认为：马某某系远东公司股东，马某某依法享有股东知情权。理由如下：其一，马某某提起诉讼主张权利时，提供了远东公司加盖单位公章并有法定代表人签字的股权证书，该股权证书内容明确了持股人总持股本金，此为远东公司对马某某入股的确认……其三，2002 年 4 月 25 日，远东公司向工商部门申请变更登记，注册资本由 6 800 万元变更为 3 亿元时，马某某虽未在股东名册及公司章程中出现，但此系远东公司管理缺陷所引起，不能将过错归咎于马某某，并由此否定马某某系远东公司股东的事实。其四，关于远东公司提出的"虚拟股东"的问题。远东公司提出股东交纳股金后，在岗时可比照股东享受权益，离开公司后权利即告自然终结，仅是远东公司的解释。马某某向远东公司交纳股金时，远东公司并未就"虚拟股东"问题专门向马某某作出明确说明，事后双方也未签订新的书面协议作出约定。故对远东公司提出马某某非法律意义上的股东，无权行使股东知情权的上诉主张，本院不予采信。

【和普提示】

对于员工一方，因股权激励取得股东资格的，首先应当确认公司实施股权激励计划是按照法律和公司章程的规定，通过了相关的股东会决议的。其次，员工签订股权激励协议时，应当仔细阅读协议条款，识别是否为虚拟股或是由第三方代为行使股东权利等情形。再次，员工缴纳股权出资款项应当留有相关缴费记录，通过转账的，最好备注"股权出资款或股权受让款"；现金交付的，应当要求公司出具盖有公司印章的收据，且收据上应当载明"股权出资款或股权受让款"。最后，员工缴纳出资后，应当督促公司尽快向其发放股东出资证明书，将其记入股东名册，更改公司章程，变更工商登记。

对于公司一方，如果授予员工股权激励时的本意就并非要赋予员工股东资格，那么，笔者建议可通过间接持股方式进行股权激励，即可以设立持股平台，由持股平台持有公司股权，并由公司指定的人员担任持股平台的法定代表人或主要负责人，由持股平台行使相应职权，员工仅持有持股平台的股权或者份额，不可直接对公司行使股东知情权。若公司选择直接持股方式，就应当预见到员工可以以股东身份直接向公司行使股东知情权。

第 6 问　通过持股平台持股的员工能否行使知情权？

【问题背景】

笔者在本书第 5 问"有出资证明的员工能否行使知情权？"中探讨过，从是否实际授予员工股权的角度，股权激励可以分为虚拟股激励和实际股激励。在实际股激励中，从实施方式上讲，员工持股可以分为直接持股和平台持股。出于对公司股权架构稳定性的考虑，部分公司会选择以平台持股的方式对员工进行股权激励。在采用平台持股激励的方式中，多是通过持股平台持有公司股权，再由员工作为持股平台的股东或合伙人间接地持有公司股权。那么在这种情况下，员工能否直接对公司行使股东知情权呢？

【裁判要旨】

员工通过公司设立的持股平台间接持有公司股权的，要综合公司与员工签的股权激励协议的约定及持股平台的章程或合伙协议来判断员工是否有权直接行使股东知情权。若没有明确约定员工可直接行使股东权利，因为员工不是公司的股东，则其不能直接行使股东权利，而只能由持股平台行使。

【参考案例】

案例一：黑龙江省哈尔滨市中级人民法院在（2018）黑 01 民终 1728 号民事

判决书中认为：沙河建材公司在哈尔滨市阿城区市场监督管理
局档案信息记载的股东信息一栏中，记载的股东名称中包括哈
尔滨钢飞水泥有限责任公司员工持股会，信波、温泉在股东信
息中没有记载。信波、温泉应对是否是沙河建材公司的股东负
有举证责任。在一审中信波、温泉虽提供了持股证，但只能证明，信波、温泉系
"员工持股会的成员"。哈尔滨钢飞水泥有限责任员工持股会章程第三条规定，
"员工持股会按所占公司的股份额代表全体会员行使股东权利，承担股东义务；
员工持股会会员按所投入员工持股会购股金额，通过员工持股会享有出资者的资
产受益和参与公司经营管理权利。"据此，员工持股会会员不享有沙河建材公司
股东身份。

案例二：福建省厦门市中级人民法院在（2016）闽 02 民
终 1297 号民事判决书中认为：张红梅提交的 2003 年 2 月 21 日
的出资证明虽盖有厦门金合捷投资咨询有限公司印章，但出资
证明的抬头写明"厦门金合捷投资咨询有限公司员工持股信托
基金会"。根据原审查明的事实，2003 年 2 月，厦门金合捷投资咨询有限公司的
股东变更为五家公司工会委员会，该股东组成情况结合出资证明可以证实宏发公
司主张的张红梅系通过"厦门金合捷投资咨询有限公司员工持股信托基金会"持
股。现张红梅以股东身份要求行使股东知情权缺乏法律依据，其诉讼请求应予
驳回。

【和普提示】

对于受激励的员工一方，笔者建议其在签订股权激励协议时应当了解自身是
直接持股还是通过持股平台方式间接持股，以及协议和章程中对于行使股东权利
主体的约定。若以直接持股方式持股，员工可以行使股东知情权；若以持股平台
方式持股，且协议中没有约定员工可以直接向公司行使股东知情权，那么只能由
持股平台来行使权利，员工不可直接行使。

对于公司一方，笔者建议公司方通过设立员工持股平台对员工进行股权激
励，并且在股权激励协议及持股平台章程或合伙协议中明确约定对公司的股东权
利由持股平台行使。例如，公司可以设立有限合伙企业或者有限责任公司，由该
有限合伙企业或者有限责任公司持有公司拟激励的股权，然后员工作为合伙企业
的合伙人或者有限公司的股东对该持股平台享有相应权利。

第 7 问　增资决议约定不明时，签订增资协议的投资人能否行使股东知情权？

【问题背景】

实践中如果股东会作出了关于增资的决议，但增资决议的内容并不完善，如股东会决议仅同意增资，但未就投资人、投资价格、增资后股权结构变化等达成一致，事后也无法达成补充决议。在这种情况下，投资人签订了增资协议，履行了出资义务，能否主张已经取得股东资格，进而行使股东知情权呢？

【和普提示】

有限责任公司具有较强的人合性。所谓的"人合性"是指公司是基于股东个人之间的相互信任为基础而成立的公司。《公司法》第四十三条①规定股东会作出增加资本的决议应由代表三分之二以上表决权的股东通过。在增资扩股的条件下，股东会的表决事项应当是增资扩股行为的全部事项，包括确认投资人、确定认购份额及价格、确认增资后股权结构的变化及其他重要条件。如果股东会决议没有确认投资人，而后又不能达成补充决议的，投资人不能取得股东资格，因此不享有包括股东知情权在内的股东权利。

对于投资人一方，笔者建议在与公司或者其股东签订增资协议前一定要审查对方是否具有有效的股东会决议，审查的内容包括代表三分之二以上表决权的股东同意增资扩股、同意投资人入股、认可认购数额及价格、不侵犯其他股东在实缴出资比例范围内优先认缴出资的权利等一系列与增资行为相关的重要问题。如果没有有效的股东会决议，或者股东会决议关于增资事项的内容不全，则需慎重签订增资协议，否则可能会出现增资目的无法实现的情况。

对于公司一方，在没有取得完整有效的股东会决议之前，应当慎重与投资人签订增资协议，以免其他股东因投资人、投资价款、优先认缴出资权等产生纠纷导致增资协议无法履行，从而承担相应的赔偿责任。

---

① 《公司法》第四十三条　股东会的议事方式和表决程序，除本法有规定的外，由公司章程规定。股东会会议作出修改公司章程、增加或者减少注册资本的决议，以及公司合并、分立、解散或者变更公司形式的决议，必须经代表三分之二以上表决权的股东通过。

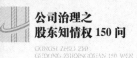

【延伸阅读】

最高人民法院在（2013）民申字第 2141 号判决书中认为：股东会有权对公司增加注册资本作出决议，该决议的内容应当包括确定公司外部认购股份人选、认购股份数额、缴纳认购款程序等增资扩股行为的部分或者全部内容。公司可以通过多次股东会决议完成增加注册资本事宜。本案是由于公司进行增资扩股产生的纠纷。《公司法》规定股东会作出增加注册资本决议应由代表三分之二以上表决权的股东通过。此处公司增加注册资本事项应当理解为完整的公司增资扩股行为，《公司法》中的相关规定应当适用于完整的增资扩股全部过程。余盛不能提交黔峰公司曾经有代表三分之二以上表决权的股东通过确认其为黔峰公司股东的股东会决议，黔峰公司内部也未对公司股东名册等进行重新登记，并且泰邦公司于2013 年作出股东会决议进一步明确否认了余盛作为认购人的资格。余盛认为二审判决认定增资协议无效属于适用法律错误，其目的在于通过确认增资协议的效力进而确认其股东身份。本案查明的事实能够认定余盛没有能够以增资扩股的方式成为黔峰公司股东，余盛所称二审判决适用法律错误的再审申请事由不能成立。

第 8 问　在增资情形下，未变更股权登记的投资人能否行使股东知情权？

【问题背景】

笔者在第 7 问"增资决议约定不明时，签订增资协议的投资人能否行使股东知情权？"中探讨了在增资扩股的情况下，如果股东会决议内容不完善，而事后又不能达成一致的，投资人不能行使股东知情权。那么在签订了有效的增资协议后，投资人履行了出资义务，但是公司没有进行股权变更登记的情况下，投资人能否行使股东知情权呢？

【和普提示】

就公司内部关系而言，股权变动应当遵循意思主义原则，公司登记机关的股权变更登记不是设权性登记，亦不是股权变动的生效要件，其仅在公司外部关系上，具有对抗第三人的效力。事实上，《公司法》第三十二条①也是这么规定的。所以公司没有变更股权登记并不影响投资人行使股东知情权。

对于投资人一方，我们建议投资人方知悉工商登记是宣示股东身份的重要手段，它具有公示力和公信力，对股东身份具有保护作用。但如果没有进行工商变更登记，对于取得股东资格和股东权利并没有实质性的影响。这一点也可以参见本书第 3 问"对外隐名对内显名的股东能否行使股东知情权？"。

对于公司一方，我们建议公司方一方面要尊重股东知情权，另一方面也可以参考本书第 3 问"对外隐名对内显名的股东能否行使股东知情权？"中对于公司的建议，保护好公司利益。

【延伸阅读】

上海市第一中级人民法院在（2016）沪 01 民终 1381 号民事判决书中认为：公司登记机关对股东的登记本身并无创设股东资格的效力，其本质上属于证权性登记，仅具有宣示股东资格的证权功能，也即，当事人的股东身份在公司登记机关登记 与否，并非当事人能否实际享有股权的决定性因素。换而言之，工商变更登记办理与否、出资证明书签发与否、股东名册记载与否、章程修改与否及验资与否，并不妨碍当事人实际享有公司的股权。

浙江省杭州市中级人民法院在（2015）浙杭商终字第 1276 号民事判决书中认为：根据增资协议的约定，开鼎科技公司及公司原股东均同意东辰企业以增资入股的方式成为开鼎科技公司的股东。协议签订后，东辰企业按约履行了出资义务， 但开鼎科技公司并没有按约向东辰企业出具出资证明并履行办理工商变更登记手续等。工商登记机关对股权的登记只是一种宣示性登记，未经登记或者变更登记，系不得对抗第三人。

---

① 《公司法》第三十二条　公司应当将股东的姓名或者名称向公司登记机关登记；登记事项发生变更的，应当办理变更登记。未经登记或者变更登记的，不得对抗第三人。

第 9 问 股东仅签订了股权转让协议而未支付转让款
能否行使股东知情权？

【问题背景】

从股权转让的对象是否为公司原有股东的角度，股权转让分为对内转让和对外转让，因对内转让的情形中受让人本身已经具备了股东资格，其当然可以行使股东知情权，故本问仅讨论对外转让的情形。对外转让股权的，转让股东首先应当取得同意对外转让的其他股东放弃优先购买权的依据，接下来由受让人与转让股东签订股权转让协议。但是否协议一经签订，受让人就当然能行使股东知情权呢？

【裁判要旨】

通过股权转让的方式取得股东资格，有赖于股权转让协议实际已经履行。若仅是签订了股权转让协议，但并未支付股权转让价款，可以视为股权转让协议并未实际履行，受让人并未取得股东资格，故无权行使股东知情权；反之，若受让人并未实际支付股权对价，转让股东仍具备股东资格，可以行使股东知情权。

【参考案例】

案例一：安徽省合肥市中级人民法院在（2017）皖 01 民终 7158 号二审民事判决书中认为：一审法院认为虽然王军与怡亚通公司签订了股权转让协议，也做出了股东会决议，修改了公司章程，甚至怡和公司向怡亚通公司出具了出资证明，但 怡亚通公司当时并未支付股权转让对价 1 200 万元，工商登记也未进行变更登记，且在 2015 年 10 月三方协议内容中可以看出，怡亚通公司认可截至 2015 年 10 月王军仍是怡和公司股东，并享有股东权益，三方协议对王军持有的 40% 股权重新作出了规划（转让给深圳宇商公司和赣州宇商公司），故证明股权转让协议并未实际履行，三方协议签订在股权转让协议之后，应视为三方协议对股权转让协议的约定进行了变更，因此不能依据股权转让协议认定王军的股权已经转让给了怡亚通公司，故王军现仍具有股东资格，可以行使股东知情权，该认定并无不当。

案例二：贵州省高级人民法院在（2016）黔民终 334 号民事判决书中认为：

关于胡兴民与胡萍家未签订股权转让协议，股权转让是否成立的问题，胡兴民对外发出股权转让协议意思表示，并将其拟订的股权转让协议转发他人，应视为一种订立合同的要约行为。胡萍家已经按照胡兴民外发出的股权转让协议，向胡兴民支付了股权转让款20万元，不仅胡萍家履行了购买股权转让款的支付义务，而且胡兴民已经接受了胡萍家的股权转让款。由此可以认定胡兴民持有的平安运输公司20%的股权已经转让……胡兴民不再具有平安运输公司股东身份，其诉请行使股东知情权的诉讼请求不应得到支持。

【和普提示】

对于股权受让人一方，笔者建议一定要签订书面的股权转让协议，转让股权对价款时，应注意保留转款记录，建议最好采取银行转账的方式进行，转入转让人的个人账户中，并注明为××公司股权转让款，保证在之后的纠纷中能够被法院认定合同已经履行，从而取得股东资格。

对于公司一方，笔者建议在股权交割的条件成就后及时办理股权转让的工商变更登记手续，或者公司及时更新股东名册，避免就股权受让人是否为股东问题产生争议。

第10问　收购股权的诉讼过程中，出让股东是否可以行使股东知情权？

【问题背景】

股东退出公司主要有两种方式，一种是由他人收购股权，一种是由公司回购股权，且两种方式都可以通过协议和诉讼两种途径实现，本问主要讨论通过诉讼来解决争议，但诉讼尚未完结，公司更未完成股权转让的变更登记前，出让股东能否行使股东知情权。

【裁判要旨】

如涉及退出公司的收购股权的争议尚处在审理阶段，或虽经法院判决由公司或第三人收购股权，但判决还未实际履行，那么出让股东并未丧失公司的股东资格，其有权行使股东知情权；如案件已经审结，且判决已经通过支付股权收购款等方式予以履行，那么出让股东即丧失公司的股东资格，无权再行使股东知情权。

【参考案例】

案例一： 北京市第三中级人民法院在（2016）京 03 民终 12813 号民事判决书中认为：关于迪升公司是否具有行使股东知情权的主体资格问题，天健公司上诉主张迪升公司已另案起诉要求天健公司回购其股权，该诉讼可能导致其丧失天健公司 的股东资格，故其无权请求行使股东知情权。迪升公司作为天健公司目前仍在工商管理部门登记备案的股东，有权按照上述法律规定行使股东知情权。虽然迪升公司另案起诉要求天健公司回购其股权，但该案目前尚处于在审阶段，迪升公司目前并未丧失天健公司的股东身份。故天健公司以迪升公司另案起诉要求回购其股权为由，认为其可能丧失股东身份，进而在本案中主张迪升公司不具有股东知情权的主体资格的上诉意见缺乏事实和法律依据，不予支持。

案例二： 广东省深圳市中级人民法院在（2018）粤 03 民终 15752 号民事判决书中认为：股东知情权是指法律赋予股东通过查阅公司的章程及相关会议决议、财务会计报告、会计账 簿等有关公司经营、管理、决策等资料，实现了解公司的经营状况和监督公司高管人员活动的权利。本案中，根据增资与股权转让协议、权益交割清单、权益代码卡及公司章程，能够证明信达公司持有美赛达公司 58 056 092 股股份，系登记在册的股东。北京市第二中级人民法院（2017）京 02 民初 37 号民事判决虽然已判决庄亮、易润平回购信达公司的股份，但该判决尚未实际履行。在该案当事人办理股权变更登记前，信达公司仍然具有美赛达公司股东的身份，依法享有股东知情权。因此，一审法院判决美赛达公司提供公司章程、股东会会议记录、董事会会议决议、监事会会议决议和财务会计报告给信达公司查阅、复制于法不悖，予以维持。

【和普提示】

司法实践当中，不同法院对于判决是否履行的认定标准不同，但股权对价的支付一般都会被作为协议或判决已经履行的重要依据。

对于出让股东一方，如对公司的经营状况确有必要知悉的，即便是在股权转让纠纷的诉讼过程中，也应当尽早提起股东知情权之诉，以维护自身权利。

对于回购股权的公司以及受让股权的其他股东一方，如考虑拒绝出让股东行使股东知情权的，建议在股权转让或回购协议签订后或者判决生效后及时支付股权对价，同时尽快办理股权转让的工商变更登记手续或依法进行减资。

第 11 问　股东死亡后，继承人能否直接行使股东知情权？

【问题背景】

根据《公司法》第七十五条①的规定，自然人股东死亡后，除章程另有规定外，其继承人可以继承股东资格。《民法典》第一千一百二十一条第一款②规定，被继承人死亡时继承开始。理论上，此时的遗产处于全部继承人共同共有或唯一继承人单独所有的状态。《公司法》虽然规定了股权可以继承，但并未规定继承人何时取得股东资格。那么，被继承人死亡后，继承人尚未办理股权变更登记手续，甚至存在多个继承人的情况，数名继承人之间尚未确定继承人和继承份额之前，继承人能否行使股东知情权呢？

【裁判要旨】

除公司章程另有约定的外，在继承人确定且继承人内部对于继承份额没有异议的情况下，继承人可以行使股东知情权。公司有为继承人办理股权变更登记的义务，公司不能以未办理相应股权变更手续来抗辩继承人不具备股东资格。但在继承人内部对继承事实及份额有异议且无法确定的情形下，必须先由继承人内部确认后再行主张知情权。

【参考案例】

案例一：广东省东莞市第三人民法院在（2016）粤 1973 民初 8760 号民事判决书中认为：张荣津及魏须均表示对四个继承人之间同意按照法定继承的份额共同继承张某的股东身份，并确认四继承人之间就股权继承问题不存在争议。继承人

---

① 《公司法》第七十五条　自然人股东死亡后，其合法继承人可以继承股东资格；但是，公司章程另有规定的除外。
② 《民法典》第一千一百二十一条第一款　继承从被继承人死亡时开始。

继承股东资格，拥有的是完全股东权利，包括登记为公司的股东及享有法律及公司章程赋予的股东权利。法律仅仅规定了公司章程中可以对股东的继承作为限制性的规定，并没有规定因继承取得股东资格应以办理股东变更登记为前提，且股东登记的目的为公司股东情况外部的公示，而本案中涉及的是继承导致的公司内部股东身份的变动。公司为进行变更登记的主要义务主体，故仅仅以公司未进行变更登记作为抗辩原告继承股东身份的理由，对继承人有失公平。本案中，死者张某生前是被告泰丰公司的登记股东，其享有泰丰公司 50% 的股份，原告作为张某的法定继承人，且在泰丰公司的公司章程并无限制性规定及其他继承人亦未对其继承人身份提出异议的情况下，原告从张某死亡的次日即 2014 年 11 月 10 日开始可以继承股东资格，享有相应的股东权利。

案例二：河南省洛阳市中级人民法院在（2015）洛民终字第 1530 号民事判决书中认为：本案中，程琳、程晓娟据以支持其诉讼请求的依据为地久公司于 2013 年 7 月 11 日出具的出资证明以及工商部门的企业登记信息，即二原告已经取得了地 久公司的股东资格，但是，根据本案查明的事实，在地久公司原股东程国远去世后，程琳、程晓娟持有的出资证明形成前，同样作为程国远法定继承人的韩招娣、程晓瑜已将程国远的股份进行了处分；而作为工商部门变更股东信息依据的股东会决议，相关当事人也自认其形成存在足以影响其效力的问题……鉴于目前双方对程琳、程晓娟是否具有股东资格存在争议，程琳、程晓娟在行使股东知情权之前，应先解决其股东资格问题……在此情况下，程琳、程晓娟要求行使股东知情权，本院不予支持。

【和普提示】

对于继承人一方，笔者建议在全部继承人之间就继承事实及份额达成一致意见，并尽快要求公司确认继承人的股东资格，确认股东资格可以通过股东名册、出资证明书、工商登记、内部股东会决议等方式进行。如果公司或者其他股东有异议或者怠于履行确认股东资格的义务，则可以在提起股东资格确认之诉前，直接诉请行使股东知情权，以防增加诉累，以尽早掌握公司的经营状况。不言而喻的是，在只有唯一继承人的情形下，如果公司或其他股东有异议或怠于履行确认股东资格的义务，则该继承人可自行行使股东知情权。

对于公司一方，股权作为一项特殊的财产权，除具有财产权益内容外，还具有与股东个人特质、品格密不可分的人格权、身份权等社会属性。如果出于维护公司人合性的考虑，建议在公司章程中约定股东死亡后由其他股东收购其股权，或者在公司章程中明确股东死亡后其股权的继承人，避免公司因股东的更替而发生人合性冲突。

第 12 问　股东出资有瑕疵，能否行使股东知情权？

【问题背景】

股东出资有瑕疵，指股东未出资或未足额出资，或股东的非货币财产出资经评估后的价额显著低于公司章程所定价额，或抽逃出资三种情形。若股东存在上述三种情形之一的，能否行使股东知情权呢？

【裁判要旨】

股东出资有瑕疵的，公司仅能按照《公司法司法解释（三）》第十六条[①]的规定限制股东的自益权[②]，而股东知情权属于股东的共益权[③]。故只要具备了股东资格就可以行使股东知情权，出资方面的瑕疵并不影响权利的行使。

【参考案例】

案例一：四川省成都市中级人民法院在（2017）川 01 民终 1719 号民事判决书中认为：《最高人民法院关于适用〈中华人民共和国公司法〉若干问题的规定（三）》第十六条规定："股东未履行或者未全面履行出资义务或者抽逃出资，公司根 据公司章程或者股东会决议对其利润分配请求权、新股优先认购权、剩余财产分配请求权等股东权利作出相应的合理限制，该股东请求认定该限制无效的，人民

---

① 《公司法司法解释（三）》第十六条　股东未履行或者未全面履行出资义务或者抽逃出资，公司根据公司章程或者股东会决议对其利润分配请求权、新股优先认购权、剩余财产分配请求权等股东权利作出相应的合理限制，该股东请求认定该限制无效的，人民法院不予支持。

② 指股东专为自己利益而行使的权利，包括股利分配请求权、剩余财产分配请求权、新股认购优先权、退股权、股份转让权、股东名册变更请求权、股票交付请求权等。

③ 指股东以参与公司经营为目的，兼有为自己利益的目的的权利，包括表决权、代表诉讼提起权、提案权、股东会和董事会决议无效确认请求权和撤销请求权、股东知情权、公司解散请求权等。

法院不予支持。"该规定仅对瑕疵出资股东的自益权进行了限制，并未对瑕疵出资股东的共益权进行限制，因此，只要赖宏具有股东资格，其是否为挂名股东，是否实际出资，均不影响赖宏以股东资格行使股东知情权。

案例二：北京第三中级人民法院在（2018）京 03 民终 13584 号民事判决书中认为：股东知情权是股东了解公司经营情况的固有权利，属于股东共益权范畴，不涉及财产内容，与出资义务没有直接关联，故不应以股东未履行出资义务为由，对其知情权加以限制或剥夺。鼎锋盛世公司以关大利出资瑕疵为由主张限制关大利行使股东知情权缺乏依据，本院不予支持。

【和普提示】

对于股东一方，我们需要重点关注是否有证据证明已经取得股东身份，比如发起人协议、公司章程、股东名册、工商登记、股东会决议、增资决议等。一旦有这些证据，能够证明其股东资格，那么该股东就有权行使股东知情权，而出资的瑕疵并不会影响权利行使。

对于公司一方，若股东存在出资瑕疵的情形，公司可催告其缴纳或者返还出资。股东在合理期间内仍未缴纳或者返还全部出资的，可通过股东会决议将该股东除名或者追究其未履行出资义务、抽逃出资的相关责任。同时，公司也可以依照《公司法司法解释（三）》第十六条的规定，限制其利润分配请求权、新股优先认购权、剩余财产分配请求权等自益权。

第 13 问　资格存疑的股东能否直接提起股东知情权之诉？

【问题背景】

笔者在第 11 问"股东死亡后，继承人能否直接行使股东知情权？"中，针对股东死亡后其继承人在继承股东资格之前这一特殊时期，能否提起股东知情权之诉进行了专门的探讨。从广义上讲，该类情形也属于股东资格存疑的情形。本问将从公司否认原告具有股东资格的角度，进一步探讨股东资格存疑能否直接提起股东知情权之诉。

【裁判要旨】

在股东资格存在争议时，股东可以直接提起股东知情权之诉。因为股东知情权之诉多以起诉时具备股东资格为前提，法院在审查原告能否主张股东知情权时会先审查原告的股东资格，如果原告不具备股东资格，法院一般会裁定驳回起诉。

【参考案例】

案例一： 陕西省咸阳市武功县人民法院在（2019）陕0431民初1106号民事判决书中认为：本案为股东知情权纠纷，被告宝建公司对原告周建苗的股东资格提出异议，故在审查周建苗股东知情权诉讼请求之前，应先审查周建苗是否为宝建公司的股东，即周建苗股东资格的确认问题，对此，应由原告周建苗提供证据佐证。原告提供了工商登记，但确认股东资格并不仅仅以工商登记为准，依据查明的事实，被告宝建公司的工商信息明显陈旧，多年未予更新，故不能准确显示原告股东资格的事实状态。被告提供的原告周建苗在2013年10月8日达成的会谈纪要明确约定："周建苗自愿退出陕西宝建公司有限公司所有的公司的51%股份，转让给王明昆，由王明昆接管。公司的所有资产及债权债务与周建苗没有任何关系，由陕西宝建公司有限公司与王明昆承担。"可见，该会谈纪要实为股权转让协议，在（2015）武民初字第00922号案件庭审中，经律师当庭核实，原告周建苗承认在会谈纪要中的签字属实，会谈纪要是其真实意思表示，客观真实，合法有效，故在2013年10月8日后，原告不再具有被告宝建公司的股东身份，因而也不能享有相应的股东权利。在2013年1月1日至2013年10月8日期间，原告虽然具有股东身份，但依据《中华人民共和国公司法》第三十三条第二款之规定，股东要求查阅公司会计账簿的，应当向公司提出书面请求，说明目的，或者公司有合理根据认为股东查阅会计账簿有不正当目的，可能损害公司合法利益的，可以拒绝提供查阅。本案原告在其他有相似业务的企业担任重要职务或股东，被告宝建公司拒绝理由合法，故原告的诉讼请求没有事实基础和法律依据，本院不予支持。

案例二： 重庆市第一中级人民法院（2016）渝01民终6272号民事判决书中认为：本案争议焦点为汪剑松是否为奥普泰公司的股东以及汪剑松股东知情权的范围是否受到限制。首先，……汪剑松已经向奥普泰公司出资并取得了出资证明书，而且不违反法律法规强制性规定，其股东身份应当得到确认。虽然未经工商登记，但是工商登记并无创设股东资格的效力，其仅仅具有对善意第三人宣示股东资格的证权功能，未经登记并不能排除汪剑松的股东身份。《中华人民共和国公司法》第三十三条第二款、第三款的规定，也只是强调登记于股东名册的股东可以依据股东名册行使股东权利，但并未排除未登记于股东名册的股东行使其相应的股东权利。《最高人民法院关于适用〈中华人民共和国公司法〉若干问题的规定（三）》中规定的相关事项也是实际出资人要求变更工商登记事项的程序要求，不涉及股东资格确认的问题。显名股东和隐名股东是通过协议约定的形式约束其权利义务，一般情况下隐名股东只能通过显名股东行使其权利，而本案中工商登记的五名股东只是股东代表，对于其他未登记的股东，其股东身份奥普泰公司是明知的，因此，汪剑松等未登记的股东与五名登记股东之间的关系不符合显名股东和隐名股东的法律特征。综上，汪剑松的股东身份可以确认，根据《中华人民共和国公司法》第三十三条的规定，汪剑松具有股东知情权。

其次，汪剑松要求行使股东知情权，是基于其股东身份，而一审当中奥普泰公司提出抗辩意见认为汪剑松并非奥普泰公司的股东，基于此，汪剑松需要提交证据证明其股东身份，人民法院也需要判定其股东身份，因此，一审判决不存在违反"不告不理"原则等程序问题。

【和普提示】

对于股东一方，即使公司不认可其股东资格，但行权股东有证据证明其具备股东资格的，仍有权直接提起股东知情权之诉。

对于公司一方，当资格存在争议的股东行使知情权时，可以明确拒绝其行权要求。如果资格存疑的股东仍坚持行使股东知情权，应进一步提供证据证明其股东资格。如果公司仍不认可该类证据的，资格存疑的股东可选择通过诉讼途径解决。当股东选择以诉讼的方式行使股东知情权时，公司能否对行权股东提起反诉，要求确认对方不具有股东资格，笔者将在本书第 55 问"在股东知情权诉讼中，公司能否反诉要求确认原告不具有股东资格？"中探讨。

第 14 问　丧失资格的股东能否行使股东知情权？

【问题背景】

股东可能会因为股权回购、股权转让等原因丧失股东资格。一般而言，丧失股东资格即丧失股东权利，但是就股东知情权这一特殊权利而言，丧失资格的股东还能否行使股东知情权呢？

【裁判要旨】

一般情况下，股东依法主张股东知情权应当遵循当时持股原则，即要求在起诉时当事人必须持股并具备股东资格。但当事人如果有初步的证据证明在持股期间其合法权益受到损害，也可以行使股东知情权，不过其行权范围仅限于持股期间。

【参考案例】

案例一： 上海市第二中级人民法院在（2019）沪 02 民终 1660 号民事判决书中认为：《公司法司法解释（四）》第七条第二款规定："公司有证据证明前款规定的原告在起诉时不具有公司股东资格的，人民法院应当驳回起诉，但原告有初步证据证明在持股期间其合法权益受到损害，请求依法查阅或者复制其持股期间的公司特定文件材料的除外。"根据该条规定，薛宏虽已丧失中山汽车公司的股东资格，但因中山汽车公司在薛宏持股期间从未分配过利润且尚未结算退还薛宏的退股款，符合"原告有初步证据证明在持股期间其合法权益受到损害"的条件，故本院认为，薛宏作为中山汽车公司的原股东享有有限的股东知情权。

案例二： 内蒙古自治区呼伦贝尔市中级人民法院在（2019）内 07 民终 532 号民事裁定书中认为：现王丽已不具有中天公司的股东资格，其向法院提起诉讼，要求查阅公司特定文件材料，需要符合相关司法解释中规定的两个条件。首先，王丽要求查阅或复制的是否是其持股期间的文件材料，本案中王丽提交的证据足以证明其在 1999 年至 2011 年期间持有中天公司股权，系中天公司原股东。其次，王丽是否提供了在其持股期间合法权益受到损害的初步证据。本案中王丽提交的额尔古纳市华诚联合会计师事务所出具的额华诚阅字（2017）第 1 号审阅报告载明：截至 2011 年 12 月 31 日，王丽 5.4% 的股权价值 367.18 万元与王丽实际转让股权价值 67.68 万元相差巨大，且中天公司尚存有未分配利润。在一审法院对该审阅报告真实性予以确认的前提下，该审阅报告的保证程度虽然低于审计，但亦可以说明中天公司截至 2011 年 12 月 31 日的大致经营状况，且中天公司未提供足以反驳该审阅报告的证据。根据上述审阅报告，可以证明本案中可能存在中天公司向王丽隐瞒关键信息或向王丽提供了错误的信息导致王丽低价转让股权，丧失中天公司股东资格且未获得公司利润分配的情形。在司法实践中，起诉条件不等同于胜诉条件，初步证据同样不应当适用实质证据的证明标准加以判断。本院认为，在王丽丧失中天公司股东身份的情况下，其在本案中提交的证据可以认定为其持股期间合法权益受到损害的初步证据。综上所述，王丽的起诉符合《中华人民共和国民事诉讼法》第一百一十九条、《最高人民法院关于适用〈中华人民共和国公司法〉若干问题的规定（四）》第七条第二款规定的起诉条件，对王丽提出的诉讼请求应当予以审理。王丽的上诉理由成立，对其上诉请求本院予以支持。一审裁定驳回起诉不当，应当予以纠正。

【和普提示】

根据《公司法司法解释（四）》第七条①之规定，原告有初步证据证明其在持股期间合法权益受到损害的，其有权提起股东知情权之诉。而对于"合法权益"是指哪些权益、"受到损害"是指受到什么样的损害、"初步证据"具体要求证明到什么程度等问题，法律并没有明确的规定，实践中法官一般对上述问题都有较大的自由裁量权。

一般而言，"合法权益"是指符合法律规定的权力和利益，这里的权力在司法实践中主要是指股东知情权，而利益主要是指股东的经济利益。股东在持股期间行使知情权，公司不回应或者直接拒绝其行权要求，并对其隐瞒重大信息导致股权以不合理价格转让，或者由生效法律文书确认持股期间的权益遭到损害等，都可以认为是"持股期间其合法权益受到损害"的情形。

对于初步证据的证明程度，一般认为只需要达到合理怀疑程度即可，并不需要达到民事诉讼中高度盖然性的标准。但是不同的法官对于合理怀疑也会有不同

---

① 《公司法司法解释（四）》第七条　股东依据公司法第三十三条、第九十七条或者公司章程的规定，起诉请求查阅或者复制公司特定文件材料的，人民法院应当依法予以受理。公司有证据证明前款规定的原告在起诉时不具有公司股东资格的，人民法院应当驳回起诉，但原告有初步证据证明在持股期间其合法权益受到损害，请求依法查阅或者复制其持股期间的公司特定文件材料的除外。

的理解。如上述案例二中，原一审法院就认为"王丽提交的额尔古纳市华诚联合会计师事务所出具的额华诚阅字（2017）第1号审阅报告"仅具有咨询性质的鉴证文件，不具有司法鉴定（司法会计鉴定）的效力，不属于能够证明其在持股期间权益受损害的初步证据。但二审法院却支持了王丽的请求。

对于股东一方，我们建议股东最好在持股期间便积极主动地通过行使股东知情权来保护自己的合法权益，但如果丧失股东资格后才发现权利受到侵害，则必须举证证明，例如持股期间行使股东知情权被拒绝，公司从未分配利润且尚未结算退股款，或者公司其他行为导致自己股权被以不合理价格转让等。

对于公司一方，我们建议公司规范公司议事表决程序，及时向全体股东披露公司的重大事项以有效减少与股东之间的纷争；同时建议公司可在股东丧失股东资格时，通过与其签署相应协议或者要求其本人出具已完全了解公司经营状况的确认书等方式，避免丧失资格的股东恶意行使知情权。

第15问 非公司性质企业的股东能否行使股东知情权？

【问题背景】

股东知情权的相关规定主要体现在我国的《公司法》当中，但是对如股份合作制企业等非公司性质的其他企业而言，股东、出资人或者合伙人能否行使股东知情权，尤其是在有关非公司性质的其他企业的部门法没有明确规定的情况下，能否行使股东知情权呢？

【裁判要旨】

企业出资人了解企业的经营状况和财务状况是其基本权利，现行法律对股份合作制企业股东行使知情权既无明确规定，也无明确限制。在此种情况下，企业法人的股东行使知情权可以参照《公司法》的有关规定。

【参考案例】

案例一： 北京市朝阳区人民法院在（2017）京0105民初72034号案中认为：中西教育中心章程并未对股东了解企业经营状况和财务状况的行权方式和范围作出限制性规定，张建军行使股东知情权可以参照《公司法》有关规定进行。张建军事先向企业注册地址邮寄了《关于查阅中西教育中心会计账簿的申请函》，虽然该份函件被退回，但应视为张建军已经参照《公司法》规定履行了前置程序。中西教育中心辩称张建军查账存在恶意目的，但并未针对不正当目的进行举证，现无证据显示张建军存在滥用股东权利、损害企业利益的情形，本院对中西教育中心的抗辩意见不予采纳。张建军要求查阅中西教育中心 2008 年 1 月 7 日起至今的会计账簿及会计凭证（原始凭证、记账凭证），符合法律规定，本院予以支持。另外，根据《最高人民法院关于适用〈中华人民共和国公司法〉若干问题的规定（四）》第十条第二款之规定，股东依据人民法院生效判决查阅公司文件材料的，在该股东在场的情况下，可以由会计师、律师等依法或者依据执业行为规范负有保密义务的中介机构执业人员辅助进行。因此，在张建军在场的情况下，其委托的注册会计师可以辅助其查账。

案例二： 北京市第三中级人民法院在（2019）京 03 民终 3800 号民事判决书中认为：现行法律对股份合作制企业股东行使知情权并无明确规定，但企业出资人了解企业的经营状况和财务状况应作为其基本权利范畴。本案中，中西教育中心系股份合作制企业，章程中明确规定，企业股东有权查阅股东和职工（代表）大会会议记录，了解企业经营状况和财务状况。现张建军要求查阅、复制 2008 年 1 月 7 日至今的企业章程、股东及职工代表大会决议和企业财务会计报告，查阅 2008 年 1 月 7 日至今的会计账簿及会计凭证（包括原始凭证、记账凭证）可以认定为是其了解企业经营状况和财务状况的途径，符合章程制订的初衷，一审法院对其诉讼请求予以支持，并无不当。关于中西教育中心所述的现任法人傅中宝系 2008 年 4 月 10 日变更为中西教育中心法定代表人，其与张建军除公章之外未有任何交接一节，根据工商档案资料显示 2008 年 1 月下旬中西教育中心法定代表人变更为贺德荣，2008 年 4 月 10 日变更为傅中宝，张建军要求查阅、复制的时间节点为其不再担任中西教育中心法定代表人期间的公司相关资料，一审法院认定以 2008 年 1 月 7 日作为查询、复制相关材料的时间起点并无不当，本院亦予以维持。

【和普提示】

对于非公司性质的股东、出资人或者合伙人一方，其首先要了解企业的性质，当该类企业属于非公司性质的企业时，比如股份合作制企业、合伙企业，就要了解有没有股东知情权相关的法律法规，如果有相关规定，则可以直接依法行使知情权；如果没有相关规定，就应当在章程性质类的文件中明确约定股东、出资人或者合伙人的知情权利，并参照本书其他相关问题就行权范围、行权方式作进一步的约定，如在第 35 问"股东能否摘抄会计账簿及会计凭证？"中提及的可以复制公司的会计账簿，又如在第 29 问"股东能否查阅、复制属于公司商业秘密的资料？"中提及的特殊文件资料。

对于非公司性质的企业一方，无论法律法规对于股东知情权是否有明确规定，都应当正视股东、出资人或者合伙人了解企业经营状况和财务状况的这一基本权利，不应当无故限制或者回避该项权利。但是为了防止股东、出资人或者合伙人滥用权利，可以在章程性质类的文件中对其行权的方式、时间、途径作更加详尽的规定。详细内容请参见本书第 49 问"实质性剥夺股东知情权的认定标准是什么？"一文。

第 16 问　民办非企业学校的举办者、出资人能否行使股东知情权？

【问题背景】

前面第 15 问"非公司性质企业的股东能否行使股东知情权？"中谈到非公司性质的企业可以参照《公司法》的规定行使股东知情权。但非企业单位的投资人能否行使股东知情权呢？本问以民办非企业学校为例，对该问题进行论述。

【裁判要旨】

法律虽然没有明文规定国家应当保护民办学校的举办者、出资人的哪些权利，但是了解和掌握学校办学和管理活动等重要信息，是举办者、出资人依法取得合理回报、参与重大决策和选择管理者等事项的重要基础。在立法对民办学校举办者知情权的行使存在空白的情形下，可以类推适用最为相似的《公司法》规定以保护举办者、出资人的合法权益。

【参考案例】

上海市第一中级人民法院在（2016）沪 01 民终 4642 号民事判决书中认为：国家保障民办学校举办者的合法权益，该合法权益应当包括知情权，佳华公司的诉讼请求具有相应的法律依据。理由如下：首先，……所谓合法权益是指符合法律规定的权力和利益。……《中华人民共和国公司法》则规定了股东享有包括知情权在内的各种权利，《中华人民共和国合伙企业法》亦规定合伙人对合伙企业享有会计账簿等财务资料的查阅权。前述各种权利均归属于法律所要保护的合法权益。从整个法律体系加以解释，本院认为，举办者作为民办学校的出资人，享有的合法权益应当包括了解和掌握学校办学和管理活动等重要信息的权利，该权利是举办者依法取得合理回报、参与重大决策和选择管理者等权利的重要基础。其次，……学校章程、董事会会议决议、监事会会议决议及财务会计报告和会计账簿等资料是记录和反映学校的组织与活动、资产与财务管理等内容的重要载体。举办者只有在获取学校办学和管理活动信息的基础上，才可能参与学校的重大决策，要求合理回报及行使监督权。因此，举办者要求查阅、复制民办学校的章程、董事会会议决议、监事会会议决议和财务会计报告及查阅会计账簿的权利应当予以保护。最后，民办教育促进法在总则部分做了明确规定，国家保障民办学校举办者的合法权益。而总则是概括地表述，贯穿于法律始终的立法思想、价值取向、基本原则等一般性、原则性与抽象性的内容，就立法目的而言，举办者的合法权益应当包括知情权在内的各种权力和利益，举办者有权知悉学校办学和管理等活动的信息。上诉人佳华公司认为，其作为举办者，在知情权方面理应享有相应的权利的主张，本院依法予以支持。被上诉人佳华学院辩称佳华公司对佳华学院不享有知情权的意见，本院无法采信。

【和普提示】

民办非企业单位是指企业事业单位、社会团体和其他社会力量以及公民个人利用非国有资产举办的，从事非营利性社会服务活动的社会组织，属于社会团体。法律规定民办学校应当制定学校章程，设立学校理事会、董事会或者其他形式的决策机构。民办学校的举办者参加学校理事会、董事会或者其他形式决策机构的，应当依据学校章程规定的权限与程序，参与学校的办学和管理活动。

对于举办者或出资人一方，行使知情权是保障其合法权益的重要手段，建议在创办初期就在学院章程中明确约定举办者、出资人享有查阅、复制董事会决议、财务会计报告、会计账簿、会计凭证等权利。但即使当初没有约定好这些权利，举办者、出资人一样可以通过类推适用《公司法》的相关规定来行使知情权，从而达到监督管理学校的目的。

对于民办非企业学校一方，其应建立完善的学校决议制度、管理制度以及财务披露制度，切实做好管理工作。保护出资人或者举办者的基本权利也是学校的义务，学校切不可以章程或者法律没有明确规定为由，拒绝举办者、出资人行使知情权这一基本权利。但是学校完全可以为了保障学校的商业秘密、正常运转，适当限制举办者、出资人的行权方式、行权时间、行权地点等。

第二章　行权对象

第 17 问　原公司股东能否向分立后的公司行使股东知情权？

【问题背景】

公司分立分为派生分立和新设分立，派生分立指从原公司分立出新的公司；新设分立指原公司分立成多家新公司，原公司归于消灭。同公司合并情形一样，无论哪种分立方式，原公司的股权架构都可能会发生一定的变化。那么原公司的股东能否对分立后的各个公司行使知情权呢？

【和普提示】

公司分立的，由原公司的股东会通过分立方案决议，并对原公司的财产作相应的分割。分立后的公司分别具有独立的主体资格，原股东对原公司的投资和股权和分立后的公司没有必然的联系。原公司股东能否向分立后的公司主张股东知情权，主要看该股东是否具有分立后公司的股东资格，如果分立方案中载明该股东对分立后公司持有股权的，或者分立后公司向该股东发放出资证明，或将其记载在股东名册，或将其股东资格登记在工商备案信息中，该股东对分立后公司拥有股东资格，可以行使股东知情权。

对于股东一方，笔者建议股东自行评估在公司分立后，自己是否实际退出原公司。如果分立后，该股东不再具备股东资格的，要么不同意分立，要么在分立前进行行权。当然，如果该股东所持的表决权比例无法阻止公司分立，那么建议要在公司分立前行权。此外，该股东应当争取有利于自己行权的章程、协议或者决议条款，以便未来公司分立后向分立后的公司行权，例如，在原公司的章程中载明公司合并、分立后相关条款的，公司股东有权向合并、分立后的公司主张股东知情权。

对于公司一方，如是派生分立，则可将原公司作为派生公司的股东，股东只能通过原公司对派生公司行权；或是可以参考本书第 6 问"通过持股平台持股的员工能否行使知情权?"中员工间接持股的方式，设立合伙企业或新公司来持有分立后公司的股权，股东不能直接行使知情权。

【延伸阅读】

辽宁省沈阳市中级人民法院在 (2016) 辽 01 民终 2163 号民事判决书中认为：依据被上诉人提交的中辽股份公司 1996 年第一次临时股份大会第 (96-02) 号决议关于由中辽股份公司派生分立新的有限责任公司的议案、中辽股份公司 1996 年第一次临时股份大会第 (96-02) 号特别决议 [以下简称"第 (96-02) 号特别决议"] 关于批准集团公司分立议案的决议、辽宁省人民政府辽政 (1996) 133 号关于同意中辽股份公司分立的批复、中辽股份公司分立公告以及中辽有限公司章程等证据，中辽股份公司于 1996 年召开第一次临时股份大会，会议表决通过了中辽股份公司 1996 年第一次临时股份大会第 (96-02) 号决议关于由中辽股份公司派生分立新的有限责任公司的议案，辽宁省人民政府亦作出了同意公司分立的批复，后经过工商登记依法设立了中辽有限公司，上述分立程序符合中辽股份公司章程和相关法律规定，农行业务部持有的中辽股份公司 50 万股份，已经作价 50 万元资本金转入中辽有限公司，农行业务部作为股东享有中辽有限公司 50 万元的出资额。

第 18 问　原公司股东能否向合并后的公司行使股东知情权?

【问题背景】

公司合并可以分为吸收合并和新设合并。吸收合并指参与合并的其中一个公司将另外的公司收购，并以原名义继续存续。新设合并指参与合并的公司共同设立一家新的公司，而所有参与合并的公司都归于消灭。无论哪种合并方式，原股权结构都可能会发生一定的变化。那么公司合并后，原公司的股东能否向合并后的公司行使股东知情权呢？

【和普提示】

公司合并后，原公司的股东是否能行使股东知情权主要看该股东是否具有对合并后公司的股东资格。在公司合并时，首先各参与合并的公司的股东会决议通过合并方案，其次由参与合并的公司签订合并协议。在该合并方案及合并协议中，应当明确对各股东股权的处理，如果载明了股东对原公司的出资转化为对合并后公司的出资的，那么股东对合并后公司具有股东资格，可以行使股东知情权。

对于股东一方，可以参考本书第 17 问"原公司股东能否向分立后的公司行使股东知情权？"中的相关建议，此处不再赘述。

对于公司一方，公司可以参考本书第 6 问"通过持股平台持股的员工能否行使知情权？"中员工间接持股的方式，设立新的公司或合伙企业作为持股平台，将原股东纳入持股平台，使其无法对合并后的公司享有股东知情权。

【延伸阅读】

案例一： 四川省都江堰市人民法院在（2016）川 0181 民初 1701 号民事判决书中认为：邹某某原来所在的华夏公司与青年公司在 2010 年 4 月进行合并后，双方经过协议，邹某某成为新青年公司的股东并担任公司经理，在 2013 年 4 月 1 日青

年公司股东会决议中，再次明确了邹某某系青年公司股东及享有的相应的股权份额。虽然公司合并协议书约定的合作期限届满，但是，该协议并没有约定合作期满后邹某某的股东资格就不再延续。依据《中华人民共和国公司法》① 第二十九条："股东缴纳出资后，必须经依法设立的验资机构验资并出具证明"，第三十条："股东的首次出资经依法设立的验资机构验资后，由全体股东指定的代表或者共同委托的代理人向公司登记机关报送公司登记申请书、公司章程、验资证明等文件，申请设立登记"，第三十三条："有限责任公司应当置备股东名册，记载下列事项：（一）股东的姓名或者名称及住所；（二）股东的出资额；（三）出资证明书编号。记载于股东名册的股东，可以依股东名册主张行使股东权利。公司应当将股东的姓名或者名称及其出资额向公司登记机关登记；登记事项发生变更的，应当办理变更登记。未经登记或者变更登记的，不得对抗第三人"。本院认为，在本案中，邹某某作为青年公司股东出资，在新设立青年公司时是通过工商机关严格的公司设立程序进行相应审查的，其出资也是经过了验资后加以确认的。邹某某的股东资格及享有 50% 的股权是经过股东会决议并通过青年公司的章程修正案，并向工商登记机关作了登记备案的。青年公司认为邹某某无出资故不

---

① 注：该处指 2005 年修订版。

是青年公司股东的答辩意见与本案查明的事实不符，本院不予采纳。

案例二：吉林省敦化市人民法院在（2017）吉 2403 民初 2491 号民事判决书中认为：代忠金的诉讼请求为确认其在公共汽车公司的股东资格，是否具备股东资格的前提条件是其是否对公司进行了出资。根据代忠金向本院提供的证据载明，2005 年 3 月 12 日，金隆客运公司召开股东会并形成决议，决定与公共汽车公司合并经营，原金龙客运公司解散，原金隆客运公司股东按实际投资额在公共汽车公司享有股权。次日，公共汽车公司与金隆客运公司签订合同，再次对两公司合并事宜作出了明确约定，在合并后公共汽车公司所体现的股权形式应全部以原金隆客运公司的自然人股东本人的真实身份体现，其股权比例应以金隆客运公司在合并后所占的这一部分股权中，按其在原公司所占的股权比例划分，然后再以其合并后公共汽车公司中所占的实际比例体现股权比例。2005 年 5 月 20 日，公共汽车公司又出具证明，载明了金隆客运公司与公共汽车公司合并经营情况，并再次对两公司合并的合同书的有效性进行了确认，以上证据能够形成完整的证据链条，故能够认定金隆客运公司与公共汽车公司确已发生合并的事实，代忠金作为原金隆客运公司的股东，其按照两公司关于合并事宜的约定应为合并后的公共汽车公司的股东，且公共汽车公司于 2005 年 5 月 8 日为代忠金出具了股权证明，故应认定代忠金具有公共汽车公司的股东资格。

第 19 问　总公司的股东能否向分公司行使股东知情权？

【问题背景】

分公司是指在生产经营、资金调度、人事管理等方面受总公司管理，不具有法人资格的分支机构。分公司不具有独立的法人资格，不承担独立的民事责任，属于总公司的附属机构，基于此，总公司的股东能否向分公司行使股东知情权呢？

【裁判要旨】

分公司不具有独立的法人资格，其民事责任由总公司承担，分公司本质上为总公司的组成部分，故股东有权向公司的分公司主张行使股东知情权。

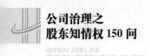

【参考案例】

案例一：湖北省武汉市中级人民法院在（2018）鄂 01 民终 5327 号民事判决书中认为：分公司实际占有、使用的是总公司财产的一部分，财务状况列入总公司的资产负债表，王志行使股东知情权的对象应及于华泰公司的分公司，王志要求查阅、复制分公司的会计账簿和会计凭证，应予支持。

案例二：吉林省长春市中级人民法院在（2015）长民四终字第 175 号民事判决书中认为：首先，上诉人中商吉林分公司作为中商资产评估有限责任公司依法成立的分支机构，虽不是独立的法人，但其具备民事诉讼主体资格，在《中华人民共和国公司法》中未有公司股东不能向公司的分支机构行使股东知情权的禁止性规定，被上诉人罗东皓有权向上诉人中商吉林分公司行使股东知情权。

【和普提示】

对于股东一方，如果公司还设有分公司，那么该行权股东在考虑行权对象时可以直接诉请分公司提供相应资料供其查阅或复制，亦可选择通过诉请总公司要求其一并提供分公司的相应资料供其查阅或复制。

对于分公司一方，因分公司本身就属于分支机构，总公司或者分公司不能仅以分公司的财产独立或者法律没有明确的规定为由拒绝行权股东的诉求。而对于分公司采取承包经营、挂靠经营这类特殊情形的，建议在承包经营、挂靠经营前，要求总公司的全体股东作出有关全体股东不得向分公司主张股东知情权的股东会决议，以防止总公司的股东以行使股东知情权为由侵害承包人和挂靠人的利益。

第 20 问　母公司的股东能否向子公司行使股东知情权？

【问题背景】

子公司是指一定比例以上的股权被另一公司实际持有或者通过订立协议的方式受到另一公司实际控制的公司，子公司作为独立的法人，有自己的名称及财产，以自己的名义从事经营活动，并能独立承担民事责任，故母公司与子公司虽在法律上为两个相互独立的民事主体，但其利益却息息相关，那么作为母公司的股东，能否直接向子公司主张股东知情权呢？

【裁判要旨】

一般而言，因子公司具有独立的法人地位，且母公司的股东并非子公司的股东，故对其向子公司行使股东知情权，要求提供特定文件资料供其查阅或复制的诉讼请求应当不予支持。

但如果母公司系投资性主体，且将其子公司纳入了财务报表的合并范围，此时母公司的股东有权通过行使股东知情权要求查阅或者复制其控制子公司的相关财务资料。

【参考案例】

案例一： 湖南省长沙市中级人民法院在（2019）湘 01 民终 13015 号民事判决书中认为：黄传龙并非微力量公司五家子公司的股东，故黄传龙要求该五家子公司提供自成立以来的相关股东大会决议、董事会决议、年度财务会计报告以及会计凭证的上诉请求，无法律依据，本院不予支持。

案例二： 江苏省高级人民法院在（2017）苏执监 648 号执行裁定书中认为：鉴于投资性控股公司情形之下，股东的实际利益在子公司而非母公司，郭金林作为财务报表使用者，有权知晓金浦集团在其子公司中的权益对企业财务状况、经营成果及现金流量的影响，金浦集团也有义务向郭金林披露这方面信息。尤其是对于投资性控股公司而言，其成员企业的经营管理状况对于控股公司的股东具有重大利益，成员企业的账簿记录对母公司股东而言尤其重要。惟其如此，郭金林通知函中要求查阅金浦集团投资及再投资企业的财务状况。如果仅将其知情权局限于金浦集团或其合并报表层面而不延伸至形成该合并报表的基础会计资料，郭金林仍然无法判断公司编制的合并报表是否客观真实，也必然导致其诉讼目的从根本上无法实现，也不符合双方在诉讼中达成的调解协议初衷。

【和普提示】

对于母公司股东能否向子公司行使股东知情权的问题，应当特别注意的是母公司与子公司合并财务报表的情形。《企业会计准则第 33 号——合并财务报表》明确规定了投资性主体的母公司①应当将其控制子公司纳入合并财务报表的合并范围的情形，而合并的范围包括合并资产负债表、利润表、现金流量表、所有者权益变动表等资料。在母公司与子公司合并财务报表后，母公司与子公司应当被视为一个会计主体，并依据相关企业会计准则的确认、计量和列报要求，按照统一的会计政策，从而通过合并的会计报表来反映整个企业集团的财务状况、经营成果和现金流量。基于此，母公司的股东当然有权要求查阅或者复制子公司的相关文件资料。

除上述探讨的合并财务报表的情形外，关于母公司的股东能否向子公司行使股东知情权，在司法实践中的主流观点系母公司与子公司均具有独立的法人资格，母公司的股东并非子公司的股东，故对其行权请求应当不予支持。但是，在检索同类型案例的过程中，笔者发现仍有部分法院会根据案件的实际情况，或者是基于母公司的公司章程中关于股东向子公司主张股东知情权的规定从而支持股东对子公司的行权请求。

对于股东一方，股东确需向子公司主张股东知情权的，笔者建议可预先在母公司章程、母公司股东会决议，或者股东之间签署的协议中对相关要求进行明确约定，以为股东行权提供依据；又或者将间接通过母公司持股的方式转变为该股东对子公司直接持股的方式，以获得子公司直接的股东资格，从而便于未来行权。

对于子公司一方，除非另有约定，子公司当然有权拒绝母公司的股东行权；母公司一方可以通过建立持股平台的方式，来防止股东恶意向子公司行权，详见本书第 6 问"通过持股平台持股的员工能否行使知情权？"一文。

---

① 《企业会计准则第 33 号——合并财务报表》第二十一条　母公司应当将其全部子公司（包括母公司所控制的单独主体）纳入合并财务报表的合并范围。如果母公司是投资性主体，则母公司应当仅将为其投资活动提供相关服务的子公司（如有）纳入合并范围并编制合并财务报表；其他子公司不应当予以合并，母公司对其他子公司的投资应当按照公允价值计量且其变动计入当期损益。

第二十二条　当母公司同时满足下列条件时，该母公司属于投资性主体：（一）该公司是以向投资者提供投资管理服务为目的，从一个或多个投资者处获取资金；（二）该公司的唯一经营目的，是通过资本增值、投资收益或两者兼而让投资者获得回报；（三）该公司按照公允价值对几乎所有投资的业绩进行考量和评价。

第二十三条　母公司属于投资性主体的，通常情况下应当符合下列所有特征：（一）拥有一个以上投资；（二）拥有一个以上投资者；（三）投资者不是该主体的关联方；（四）其所有者权益以股权或类似权益方式存在。

第二十四条　投资性主体的母公司本身不是投资性主体，则应当将其控制的全部主体，包括那些通过投资性主体所间接控制的主体，纳入合并财务报表范围。

第 21 问　公司进入破产清算程序后，股东能否行使股东知情权？

【问题背景】

一般而言，在公司正常运营的情况下，股东可以行使股东知情权，且该阶段股东的行权目的大多是了解公司的经营信息，以参与公司的重大决策，与《公司法》保护股东合法权益的立法目的相符。但在公司进入破产清算程序后，此时股东行使股东知情权不仅可能会阻挠破产程序的正常进行，加重破产管理人的负担，行权股东还可能具有某些特殊的目的，比如该股东想要申报债权，但未能举证证明债权的存在以及债权金额，故试图通过查阅、复制公司特定文件材料以达到举证的目的。那么在司法实践中，公司进入破产清算程序后，股东能否行使股东知情权呢？

【裁判要旨】

股东知情权是股东享有的法定权利，该权利对应的义务主体为公司，即在公司主体资格消灭前，公司均有义务保障和配合股东行使股东知情权，尽管公司已经进入破产清算程序，但公司的主体资格并未消灭，故理论上股东仍享有股东知情权。

【参考案例】

案例一： 安徽省高级人民法院在（2019）皖民终 291 号民事判决书中认为：一、关于汪宏卫是否享有股东知情权的问题，股东知情权是指股东获取公司信息、了解公司情况的权利，是股东行使资产收益权和参与公司经营管理权的基本前 提。在现代公司治理"所有权与管理权"分离的模式下，通过查阅或者复制公司文件资料来行使知情权，是股东对公司行使"所有者"权利的重要途径和体现。一般而言，公司正常经营且股东资格存续的，股东即享有股东知情权。根据《中华人民共和国民法总则》第七十二条①的规定，大蔚置业公司虽然处于破产程序，其民事行为能力限于清算目的范围之内，但是该公司的法人资格并不当然消灭，也不能据此否定汪宏卫的股东地位。公司股东依法享有资产收益以及参与重大决

①　《中华人民共和国民法总则》已废止，此条对应《民法典》第七十二条。

策、监督知情权等权利，公司破产后，股东当然不享有参与重大决策权等权利，但并非不能享有监督知情权。况且，现行有效的法律法规并无明文规定公司进入破产程序后，其股东不再享有股东知情权。因此，大蔚置业公司在进入破产程序后，汪宏卫仍然享有股东知情权。

案例二：湖南省益阳市中级人民法院在（2017）湘 09 民初 18 号民事判决书中认为：股东查阅权是法律赋予公司股东通过查阅公司财务会计报告、会计账簿等有关公司经营、管理、决策的相关资料，以实现了解公司的经营状况和监督公司高级管理人员活动的权利，是股东知情权的重要内容。本案原告作为被告的股东，应当享有法律所赋予的上述权利。虽然被告进入了破产程序，但这并不影响原告作为公司股东对查阅权的行使。故被告认为原告知情权（查阅权）已丧失的抗辩理由没有事实和法律依据，本院不予采信。

【和普提示】

对于股东一方，但凡公司经营状况异常，尤其是公司不向股东披露公司的经营状况时，股东就要及时行权。笔者建议股东行权要趁早，不必等到破产时。

对于公司一方，尤其是对于破产管理人一方，在进入破产清算程序后，若股东行使股东知情权，公司不能轻易地拒绝股东的行权请求，而应从严把握知情权的行使范围、审查股东行权的目的，防止因股东行使知情权影响破产程序，损害债权人或债务人的利益。

第 22 问　股东能否向已注销的公司主张股东知情权？

【问题背景】

公司注销是指公司依法宣告破产，或被其他公司收购，或规定的营业期限届满不续，或公司内部解散等情形出现后，公司到登记机关申请注销，终止公司法人资格的过程。公司注销后，其法人资格归于消灭，那么此时股东还能否行使股东知情权呢？

【裁判要旨】

《公司法》第三十三条①规定股东具有知情权，股东知情权的义务主体是存续的公司，而非公司其他股东、董事、监事或者高级管理人员。若公司已被依法注销，股东的相应权利也就消灭了，股东行使股东知情权也就没有了法律依据。

【参考案例】

案例一：天津市第一中级人民法院在（2018）津01民终9333号民事裁定书中认为：股东知情权是针对公司而言的，其权利主体必须是具有股东身份的人，义务主体则必须是存续的公司。所以，如果公司其他股东、董事、监事或者高级管理人 员拒绝履行相关义务，导致股东知情权受到侵害，应当由公司承担责任。股东不能以其他股东、董事、监事或者高级管理人员作为被告提起诉讼。在公司被依法注销后，公司的法人人格即消灭，股东对公司享有的股东权也因公司的消亡而消灭，故如果要求对已被注销的公司行使知情权没有法律依据。因此，对于原公司股东针对公司其他股东、原法定代表人或者高级管理人员为被告提起的知情权诉讼，人民法院应当不予受理。已经受理的，应当裁定驳回起诉。

案例二：广东省广州市白云区人民法院在（2017）粤0111民初6749号民事裁定书中认为：《中华人民共和国公司法》第三十三条规定："股东有权查阅、复制公司章程、股东会会议记录、董事会会议决议、监事会会议决议和财务会计报告。股 东可以要求查阅公司会计账簿。股东要求查阅公司会计账簿的，应当向公司提出书面请求，说明目的。公司有合理根据认为股东查阅会计账簿有不正当目的，可能损害公司合法利益的，可以拒绝提供查阅，并应当自股东提出书面请求之日起十五日内书面答复股东并说明理由。公司拒绝提供查阅的，股东可以请求人民法院要求公司提供查阅。"根据以上规定，股东知情权的义务主体是公司，而非其他股东，即各被告不是本案的适格被告。同时，雪鹰公司于2017年3月22日注

---

① 《公司法》第三十三条 股东有权查阅、复制公司章程、股东会会议记录、董事会会议决议、监事会会议决议和财务会计报告。股东可以要求查阅公司会计账簿。股东要求查阅公司会计账簿的，应当向公司提出书面请求，说明目的。公司有合理根据认为股东查阅会计账簿有不正当目的，可能损害公司合法利益的，可以拒绝提供查阅，并应当自股东提出书面请求之日起十五日内书面答复股东并说明理由。公司拒绝提供查阅的，股东可以请求人民法院要求公司提供查阅。

销，公司的法人资格已经消亡，各原告的股东身份及对公司享有的股东权利亦随之消灭。综上，原告及被告均不是股东知情权纠纷的适格原告和适格被告，故本院对原告的起诉予以驳回。

【和普提示】

对于股东一方，笔者一直强调股东行使股东知情权一定要趁早，在本书第21问"公司进入破产清算程序后，股东能否行使股东知情权？"中，笔者探讨了在公司进入破产清算程序之后，因公司的主体资格尚且存续，故股东还能行使股东知情权。但公司一经注销，公司的主体资格就不复存在，那么行权对象自然也不存在。

对于公司一方，如果公司确无存续的必要，笔者建议尽快完成公司的注销手续。

第23问　股东能否向不运作的公司主张股东知情权？

【问题背景】

在本书第22问"股东能否向已注销的公司主张股东知情权？"中笔者已经探讨了在公司已经注销的情况下，股东无法再行使股东知情权。若公司虽未注销，但实际上已经停止运作的，股东能否行使股东知情权呢？

【裁判要旨】

支持观点：如果公司仅仅是没有发生经营行为，则公司实际经营状况不影响股东行使知情权。

反对观点：公司虽未办理工商变更登记，但有确切证据证明公司已经停止运作，其民事主体资格已经实质上终止的，股东亦无权行使股东知情权。

【参考案例】

支持案例：山东省青岛市中级人民法院在（2014）青民二商终字第807号民事判决书中认为：上诉人主张公司未经营且无账簿等资料，本院认为青岛辉煌公司作为在工商行政部门注册备案并经相关政府部门审批成立的合资企业，应当设立公司会计账簿等资料，公司实际经营状况不影响股东行使知情权。

　　相反案例：北京市第一中级人民法院在（2017）京01民终5743号民事判决书中认为：阜国公司虽然尚未注销工商登记，但生效裁判文书已经确认阜国公司的民事主体资格已实质上终止，在此情况下阜国公司不具备提起本案诉讼的民事主体资格。北京市高级人民法院于2016年12月23日作出（2016）京民破2号民事裁定书，认为根据《中华人民共和国公司法》第一百八十三条规定，有限责任公司的股东应在公司解散事由出现之日起十五日内成立清算组开始清算。阜国公司于2008年10月24日被工商行政管理机关吊销营业执照，出现解散事由，但其股东未在公司法规定的期限内对公司进行清算，构成怠于履行清算义务。阜国公司股东上海仪电公司于2012年1月12日方申请法院对阜国公司进行清算，在该次强制清算中，股东未提供完整的公司账册及相关重要文件等清算必需材料，导致无法进行清算，受理法院经清算组申请并依法审查后终结强制清算程序，程序合法，适用法律正确。在原强制清算程序合法的情况下，阜国公司虽尚未注销工商登记，但其民事主体资格已因强制清算程序终结而实质上终止，今典公司的上诉请求成立（驳回今典公司的诉讼请求），本院予以支持。

【和普提示】

　　关于该问题，司法实践中裁判结论并不明确，一般会考察公司是否已实质性停止运作。笔者倾向性地认为，一般而言，只要公司主体存在，公司的实际经营状况并不影响股东行使知情权。但是类似法院强制清算的情形，股东再向公司行使股东知情权就十分困难。

　　对于股东一方，笔者再三强调应当尽早行权。行权股东需明知，非特殊情况，只要无证据证明公司主体资格丧失的，股东均有权行使股东知情权。

　　对于公司一方，公司应当清晰地认识到，即使公司已经实际不运作或者公司自始未经营，股东均有权行使股东知情权。公司仅仅以未发生经营行为拒绝股东行权的，是很难得到支持的。

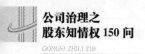

第三章　行权范围

第 24 问　行权股东能否查阅会计凭证？

【问题背景】

《公司法》第三十三条规定，股东有权查阅公司会计账簿，但未对会计账簿的范围做出明确规定。根据《会计法》第十五条①第一款的规定，会计账簿登记，必须以经过审核的会计凭证为依据，并符合有关法律、行政法规和国家统一的会计制度的规定。所以在司法实践中对于股东能否查阅会计凭证的争议较大。那么，究竟行权股东能否查阅会计凭证呢？

【裁判要旨】

支持观点：会计凭证是会计账簿形成的基础，亦是会计账簿记录内容真实性得以验证的证据，而公司的具体经营活动只有通过查阅原始凭证才能知晓，不查阅原始凭证，仅通过查阅公司提供的会计账簿行权股东根本无法准确了解公司真实的经营状况。

反对观点：会计凭证并非《公司法》第三十三条、第九十七条②确定的股东行使知情权的范围，故对于股东要求查阅会计凭证的行权请求应当不予支持。

---

① 《会计法》第十五条　会计账簿登记，必须以经过审核的会计凭证为依据，并符合有关法律、行政法规和国家统一的会计制度的规定。会计账簿包括总帐、明细帐、日记帐和其他辅助性账簿。会计账簿应当按照连续编号的页码顺序登记。会计账簿记录发生错误或者隔页、缺号、跳行的，应当按照国家统一的会计制度规定的方法更正，并由会计人员和会计机构负责人（会计主管人员）在更正处盖章。使用电子计算机进行会计核算的，其会计账簿的登记、更正，应当符合国家统一的会计制度的规定。

② 《公司法》第九十七条　股东有权查阅公司章程、股东名册、公司债券存根、股东大会会议记录、董事会会议决议、监事会会议决议、财务会计报告，对公司的经营提出建议或者质询。

【参考案例】

支持案例：最高人民法院公报案例（《中华人民共和国最高人民法院公报》2011 年第 8 期）：李淑君、吴湘、孙杰、王国兴诉江苏佳德置业发展有限公司股东知情权纠纷二审案……账簿查阅权是股东知情权的重要内容。股东对公司经营状况的知悉，最重要的内容之一就是通过查阅公司账簿了解公司财务状况。《中华人民共和国会计法》第九条规定："各单位必须根据实际发生的经济业务事项进行会计核算，填制会计凭证，登记会计账簿，编制财务会计报告。"第十四条规定："会计凭证包括原始凭证和记账凭证。办理本法第十条所列的各项经济业务事务，必须填制或者取得原始凭证并及时送交会计机构。……记账凭证应当根据经过审核的原始凭证及有关资料编制。"第十五条第一款规定："会计账簿登记，必须以经过审核的会计凭证为依据，并符合有关法律、行政法规和国家统一的会计制度的规定……"因此，公司的具体经营活动只有通过查阅原始凭证才能知晓，不查阅原始凭证，行权股东可能无法准确了解公司真正的经营状况。根据会计准则，相关契约等有关资料也是编制记账凭证的依据，应当作为原始凭证的附件入账备查。据此，四上诉人查阅权行使的范围应当包括会计账簿（含总账、明细账、日记账和其他辅助性账簿）和会计凭证（含记账凭证、相关原始凭证及作为原始凭证附件入账备查的有关资料）。

相反案例：广西省防城港市中级人民法院在（2018）桂 06 民终 302 号民事判决书中认为：关于蒋参林是否有权查阅及记录会计凭证（含记账凭证、相关原始凭证及应作为原始凭证附件入账备查的相关资料）的问题。因为会计凭证并非《中华 人民共和国公司法》第三十三条、第九十七条确定的股东行使知情权的范围，皇家公司的公司章程亦对此没有规定，皇家公司以保护公司商业秘密为由亦不同意蒋参林查阅和记录会计凭证，蒋参林要求查阅会计凭证无据可依，不应支持。

【和普提示】

在目前的审判实践中，法院关于是否支持股东查阅原始会计凭证的诉讼请求裁判标准并不统一，主要有以下两种裁判思路：一是以《公司法》第三十三条没有明确规定为由直接驳回；二是予以支持，但可能会因行权股东具有不正当目的，查阅会计账簿及（或）会计凭证可能会泄露公司商业秘密、损害公司的合法权益等原因对股东要求查阅会计账簿及原始凭证的行权请求予以限制。笔者

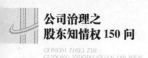
认为，支持查阅原始会计凭证具有正当性与合理性，故笔者赞同第二种观点。

部分地方性司法意见已明确规定了股东有权查阅会计凭证，如广东省高级人民法院民二庭《民商事审判实践中有关疑难法律问题的解答意见》第三条第（九）项股东知情权的范围和行使方式的认定中就明确规定了"股东可以查阅的范围包括：公司章程、股东会记录，董事会监事会记录、股东名册、财务会计报告。会计账簿和会计凭证（原始凭证和记账凭证）应当允许查阅"；《山东省高级人民法院关于审理公司纠纷案件若干问题的意见（试行）》第六十三条规定"股东有权查阅的会计账簿包括记账凭证和原始凭证"；江西省高级人民法院《关于审理公司纠纷案件若干问题的指导意见》第五十三条规定"股东有权查询的会计账簿包括会计报表、记账凭证、原始凭证、审计报告、评估报告等"。此外，亦有部分地区通过发布典型案例的方式确定了股东在申请查阅会计账簿时能够一并申请查阅会计凭证。最高人民法院于 2019 年 10 月 11 日印发了《关于建立法律适用分歧解决机制的实施办法》，旨在解决"因裁判标准不一，同案不同判"的问题，笔者相信关于这类纠纷的裁判思路迟早会统一。

对于股东一方，在行使股东知情权时，应将查阅会计凭证作为请求事项之一。笔者建议在诉前了解当地法院的裁判思路，并且将股东有权查阅、复制会计账簿的内容明确约定在公司章程、股东间协议、股东会纪要等文件中。

对于公司一方，公司应正视股东的这一正当权利。除了对商业秘密进行保护或发现行权股东有其他不正当目的外，公司亦应当依法向股东披露公司的相关经营信息。

第 25 问　股东能否对其入股公司前的资料行使股东知情权？

【问题背景】

一般而言，未参与公司实际运营的股东往往仅能通过行使股东知情权来了解公司的经营状况，但公司的经营是一个持续不间断的过程，单就某个时间段的财务会计报告、会计账簿等资料无法准确反映公司的实际情况。那么，在公司成立后才入股公司的股东能否对其入股公司前的资料行使股东知情权呢？

【裁判要旨】

《公司法》及相关法律法规仅对股东是否享有诉权以及股东行使股东知情权是否具有不正当目的进行了规定，但并未对股东行使股东知情权的时间范围进行规定，且公司经营是一个整体延续性的过程，股东有权了解公司的经营信息及财务状况，故股东有权查阅其入股前的特定文件资料，即新股东有权查旧账。

【参考案例】

案例一：广东省广州市中级人民法院在（2018）粤01民终17255号民事判决书中认为：《最高人民法院关于适用〈中华人民共和国公司法〉若干问题的规定（四）》第七条"股东依据公司法第三十三条、第九十七条或者公司章程的规定，起诉请求查阅或者复制公司特定文件材料的，人民法院应当依法予以受理。公司有证据证明前款规定的原告在起诉时不具有公司股东资格的，人民法院应当驳回起诉，但原告有初步证据证明在持股期间其合法权益受到损害，请求依法查阅或者复制其持股期间的公司特定文件材料的除外"，仅对股东的诉权进行了规定，并无明确禁止限制股东查阅其成为股东前的会计账簿。且张华查阅目的是了解公司的经营情况及财务状况，公司经营是一个整体延续性的过程，张华对其成为股东之前的公司运营情况和财务信息的了解和掌握属于股东正当行使股东知情权的范围。吉必盛公司主张张华只能查阅其成为股东后的资料，依法无据，本院不予采纳。

案例二：江苏省南通市中级人民法院在（2019）苏06民终2964号民事判决书中认为：沪钛公司上诉认为亿全公司于2017年7月7日才成为公司股东，故此前的相关资料无权查阅。沪钛公司的该项上诉理由亦不能成立。亿全公司通过受让股权成为沪钛公司股东，其即根据持股比例对沪钛公司享有公司法赋予的股东权利，包括股东知情权。股东通过行使知情权了解公司经营状况是该项权利的主要内容。而公司经营状况是连续的、累积的。如果新加入的股东只能了解其加入后的公司经营状况，其所了解的经营状况将是片面的、不真实的。另外，新加入的股东以其出资额对公司债务承担有限责任，而无论该债务发生在其受让股权前或受让股权后，故依据权利义务相一致原则，亿全公司得查阅其受让股权前的沪钛公司的会计账簿和财务报告。

【和普提示】

对于股东一方，如果是公司成立之后才入股公司的，应当知悉其有权要求公司提供自公司成立之日起的相关资料供其查阅、复制。所以，无论股东在履行相应的前置程序还是明确自己的诉讼请求，都可以要求公司提供自成立之日起至实际提供之日止的相关资料。

对于公司一方，应当知悉，股东入股公司的时间并不能成为公司拒绝股东查阅、复制其入股公司前的相关资料的理由。

第 26 问　股东能否诉请查阅其书面请求时间范围之外的会计账簿？

【问题背景】

股东在向法院申请查阅公司会计账簿前，需履行相应的前置程序，且前置程序是否履行是法院是否支持股东诉讼请求的关键所在。在司法实践中，部分股东认为履行前置程序仅是享有诉权的一个前提条件，因此不予重视，草率应付。常见的一种情况就是书面请求中载明查阅会计账簿的起止时间与诉讼请求中要求查阅会计账簿的起止时间不一致。那么在此种情况下，法院能否支持股东超出其书面请求时间之外的查阅请求呢？

【裁判要旨】

支持观点：虽然股东知情权诉请查阅会计账簿的时间段与前置程序中请求公司提供会计账簿的时间段不一致，但是通过股东起诉的行为自其诉讼请求到达公司之日起，等同于履行了相应的前置程序。法院一般会从减少诉累、提高司法效率的角度考虑支持行权股东的诉求。

反对观点：股东知情权诉请查阅会计账簿需要履行相应的前置程序，股东未依法向公司提出要求查阅的书面请求或书面请求的时间范围与诉请的时间范围不一致的，因缺乏法律依据不能得到支持。

【参考案例】

支持案例：南宁市江南区人民法院在（2017）桂 0105 民初 5934 号民事判决书中认为：原告起诉要求查阅 2011 年 1 月 1 日起至 2017 年 5 月 31 日的公司相关资料，已满足《中华人民共和国公司法》规定的前置条件。至于原告起诉要求查阅 2005 年 7 月 1 日至 2010 年 12 月 31 日、2017 年 6 月 1 日至 2017 年 10 月 30 日的公司相关资料，虽原告未向被告书面申请查阅该两个时间段的公司资料，但原告提起本案诉讼时，被告已知悉原告的申请内容。庭审中经本院释明后，被告对原告关于查阅该两个时间段的公司资料的要求未明确同意也未明确拒绝。结合 2017 年 6 月 5 日原告提出查阅申请时被告以"需在查阅承诺书上签字"为查阅前提、实际上拒绝了原告的查阅申请等事实，可以推定，原告即便现在向被告提出书面申请要求查阅该两个时间段的公司资料，被告亦不会同意。此时若再以原告未向被告提出书面申请为由而裁定驳回原告的该部分诉请，将增加原告不必要的诉累。故此，本院认定，原告起诉要求查阅 2005 年 7 月 1 日至 2010 年 12 月 31 日、2017 年 6 月 1 日至 2017 年 10 月 30 日的公司相关资料，亦满足了法定的前置程序。

相反案例：镇江市中级人民法院在（2016）苏 11 民终 2305 号民事判决书中认为：春旺源公司在本案中仅起诉查阅截至 2015 年 4 月 18 日的会计账簿，故对春旺源公司要求查阅 2013 年 8 月 1 日至 2015 年 4 月 18 日期间会计账簿的诉讼请求， 符合法律规定，本院予以支持。至于会计账簿的范围，根据《中华人民共和国会计法》的规定予以确定。对 2013 年 8 月 1 日之前的会计账簿，因春旺源公司未依法向首控公司提出查阅的书面请求，故春旺源公司诉讼请求查阅该期间的会计账簿，缺乏法律依据，本院不予支持。

【和普提示】

通过以上两则结论相反的案例可知，我国关于股东能否诉请查阅其书面请求时间之外的会计账簿的司法观点并不一致。笔者倾向性地认为，从《公司法》设置前置程序的立法目的而言，即便书面请求查阅的时间范围与诉讼请求查阅的时间范围不一致，但该瑕疵并不直接导致股东丧失其固有的权利。对此，笔者提出以下参考意见：

对于股东一方，行使股东知情权时需综合考虑自身的需求，并且可以借鉴本书第 32 问 "行使股东知情权过程中查阅申请该如何拟订?" 中所提供的股东向公司致送的查阅申请范本,以防书面请求查阅的时间范围与诉讼请求查阅的时间范围不一致。

对于公司一方,如果存在行权股东书面请求查阅的时间范围与诉讼请求查阅的时间范围不一致的情形,可据此进行抗辩,认为股东未完全履行前置程序。但是,笔者要着重提示的是,这种抗辩理由只是暂时的,如果股东再补正相关前置程序,提出查阅公司自成立之日起至公司实际提供会计账簿之日止的申请时,公司仍然有配合查阅的义务。

第 27 问 股东能否查阅公司以个人名义开立存储的账户?

【问题背景】

公司以个人名义开立存储账户是指除以公司名义开立的对公账户外,还以个人名义开设账户用作对公使用,通常表现为公司的股东或者法定代表人以个人的名义开设账户用于公司使用。一般情况下,中小股东不参与公司的经营管理,即使知晓该类账户的存在,也无法得知公司准确的财务状况,由此,行权股东要求查阅公司的会计账簿,也包括查阅公司 "小金库" 的账目明细。那么股东能否查阅公司以个人名义开立存储的账户呢?

【裁判要旨】

由于《公司法》第三十三条已经对股东可以查阅的会计账簿作出了规定,虽然实践中有大部分公司存在私设小金库的情形,因不属于《公司法》规定的股东查阅范围,一般难以得到支持。

【参考案例】

案例一: 南京市中级人民法院在 (2018) 苏 01 民终 8219 号民事判决书中认为:关于 "韩永强要求查阅南消公司 '小金库' 账簿及明细的主张有无依据" 这一争议焦点,本院认为,韩永强的该项上诉主张不成立。韩永强作为南消公司股东,有权查阅公司相关财务会计资料。《中华人民共和国会计法》第三条、第九条、第十

条、第十三至十五条等对公司会计账簿、会计凭证的含义、内容和制作的规范性要求均作了明确、具体的规定，南消公司应当将相关财务资料提供给韩永强查阅。通常理解，"小金库"系在正规账目外另行设立的违法违规账目，需经查阅正规账目后才可发现。韩永强经依法行使知情权后，发现南消公司存在损害股东利益情形或有其他违反法律规定情形的，可另行行使权利或提出控告。

案例二：山东省高级人民法院在（2017）鲁民终 1174 号民事判决书中认为：胡爱莲等四人主张，胡启立存在虚假出资、虚构交易以及与温商公司存在关联交易等行为，故要求胡启立公开与温商公司有关的个人账户信息。但是，胡启立是否 存在侵害温商公司合法权益的上述行为，需要胡爱莲等四人在查阅公司会计账簿等资料以后作出相应的判断，并非人民法院在审理股东知情权纠纷案件中予以审查的内容，胡爱莲等四人要求胡启立公开与温商公司有关的个人账户信息的主张，亦超出了股东知情权的权利范围，本院不予支持。

【和普提示】

对于股东一方，应当知悉《公司法》已经对股东知情权的行权范围作了列举式规定，超出该范围的，一般不会得到支持。如确有证据证明公司存有"小金库"又不向股东披露的，应另行参见本书中第 53 问"若公司提供的资料有毁损或者缺失，股东应如何追责？"主张权利。

对于公司一方，私自设立"小金库"，涉及税务稽查的行政法律风险巨大，涉及侵害公司债权人、其他股东权益的民事法律风险巨大，进而甚者，涉及职务侵占、挪用资金的刑事法律风险都巨大，所以公司不应私设"小金库"。

第 28 问　股东能否查阅公司在破产清算期间形成的相关文件资料？

【问题背景】

公司在破产清算程序期间往往会形成大量新的文件资料，如债务人财产状况报告、债权人会议决议、债权人委员会决议、管理人监督报告等文件，那么股东能否申请查阅该类相关文件资料呢？

【裁判要旨】

支持观点：股东知情权是股东的固有权利，股东在破产程序中行使股东知情权，查阅公司在破产清算期间形成的相应文件资料，有利于在破产程序中平衡保护公司股东与债权人的合法权益，从而最大限度地发挥破产程序的功能与价值，故对于股东关于查阅公司在破产清算期间形成的文件资料的请求应当予以支持。

反对观点：法律并未赋予股东查阅公司在破产清算期间形成的相应文件材料，因此股东的该类请求缺乏法律依据，一般不予支持。

【参考案例】

支持案例：安徽省高级人民法院在（2019）皖民终291号民事判决书中认为：首先，大蔚置业公司在管理人管理期间仍然会产生清算目的范围之内的相关资料，如债权申报材料、债权审核依据资料、债权人会议表决记录等，由此，汪宏卫在大 蔚置业公司破产期间有行使知情权的可能。其次，股东作为公司的投资人，其对公司的破产清算更加关注。而股东知情权是股东的固有权利，在公司破产程序中的体现就是股东对管理人基于清算目的形成相关资料享有知悉的权利。所以，汪宏卫在大蔚置业公司破产期间有行使知情权的必要。最后，根据最高人民法院《关于审理企业破产案件若干问题的规定》第九十九条，大蔚置业公司在破产程序期间形成的相关账册、文书等资料，在破产程序终结后将移交该公司的股东保存。也就是说，汪宏卫作为大蔚置业公司的股东，其最终对上述相关资料享有知悉的权利。只是该条规定是股东在破产程序终结后的保管职责，而股东在破产程序中行使股东知情权，有利于在破产程序中平衡保护公司股东与债权人的合法权益，从而最大限度地发挥破产程序的功能与价值。因此，一审判决对汪宏卫要求查阅、复制大蔚置业公司的破产债权申报材料、债权审核结果及依据资料、四次债权人会议表决记录的诉讼请求予以支持，亦无不当。

相反案例：望城县人民法院在（2017）湘0112民初3744号民事判决书中认为：关于原告要求被告提供被受理破产申请的相关材料并告知破产程序进度的诉求。本院认为，由于法律没 有赋予股东该项知情权，且在庭审时被告破产管理人已经告知关于有色光电公司破产程序的进度情况，故对原告的该项请求，本院亦不予支持。

【和普提示】

对于是否支持股东查阅公司破产清算期间的相关文件资料，在司法实践中有两种相反的裁判观点，笔者倾向于不支持股东查阅相关文件资料，理由如下：①不支持股东的该类请求可避免破产清算进程被股东干扰，与公平清偿债权债务、维护债权人利益的破产清算核心价值目标匹配；②从《公司法》《企业破产法》及其司法解释的相关规定来看，股东主张查阅、复制破产申报材料、破产程序中形成的文件，欠缺法律依据。

对于股东一方，需知悉，如果寄希望于通过查阅前述相关文件资料以达到其他目的，可能会落空。所以笔者还是建议股东依据法律规定的行权范围尽早行使股东知情权。

对于公司一方，尤其是对破产管理人一方，可以法律无明确规定为由拒绝行权股东的该类请求。

第 29 问　股东能否查阅、复制属于公司商业秘密的资料？

【问题背景】

商业秘密是指不为公众所知悉、兼具实用性与商业价值且经权利人采取保密措施的商业信息，主要包括产品配方、技术资料、客户资料、价格数据等。如果公司的相关资料涉及公司商业秘密的，股东能否查阅呢？

【裁判要旨】

股东依据《公司法》及司法解释的相关规定行使股东知情权，对于属于法律规定范围内可以查阅或者复制的材料，不管是否包含部分公司商业秘密，只要公司无法证明股东具有不正当目的，股东的行权要求一般能得到支持；但若股东要求查阅或者复制的材料超出了法律规定的范围，那么行权请求一般不会得到支持。

【参考案例】

案例一：广东省广州市中级人民法院在（2018）粤 01 民终 3576 号民事判决书中认为：根据《最高人民法院关于适用〈中华人民共和国公司法〉若干问题的

规定（四）》第十条第二款"股东依据人民法院生效判决查
阅公司文件材料的，在该股东在场的情况下，可以由会计师、
律师等依法或者依据执业行为规范负有保密义务的中介机构执
业人员辅助进行"及第十一条"股东行使知情权后泄露公司商

业秘密导致公司合法利益受到损害，公司请求该股东赔偿相关损失的，人民法院
应当予以支持"之规定，辅助查阅的第三人为负有法定保密义务的中介机构执业
人员，我国现有法律对律师、会计等的执业道德、保密义务和法律责任作了周严
的规定，能够从制度上避免其侵犯公司商业秘密。综上，现行法律已经为防止查
阅人不当使用知情权设置制度保障。

案例二：四川省成都市中级人民法院在（2019）川 01 民
终 10119 号民事判决书中认为：关于荷花金池公司提出公司实
行承包经营制，会计账簿由承包经营人制作、保管，涉及承包
经营人的商业秘密，叶学文应自行向承包人查阅的抗辩意见，

一审法院认为，荷花金池公司所称的承包经营制属于内部经营模式，不能因其经
营模式而妨碍、限制法律赋予公司股东的法定权利，况且依照《中华人民共和国
会计法》的相关规定，公司有义务进行会计核算，登记会计账簿，编制财务会计
报告，不能因其经营模式而否定自己的义务。依照《最高人民法院关于适用〈中
华人民共和国公司法〉若干问题的规定（四）》第九条"公司章程、股东之间的
协议等实质性剥夺股东依据公司法第三十三条、第九十七条规定查阅或者复制公
司文件材料的权利，公司以此为由拒绝股东查阅或者复制的，人民法院不予支
持"的规定，对荷花金池公司的上述抗辩意见不予采信，维持原判。

【和普提示】

对于股东一方，首先，需知悉法律规定的能够查阅、复制的资料范围，但凡
超出法律规定范围的属于公司商业秘密的资料，如技术资料、配方成分、客户名
单等都是不允许查阅的；其次，在行权时，也要聘请有资质的、可信的会计师或
者律师来辅助进行，因为如果出现辅助人泄露公司商业秘密而造成损失，股东也
可能需要向公司承担赔偿责任；最后，行权后也要注意保管查阅、复制后形成的
材料，没有留存必要的材料应当及时销毁，以免泄露公司商业秘密。

对于公司一方，因为股东不能超出法律规定的范围行权，在属于行权范围内
的材料中，最有可能包含商业秘密的资料主要是会计账簿和会计凭证，所以笔者

建议公司采取合法的记账方式，尽量避免或者减少在会计账簿和会计凭证中显示属于商业秘密的信息。另外，股东查阅、复制的全过程也应尽量安排在公司控制的地域范围内，并且进行全程的监控。此外，公司还要知悉，以商业秘密被股东知晓后可能泄露作为抗辩理由的，司法实践中普遍认为，公司可以依照《公司法司法解释（四）》第十一条[①]的规定要求该股东承担赔偿责任。故此，法律已经为公司设置了保障和救济措施，公司不能再以此为由拒绝股东行使股东知情权。

第 30 问　公司能否扩大股东知情权的范围？

【问题背景】

《公司法》第三十三条对于股东行使知情权可查阅或复制的资料范围作了列举式规定，除此之外，在本书第 24 问"行权股东能否查阅会计凭证？"中，笔者还倾向性地认为规定股东可以查阅公司的会计凭证，实际上是司法实践扩大了股东知情权的范围。那么公司是否有自治的权利，以章程、股东会决议或股东间协议的方式扩大股东知情权的范围呢？

【裁判要旨】

公司章程是公司自治的意思表示，通过章程扩大股东享有知情权的范围并不违反法律法规的规定，且对全体股东均有约束力，故对于股东以公司章程为依据请求行使超过法定范围知情权的主张，人民法院原则上应予支持。

【参考案例】

案例一： 江苏省高级人民法院在（2015）苏商外终字第00035号民事判决书中认为：公司法关于股东知情权系为股东利益而设，该规定对公司系倡导性规定，应当允许公司通过章程扩大股东知情权的范围。故除公司法明确规定的股东行使知

情权的范围和方式之外，公司章程明确赋予股东其他权利的，对公司及股东也具有约束力。故股东知情权行使应当在公司法及公司章程规定的范围之内。

案例二：广东省深圳市中级人民法院在（2014）深中法商终字第1304号民事判决书中认为：关于知情权范围问题。双方当事人及怀众公司其他股东签订的《增资协议》第十二条第三款第（1）项约定，怀众公司需定时及不定时向君盛投资中心提供季度、年度财务报告和管理层报告。《增资协议之补充协议（一）》第七条约定，怀众公司授权君盛投资中心查看公司及其子公司的设施、账目和记录。《增资扩股协议》第七条（信息披露）约定，每月结束后十五日内怀众公司向君盛投资中心提供该月度的合并、母公司资产负债表、损益表等财务报表。根据双方当事人在上述协议中的约定，当事人约定的查阅范围未明确包括会计凭证、采购销售合同、管理人员名单、社保资料等资料。但是，怀众公司在一审庭审中承认上述协议中约定的账目包括公司月度、年度会计报告、公司财务账册、银行对账单，记录包括外贸平台交易的详细数据、原始会计凭证、采购销售合同。因此，君盛投资中心可以根据上述协议约定查阅除管理人员名单、社保资料之外的全部财务报告、财务报表及会计凭证，原审对知情权范围的确定不当，本院予以纠正。

【和普提示】

《公司法司法解释（四）》第七条第一款明确规定了："股东依据公司法第三十三条、第九十七条或者公司章程的规定，起诉请求查阅或者复制公司特定文件材料的，人民法院应当依法予以受理。"由此确认了股东有权依据公司章程的规定主张行使股东知情权。杜万华在其主编的《最高人民法院公司法司法解释（四）理解与适用》[①] 一书中认为："公司法作为规范市场主体的民事法律之一，其立法的精神在于赋予民事主体最低程度的权利和自由，而不是对市场主体的权利和自由增加限制。公司章程作为公司的自治规范，其具体内容体现了股东的共同意志。当公司章程赋予股东的权利小于《公司法》第三十三条和第九十七条设定的股东知情权范围时，上述法律规定应作为强制性法律规范加以适用，该章程约定无效；但是，当公司章程赋予股东的知情权大于公司法规定的范围时，只要

---

① 杜万华.最高人民法院公司法司法解释（四）理解与适用 [M]. 北京：人民法院出版社，2017：210.

经股东自愿同意，则该约定并未违反法律强制性规定，而属于公司自治的范围，该约定应该优于法律规定优先适用；即使公司利益可能因此受损，也是集体合意的结果，不应以此作为否定公司章程效力的理由。"由此，司法实践中亦倾向于公司章程能够扩大股东知情权的范围。

对于股东一方，股东除依据《公司法》的明确规定行使股东知情权外，还可依据公司章程、股东会决议或股东间协议的约定行使股东知情权，所以笔者建议股东重视公司章程、股东会决议或股东间协议的内容，尽可能扩大股东的行权范围。

对于公司一方，在不实质性剥夺股东知情权的前提下，可以在拟订公司章程时便明确股东的行权范围、行权方式等，以避免与行权股东产生争议。

第四章　行权方式

第 31 问　如何理解股东的绝对知情权和相对知情权？

【问题背景】

从股东知情权是否可以受到限制的角度，股东知情权可以分为绝对知情权和相对知情权。绝对知情权是指基于股东身份而享有的、无权利行使限制的知情权，它自取得股东资格之日起当然取得，不依赖于公司章程、股东大会决议或者董事会决议的授予①；相对知情权是指法律对于股东作了一定程度限制的知情权。那么我们应当如何理解股东的绝对知情权和相对知情权呢？

【裁判要旨】

股东查阅、复制公司章程、董事会会议决议和财务会计报告等内容无须说明查阅目的，公司应无条件地根据股东的要求予以提供，属于绝对知情权。该项权利行使一旦遭到公司拒绝，股东便可以向法院提起诉讼，法律未设定司法救济的前置条件。股东对会计账簿查阅权的行使受到法律的限制，属于相对知情权，股东应先向公司提出书面请求，说明理由，公司有理由认为股东查阅会计账簿有不正当目的的可以拒绝，此外股东对于会计账簿仅限查阅，无权复制。

【参考案例】

案例一：北京市大兴区人民法院在（2019）京 0115 民初 22779 号民事判决书中认为：对于孙家凤要求查阅和复制的科华众生公司 2017 年 1 月 1 日起至判决生效之日止的公司章程、股东会会议记录、执行董事决定、监事决定和财务会计报告的

---

①　刘俊海. 股份有限公司股东权的保护［M］. 修订本. 北京：法律出版社，2005：55.

诉讼请求，本院认为，根据《公司法》第三十三条第一款规定，股东有权查阅、复制公司章程、股东会会议记录、董事会会议决议、监事会会议决议和财务会计报告。《公司法》并未规定股东查阅和复制上述文件时应说明目的，因此，股东对上述内容享有绝对知情权，故孙家凤有权要求进行查阅和复制。对孙家凤要求查阅、复制自 2017 年 1 月 1 日起至判决生效之日止的公司章程、股东会会议记录、执行董事决定、监事决定和财务会计报告的诉讼请求，于法有据，本院予以支持。

　　案例二：江苏省南京市中级人民法院在（2015）宁商终字第 675 号民事判决书中认为：根据《公司法》第三十三条第二款之规定，股东对会计账簿查阅权的行使受到法律的限制，属于相对知情权的范畴。股东行使账簿查阅权时须符合一定的程序：其一，股东应向公司提出书面请求，并说明查阅目的；其二，当公司有合理根据认为股东查阅会计账簿有不正当目的，可能损害公司合法利益的，可以拒绝提供查阅，并应当自股东提出书面请求之日起十五日内书面答复股东并说明理由。吴志元于 2012 年 12 月 2 日向南京科宁公司提出书面申请，并说明其行使知情权的目的在于了解公司的经营、财务状况，更好地行使股东权利，即吴志元已向南京科宁公司说明其行使知情权基于正当目的，但南京科宁公司对于吴志元的书面申请并未给予答复，吴志元提起本案诉讼寻求司法救济符合《公司法》的相关规定。本案审理期间，吴志元进一步说明了其要求查阅公司会计账簿具有正当目的，即南京科宁公司股东王宇彤于 2014 年 6 月设立两家同业公司，王宇彤的竞业行为可能会损害其利益，故要求查阅会计账簿。根据上述事实，本院认为，鉴于吴志元已经就其查阅会计账簿的正当目的予以说明和举证，南京科宁公司拒绝提供查阅，应由其举证证明吴志元查阅会计账簿具有不正当目的。

　　案例三：江苏省苏州市虎丘区人民法院在（2018）苏 0505 民初 1467 号民事判决书中认为，股东参与公司经营管理的前提是要全面了解公司的经营状况和相关信息，公司应当向股东履行相关信息报告和披露的义务。根据《公司法》第三十三条规定，有限责任公司股东所享有的知情权包括绝对知情权和相对知情权，这两种知情权的行使具有不同的法定条件。查阅公司会计账簿属于相对知情权的范畴，股东应当向公司提出书面请求，说明目的，公司有合理根据认为股东查阅会计账簿有不正当目的，可能损害公司合法利益的，可以拒绝提供查阅。

本案中，首先，原告主张查阅被告公司会计账簿，但在起诉前并未向被告提出书面请求并说明目的，未履行公司法规定的前置程序。其次，关于查阅目的是否具有正当性的问题，本院认为，被告有合理理由认为原告查阅会计账簿及相关原始凭证具有不正当目的，可能损害公司利益。第一，原告姚飞除被告恒瑞迦俐生公司之外，还担任无锡迦俐申公司的股东和法定代表人，无锡迦俐申公司与被告公司主营业务相同，应当认定两家公司具有实质性竞争关系的业务；第二，案涉《股权转让协议》约定姚飞应促使无锡迦俐申公司将其经营范围予以变更，以确保无锡迦俐申公司的经营范围不包含栓塞微球，但姚飞作为无锡迦俐申公司的法定代表人，在协议签订后长达三年多时间内未履行该合同义务。最后，原告作为被告公司股东，以行使股东知情权为由查询经济合同，于法无据。综上，对于原告的诉讼请求，本院不予支持。

【和普提示】

对于股东一方，股东需知悉股东对于公司章程、股东会会议记录、董事会会议决议、监事会会议决议和财务会计报告享有绝对知情权，随时可以要求公司提供上述资料供其查阅、复制。对于公司会计账簿，股东也享有相对知情权，股东行使知情权之前需依法履行前置程序，即提出书面申请，说明目的。

对于公司一方，公司一方面要尊重股东的知情权，无论是绝对知情权还是相对知情权；另一方面，在股东要求行使相对知情权，查阅公司会计账簿时，需认真审查股东的查阅理由，如果有理由认为股东有不正当目的的，可以拒绝股东行权。

第 32 问　行使股东知情权过程中查阅申请该如何拟订？

【问题背景】

在本书第 31 问 "如何理解股东的绝对知情权和相对知情权？" 中，笔者探讨了绝对知情权和相对知情权的有关问题，虽然绝对知情权无须股东提交相关查阅申请，但如何证明股东已向公司提出了行权要求，也是股东应当承担的基本举证义务。当然对于相对股东知情权书面申请却是股东行使知情权的必经的前置程序。在本书第 26 问 "股东能否诉请查阅其书面请求时间范围之外的会计账簿？"

中，笔者也谈到，如果股东书面申请与诉讼请求要求查阅的时间范围不一致将会给行权股东增加诉累，所以一份相对周严的查阅申请对行权股东至关重要。本问将为读者提供一份参考文本。

【法律依据】

《公司法》第三十三条：股东有权查阅、复制公司章程、股东会会议记录、董事会会议决议、监事会会议决议和财务会计报告。股东可以要求查阅公司会计账簿。股东要求查阅公司会计账簿的，应当向公司提出书面请求，说明目的。公司有合理根据认为股东查阅会计账簿有不正当目的，可能损害公司合法利益的，可以拒绝提供查阅，并应当自股东提出书面请求之日起十五日内书面答复股东并说明理由。公司拒绝提供查阅的，股东可以请求人民法院要求公司提供查阅。

【和普提示】

笔者建议要注意保留送达查阅申请的证据，建议以确保公司能够收悉的方式进行多途径送达，比如快递、短信、微信、公证送达等。

【和普范例】

查阅公司资料申请书

致××有限公司：

本人××作为××有限公司（以下简称"公司"）的股东，为了维护自身权益，准确了解公司财务状况，监督公司的经营管理，现根据我国《公司法》第三十三条之规定，依法行使股东知情权，提出如下申请：

要求查阅、复制公司自××年××月××日（成立之日）起至今的公司章程、股东会会议记录、股东会会议决议、财务会计报告（包括会计报表、会计报表附注和财务情况说明书）。

要求查阅公司自××年××月××日（成立之日）起至今的会计账簿（包括总账、明细账、日记账和其他辅助性账簿）和会计凭证（包括记账凭证、相关原始凭证及作为原始凭证入账备查的相关资料）。

请公司于收到本申请书之日起立即提供上述资料供本人及本人委托的律师、会计师等专业人士查阅、复制。

申请人：

××年××月××日

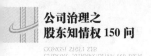

附申请人（或指定代理人）联系方式：

××：

第 33 问　公司对股东的查阅申请应如何回复？

【问题背景】

在本书第 32 问"行使股东知情权过程中查阅申请该如何拟订？"中，笔者站在行权股东的角度提供了查阅申请范本。当股东提出申请，主张行使股东知情权，要求公司提供公司章程、股东会会议记录、董事会会议决议、监事会会议决议和财务会计报告等内容供其查阅、复制，要求公司提供会计账簿供其查阅，公司究竟应当如何进行回复呢？

【法律依据】

《公司法》第三十三条：股东有权查阅、复制公司章程、股东会会议记录、董事会会议决议、监事会会议决议和财务会计报告。股东可以要求查阅公司会计账簿。股东要求查阅公司会计账簿的，应当向公司提出书面请求，说明目的。公司有合理根据认为股东查阅会计账簿有不正当目的，可能损害公司合法利益的，可以拒绝提供查阅，并应当自股东提出书面请求之日起十五日内书面答复股东并说明理由。公司拒绝提供查阅的，股东可以请求人民法院要求公司提供查阅。

《公司法司法解释（四）》第八条：有限责任公司有证据证明股东存在下列情形之一的，人民法院应当认定股东有公司法第三十三条第二款规定的"不正当目的"：（一）股东自营或者为他人经营与公司主营业务有实质性竞争关系业务的，但公司章程另有规定或者全体股东另有约定的除外；（二）股东为了向他人通报有关信息查阅公司会计账簿，可能损害公司合法利益的；（三）股东在向公司提出查阅请求之日前的三年内，曾通过查阅公司会计账簿，向他人通报有关信息损害公司合法利益的；（四）股东有不正当目的的其他情形。

【和普提示】

收到股东行使股东知情权的申请后，需进行形式审查和实质审查。形式审查包括是否属于书面申请、该股东是否说明了查阅目的。实质审查主要是审查该股东目的的正当性以及公司章程是否对股东知情权有特殊约定（实践当中最容易被忽视）。实质审查的问题包括：该股东是否自营或者为他人经营与公司主营业务有实质性竞争关系业务的公司？股东是否是为了向他人通报有关信息而查阅公司会计账簿？此举是否可能损害公司合法利益？股东在向公司提出查阅请求之日前的三年内，是否曾通过查阅公司会计账簿，向他人通报有关信息损害公司合法利益？是否存在该股东有其他不正当目的的情形？

【和普范例一】（用于支持股东行使股东知情权）

对查阅公司资料申请的复函

文件编号：（　　）【复】字第　　号

致××：

您（贵单位）落款时间为××年××月××日的《查阅公司资料申请书》，今已收悉，现回复如下：

1. 您要求查阅、复制的公司章程、股东会会议记录、董事会会议决议、监事会会议决议和财务会计报告已经复制好，请您（贵单位）于××年××月××日到我司领取，原件可供查阅。

2. 请您（贵单位）自××年××月××日起至××年××月××日止的工作时间即上午××时至××时，下午××时至××时到我司查阅会计账簿。期间，请遵守公司的相关办公制度。

3. 如果您（贵单位）委托人代为查阅的，必须同时符合以下条件：（1）您本人或者您单位的法定代表人亲自到场；（2）代理人必须是依法或依据执业行为规范负有保密义务的中介机构执业人员；（3）必须提供前述执业人员有效资格证件原件及复印件，中介机构介绍信以及您（贵单位）与其之间的授权委托书。

4. 本公司需向您（贵单位）明示的是，您（贵单位）行使知情权后泄露公司商业秘密导致公司合法利益受到损害的，公司有权要求您（贵单位）赔偿相关损失。

此复！

××公司

××年××月××日

附联系人及联系电话：××先生/女士，办公电话为××

【和普范例二】（用于因目的不正当性不支持股东行使股东知情权）

对查阅公司资料申请的复函

文件编号：（　）【复】字第　　号

致××：

　　您（贵单位）落款时间为××年××月××日的《查阅公司资料申请书》，今已收悉，因您（贵单位）存在以下情形：□您（贵单位）自营或者为他人经营与公司主营业务有实质性竞争关系业务的；□您（贵单位）是为了向他人通报有关信息查阅公司会计账簿，可能损害公司合法利益的；□您（贵单位）在向公司提出查阅请求之日前的三年内，曾通过查阅公司会计账簿，向他人通报有关信息损害公司合法利益的；□您（贵单位）存在其他有不正当目的的情形。本公司现有权回绝您（贵单位）的申请。

　　如有异议，请您（贵单位）在收到本回函后××日内向本公司书面说明以上问题，以便本公司维护您（贵单位）的权利。

××公司

××年××月××日

　　附联系人及联系电话：××先生/女士，办公电话为××

【和普范例三】（用于因非股东身份不支持股东行使股东知情权）

对查阅公司资料申请的复函

文件编号：（　）【复】字第　　号

致××：

　　您（贵单位）落款时间为××年××月××日的《查阅公司资料申请书》，今已收悉，因您（贵单位）非本公司在册股东，不具备股东身份。本公司现回绝您（贵单位）的申请。

　　如有异议，请您（贵单位）在收到本回函后××日内向本公司书面说明以上问题。

××公司

××年××月××日

　　附联系人及联系电话：××先生/女士，办公电话为××

【和普范例四】（用于超出法定范围，部分不支持股东行使股东知情权）

对查阅公司资料申请的复函

文件编号：（　）【复】字第　号

致××：

您（贵单位）落款时间为××年××月××日的《查阅公司资料申请书》，今已收悉，现回复如下：

1. 请您（贵单位）明确查阅公司资料的范围，根据《公司法》的规定，您（贵单位）仅仅可以查阅、复制公司章程、股东会会议记录、董事会会议决议、监事会会议决议和财务会计报告，而不包括××、××、××、××等。

2. 根据《公司法》的规定，您（贵单位）仅可以要求查阅公司会计账簿，而不包括××、××、××、××等。

请您（贵单位）在收到本回函后××日内向本公司书面说明以上问题，以便本公司维护您（贵单位）的权利。

××公司

××年××月××日

附联系人及联系电话：××先生/女士，办公电话为××

第34问　股东能否完全委托他人代为行使股东知情权？

【问题背景】

《公司法司法解释（四）》第十条[①]第二款规定了股东可以委托会计师、律师等依法或者依据执业行为规范负有保密义务的中介机构执业人员辅助行使知情权，主要是因为股东不是财会、法律方面的专业人士，为了使股东了解公司经营情况的目的落到实处，才赋予了股东可以委托专业人员辅助行权的权利。但若股

[①] 《公司法司法解释（四）》第十条　人民法院审理股东请求查阅或者复制公司特定文件材料的案件，对原告诉讼请求予以支持的，应当在判决中明确查阅或者复制公司特定文件材料的时间、地点和特定文件材料的名录。

　　股东依据人民法院生效判决查阅公司文件材料的，在该股东在场的情况下，可以由会计师、律师等依法或者依据执业行为规范负有保密义务的中介机构执业人员辅助进行。

东不出面,将查阅、复制相关材料的事宜完全委托给第三方进行,能否得到法院支持呢?

【裁判要旨】

只有在股东本人在场的情况下,才能由会计师、律师等人员辅助进行,故在股东本人不在场的情况下,他人无权查阅、复制。

【参考案例】

案例一:广东省广州市中级人民法院在(2017)粤民终5896号民事判决书中认为:蔡达标在一审诉请要求判决支持蔡达标委派的代理人蔡春红行使股东知情权,该诉请包含在二审的该诉请范围内。本院审查认为,民事主体委托代理人行使权利是法定权利,应予支持。一审以蔡春红的身份而否认其权利欠妥,本院予以纠正。

案例二:福建省龙岩市新罗区人民法院在(2018)闽08民终1607号民事判决书中认为:一审法院认为,黄志荣行使股东知情权,依法应当由其本人行使,或者其本人在场的情况下,委托相关人员行使;黄志荣不在场情况下,他人无权查阅、复制。同时黄志荣如获悉公司商业秘密,应当承担相应的保密义务,如因股东行使股东知情权后泄露商业秘密给公司造成损害,公司有权要求赔偿……二审维持原判。

【和普提示】

在《公司法司法解释(四)》颁布实施以前,法律没有明确规定股东是否有权委托第三人进行行权,故在该解释施行前,也就是2017年9月1日前,部分法院会认为民事主体有权委托代理人行使权力,所以股东完全委托给他人代为行权而自己并不出面,是有可能得到支持的。但在《公司法司法解释(四)》颁布实施后,只有在股东本人在场的情况下,才可委托律师、会计师等特定人员进行辅助。司法观点的变化,主要是考虑到股东知情权是基于股东资格的权利,只能由股东行使,且公司的会计账簿等资料在一定程度上属于公司的商业秘密,若是允许股东有权委托任意第三人进行查账,不利于公司权益的保护。

对于股东一方,如果公司已经准备履行生效判决文书,并依法向股东发出了查阅通知，但是由于股东自身原因不在场，或者委托不具有相应资质的中介机构从业人员代为行权的，那么就相当于赋予了公司正当拒绝股东行权的理由。如果股东与公司之间为此问题长期纠缠，一旦生效判决文书确定的查阅、复制时间期满，即便股东再依法申请强制执行，公司也完全可能提出异议。如果公司的执行异议成立的，股东将承担未在确定的日期内行权的后果。所以建议股东一定要委托具有相应资质的专业人员，如律师、注册会计师、税务师，并且股东本人一定要到场。

对于公司一方，在股东持生效裁判文书要求行权时，首先要查验股东是否本人到场；其次要查验辅助人员是否具有相应资质，包括审核各人员是否带有执照原件、从业机构出具的介绍信等材料，以及材料与执照中的从业机构是否一致、执照是否有经过每年的年审等。如上述情况其中之一不符合，那么公司可以拒绝不符合要求的人员辅助查阅。如股东向法院申请了强制执行，公司还可以以此为由提起执行异议。

第 35 问　股东能否摘抄会计账簿及会计凭证？

【问题背景】

查阅是指在资料中找出特定部分来阅读，摘抄是指在阅读时将部分语句或数据记录到本子中，以供随时翻阅。在本书第 24 问"行权股东能否查阅会计凭证？"中，笔者探讨了股东可以查阅会计凭证。但司法实践中，因会计账簿和会计凭证中包含很多财务数据，股东仅仅查阅可能无法完整深入地了解公司的经营情况，那么法院能否允许股东及其委托的专业人员对会计账簿、会计凭证中的相关内容进行摘抄记录呢？

【裁判要旨】

支持观点：部分法院认为会计账簿和凭证中含有大量信息，摘抄符合常理，并且不会对公司造成损害，故可支持摘抄。

反对观点：部分法院认为法律对股东获悉公司原始财务记录的问题采取谨慎态度，《公司法》仅赋予有限责任公司股东对公司会计账簿进行查阅的权利，并未赋予摘抄的权利，故股东不能摘抄。

【参考案例】

支持案例： 江苏省南京市中级人民法院在（2017）苏 01 民终 4087 号民事判决书中认为：《公司法》既已赋予股东知情权，该权利即应得到切实有效的保障。《公司法》虽未对股东行使知情权的具体方式作出规定，但如果股东主张的方式不损 害公司利益、不超出合理要求范围，依法应予支持。本案中，查阅所涉会计账簿、会计凭时间跨度有十余年，孙金凤主张其进行查阅时可进行必要的摘抄、记录，符合常识，不超出合理范围，可予支持。

相反案例： 山东省济南市中级人民法院在（2019）鲁 01 民终 648 号民事判决书中认为：《公司法》在保护股东知情权的同时，也兼顾了对其他股东和公司利益的保护，要求股东知情权必须合理行使。公司有合理根据认为股东查阅会计账簿有 不正当目的，可能损害公司合法利益的，可以拒绝提供查阅。由此可见，法律对股东获悉公司原始财务记录的问题采取谨慎态度，《公司法》仅赋予有限责任公司股东对公司会计账簿进行查阅的权利，并未赋予摘抄的权利，制药集团亦未有证据证明公司章程或公司股东对摘抄公司会计账簿、会计凭证另有约定，故制药集团要求摘抄公司会计账簿及会计凭证的上诉请求，于法无据。

【和普提示】

最高人民法院在《公司法司法解释（四）》中对于第十条的审判实务中倾向性认为，会计资料包含大量数据信息，若仅允许查阅而不允许摘抄，可能使股东权利落空，故判决中"查阅"应当包括摘抄。综上，现今司法界的主流观点是支持对会计账簿及凭证进行摘抄的。

对于股东一方，建议在查阅会计账簿及会计凭证时尝试采用摘抄的方式记录关键信息。

对于公司一方，因法无明文规定股东可以摘抄会计账簿及会计凭证，如股东以摘抄的方式行使股东知情权的，公司可以尝试提起异议，参见本书第 57 问"股东申请强制执行后，公司应当如何提起执行异议？"。

同时，为了防止这一冲突，公司和股东均可考虑在公司的章程、股东会决议或股东间协议的相关文件范围内明确规定是否可以摘抄以及摘抄的范围等。

第 36 问　股东在查账时能否录音?

【问题背景】

法律规定了股东有权查阅公司会计账簿,但并没有规定股东有权复制会计账簿。在本书第 35 问"股东能否摘抄会计账簿及会计凭证?"中,笔者探讨了股东在行使知情权时是否能够摘抄记录关键信息的问题。而录音也是一种帮助股东记忆的方式,那么股东查账时能否同时进行录音呢?

【裁判要旨】

法院认为因会计账簿和会计凭证包含大量数据信息,所以为了确保股东能够充分从数据中了解公司经营情况,应当对查阅作广义理解,同意股东采取合理行为来帮助其记忆信息,摘抄就是其中一种。而录音的目的和作用也等同于摘抄,是查阅人为了帮助记忆,用语音方式自行制作的材料,既不具有原件的效力,也不具备复印件的效力,与复制有本质的区别,不违反法律法规。所以股东在查账时可以采取录音的方式。

【参考案例】

浙江省杭州市余杭区人民法院在 (2019) 浙 0110 执异 30 号执行审查类执行裁定书中认为:公司的会计账簿和会计凭证包含大量数据信息,股东在行使查阅权时,若只允许查看而不允许摘抄,则其知情权将很难落到实处。因此本案生效法律文书确定的"查阅",在执行过程中应当作广义理解,应当准许查阅人查看、摘抄。吴志刚携带录音设备查阅快步公司会计账簿和会计凭证的行为,并未超越前述查看、摘抄的范围。录音设备形成的电子材料,其目的和作用等同于摘抄,是查阅人为了帮助记忆,用语音方式自行制作的材料,既不具有原件的效力,也不具备复印件的效力。故吴志刚携带录音设备查阅快步公司会计账簿、会计凭证的行为并无不当,快步公司因此拒绝配合、中断查阅的行为于法无据,本院据此将快步公司纳入失信被执行人名单,符合法律规定,故驳回公司的异议。

【和普提示】

对于股东一方,股东虽然不能复制会计账簿和相关凭证,但是可以尝试采用一些合理手段帮助记忆重要数据，比如摘抄、录音等，所以笔者建议行权股东在查账时准备好专业的录音工具，对部分重要的信息以语音方式记录下来。

对于公司一方，请参考第35问"股东能否摘抄会计账簿及会计凭证？"一文，尝试提起异议。

第 37 问　股东在查账时能否录像？

【问题背景】

录像是指采用电磁等方法把图像记录下来。在本书第36问"股东在查账时能否录音？"中探讨了股东在查账时是可以录音的。除录音外，录像也是一种帮助股东记忆的记录方式，那么股东查账时能不能录像呢？

【和普提示】

对于股东在查账时能否录像的问题，笔者检索了大量裁判文书，并未找到相关度较高的案例，但从行为本质来分析，复制是指将会计账簿和凭证通过复印、扫描、拍照的方式将里面的信息记录下来，并可以反复查看和再次复制，而录像是将可以被观看的事件或物体以视频方式记录下来，视频内容也可以被反复查看和复制，所以录像其实是快速连续的拍照行为，也是复制的一种，所以根据《公司法》第三十三条的规定，我们认为应当也是不允许的。

对于股东一方，股东可以采用摘抄、录音等方式帮助记忆，笔者建议行权股东不要在行权现场录像。

对于公司一方，笔者建议在股东查账前告知其不允许拍照、录像等。同时，也可以参照本书第36问"股东在查账时能否录音？"中的建议，此处不再赘述。

第五章　行权救济

【问题背景】

股东知情权之诉由公司住所地人民法院管辖①，而公司住所地是指公司的主要办事机构所在地。但是在实践中，股东提起股东知情权之诉通常会遇到公司的主要办事机构所在地与其住所地不一致的情况，那么股东知情权之诉如何确定管辖法院呢?

【裁判要旨】

股东知情权之诉由公司住所地人民法院管辖，公司住所地是指公司主要办事机构所在地。注册登记证明是认定公司住所地的有效证据，当事人主张公司主要办事机构所在地与注册登记的住所地不一致的，应当提供证据。

【参考案例】

案例一：上海市第二中级人民法院在（2018）沪 02 民辖终 1208 号裁定书中认为：本院经审查认为，本案系股东知情权纠纷，根据相关规定，应由被告住所地法院管辖。注册登记证明是认定公司住所地的有效证据，当事人主张公司主要办事

机构所在地与注册登记的住所地不一致的，应提供其在工商、税务等部门官方登记的证据材料予以证明。当事人提供的照片、网页、租赁合同等证据材料不能作

---

① 《民事诉讼法解释》第二十二条　因股东名册记载、请求变更公司登记、股东知情权、公司决议、公司合并、公司分立、公司减资、公司增资等纠纷提起的诉讼，依照民事诉讼法第二十六条确定管辖。

《民事诉讼法》第二十六条　因公司设立、确认股东资格、分配利润、解散等纠纷提起的诉讼，由公司住所地人民法院管辖。

为认定主要办事机构所在地的依据。本案被告注册地在上海市黄浦区，原审法院对本案具有管辖权。

案例二：四川省自贡市沿滩区人民法院在（2018）川0311民初1298号裁定书中认为：被告中瑞房产公司以其主要办事机构所在地在自贡市自流井区为由，向本院提出管辖权异议，并提交了被告中瑞房产公司在自贡市自流井区的租房协议、被 告中瑞房产公司办公室照片以及自贡市自流井区新街龙凤山社区开具的证明。经本院走访核实，被告中瑞房产公司营业执照登记地在自贡市沿滩区沿滩镇狮子山居委会，但该登记地已经合并至自贡市沿滩区沿滩镇升坪街居民委员会。经本院向自贡市沿滩区沿滩镇升坪街居民委员会核实，被告中瑞房产公司并未在该居委会辖区内经营办公；对被告中瑞房产公司提供的租房协议的真实性，本院对自贡市自流井区房屋出租人黄某某进行了调查，黄某某于2010年起一直将该套房屋出租给被告中瑞房产公司经营办公至今。同时，本院到自贡市自流井区房屋进行实地走访，该地点悬挂有被告中瑞房产公司的公司铭牌，并有一名员工何某在该处上班，经向该员工何某了解，其从2012年开始与被告中瑞房产公司建立了劳动关系，聘用职位为出纳，自2012年起开始在该地点坐班。依照《中华人民共和国民事诉讼法》第二十六条"因公司设立、确认股东资格、分配利润、解散等纠纷提起的诉讼，由公司住所地人民法院管辖"，以及《最高人民法院关于适用民事诉讼法的解释》第三条第一款"公民的住所地是指公民的户籍所在地，法人或者其他组织的住所地是指法人或者其他组织的主要办事机构所在地"之规定，被告中瑞房产公司营业登记地虽然在自贡市沿滩区沿滩镇，但其实际办公地点主要在自贡市自流井区，该地点应确认为该公司的住所地。

【和普提示】

对于股东一方，我们建议从以下几个方面确定公司的主要办事机构所在地：一是公司的董事、监事、法定代表人以及其他高级管理人员的实际办公地；二是公司的主要业务部门所在地，如公司的财务部门、人力资源部门、市场部、法务部等公司核心业务部门所在地；三是公司在司法、商务活动中所用的联系地址；四是营业面积的大小、主要员工的工作地、办公场所的性质（自有、租赁）等辅助认定因素。若要证明公司的主要办事机构与住所地不一致时，应提供公司的房屋租赁合同、物业使用管理协议、在市场监督管理部门及税务部门登记的资料等相应证据作为辅证。如果无法提供公司主要办事机构所在地的证据，则按照工商登记的地址确定管辖法院。

对于公司一方，公司应该知悉股东提起股东知情权之诉由公司住所地人民法院管辖。公司住所地与主要办事机构所在地不一致的，由主要办事机构所在地人民法院管辖。因此，如果公司住所地与公司主要办事机构所在地不一致的，笔者建议公司尽快完成住所地变更登记，否则公司还可能有被行政处罚的风险。

第 39 问　股东能否申请证据保全?

【问题背景】

证据保全是指在证据可能损毁、灭失或者以后难以取得的情况下，向法院申请采取查封、扣押等措施对证据进行保护。股东如果通过司法途径行使股东知情权，有可能从起诉到执行会经历一个十分漫长的过程，出于对保护相关资料真实性的考虑以及对判决生效后执行的考虑，往往可能会向法院申请证据保全，而事实上，相关资料并非股东知情权案件中严格意义上的证据。那么在这种情况下法院会同意行权股东的证据保全申请吗？

【裁判要旨】

在证据可能灭失或者以后难以取得的情况下，当事人可以在诉讼过程中向人民法院申请证据保全。只要申请人提出的申请符合证据保全的条件，并提供相应的担保，就应当得到支持。

【参考案例】

案例一：上海市宝山区人民法院在（2019）沪 0113 民初 10195 号民事裁定书中认为申请人的请求符合法律规定。依照《中华人民共和国民事诉讼法》第八十一条第一款、第三款及《最高人民法院关于民事诉讼证据的若干规定》第二十四条第 一款的规定，裁定如下：查封或扣押被申请人宝和嘉力（上海）商业投资管理有限公司自 2010 年 10 月 18 日起至 2019 年 5 月 5 日止的股东会会议记录、财务会计报告、会计账簿（含总账、明细账、日记账、其他辅助性账簿）、会计凭证（含记账凭证、原始凭证及作为原始凭证入账的有关材料）。

案例二：上海市青浦区人民法院在（2019）沪 0118 民初 6250 号民事裁定书中认为，在证据可能灭失或者以后难以取得的情况下，当事人可以在诉讼过程中向人民法院申请证据保全。申请人的申请符合法律规定。依照《中华人民共和国民事诉讼法》第八十一条第一款、第三款，第一百条第一款，第一百五十四条第一款第（四）项之规定，裁定如下：查封被申请人上海中暨科技发展有限公司自 2012 年 6 月 15 日起至今的财务会计报告、会计账簿（含总账、明细账、日记账、其他辅助性账簿）、财务原始凭证、记账凭证、银行对账单以及作为原始凭证附件入账备查的相关资料。

【和普提示】

就上述问题，虽然部分法院是支持的，但是还有部分法院持不同意见。笔者在司法实践中就曾遇到有法官认为，股东知情权是基于股东身份的固有权利，其证据范围应是证明其股东身份及其权利受到侵害的证据。但行权股东申请保全的对象一般为会计账簿、会计报告、公司章程、股东会决议等，该类资料属于股东行权所指向的标的物，而非证明其身份及其权利受害的证据，二者之间并无关联。因此，实践中有法官对于股东的证据保全申请往往不会出具证据保全的裁定。

对于股东一方，笔者建议股东在行使股东知情权的时候，申请证据保全。如果行权股东的保全申请不被法院支持的，建议尝试申请财产保全（对此笔者将在本书第 40 问"股东能否申请财产保全？"中予以讨论）。

对于公司一方，如果公司的财务资料被法院采取保全措施，可能会对公司的经营造成一定的影响，那么公司可以尝试就该类保全裁定向原法院申请复议。

第 40 问　股东能否申请财产保全？

【问题背景】

财产保全是指在可能因当事人一方的行为或者其他原因，使判决难以执行或者造成当事人其他损害的情况下，依据对方当事人的申请，法院对申请范围内的或者与本案相关的财物采取查封、扣押、冻结等相关措施以确保判决能够得到有效执行的相关措施。本书在第 39 问"股东能否申请证据保全?"中讲到了股东在行使知情权时,申请证据保全,查封公司会计账簿、年度财务报告、公司章程、股东会决议等在司法实践中面临的争议问题。那么股东在申请证据保全不被法院支持的情况下,还能否申请财产保全呢?

【裁判要旨】

根据《民事诉讼法》第一百条①规定,法院对于可能因当事人一方的行为或者其他原因,使判决难以执行或者造成当事人其他损害的案件,根据对方当事人的申请,可以裁定对其财产进行保全。股东行使知情权的执行标的物掌握在公司手中,公司有可能对其进行销毁或者篡改,因此法院可以依申请对这些文件采取保全措施。

【参考案例】

案例一: 天津市武清区人民法院在(2019)津 0114 民初 2340 号民事判决书中认为,本案为股东知情权纠纷,申请人诉讼请求即包含查询被申请人的上述要求被保全内容。申请人的申请符合法律规定并提供合法担保,依照《中华人民共和国民事诉讼法》第一百条、第一百零二条、第一百零三条第一款的规定,裁定如下:查封被申请人自公司成立之日(2016 年 12 月 14 日)起至 2019 年 2 月 22 日期间的会计账簿和会计凭证。

案例二: 新疆维吾尔自治区库尔勒市人民法院在(2019)新 2801 财保 52 号民事裁定书中认为,本院受理申请人董鹰诉被申请人库尔勒中祥房地产开发有限责任公司股东知情权纠纷一案,申请人于 2019 年 7 月 31 日向本院提出保全申请,请求依法查封被申请人库尔勒中祥房地产开发有限责任公司名下会计账簿。申请人以名下位于新城辖区房产为其提供担保。本院经审查认为,申请人的请求符合有关法律规定,符合财产保全的条件。据此,依照《中华人民共和国民事诉讼法》第

---

① 《民事诉讼法》第一百条 人民法院对于可能因当事人一方的行为或者其他原因,使判决难以执行或者造成当事人其他损害的案件,根据对方当事人的申请,可以裁定对其财产进行保全、责令其作出一定行为或者禁止其作出一定行为;当事人没有提出申请的,人民法院在必要时也可以裁定采取保全措施。人民法院采取保全措施,可以责令申请人提供担保,申请人不提供担保的,裁定驳回申请。人民法院接受申请后,对情况紧急的,必须在四十八小时内作出裁定;裁定采取保全措施的,应当立即开始执行。

一百条、第一百零三条之规定，裁定如下：依法查封被申请人库尔勒中祥房地产开发有限责任公司名下会计账簿。

【和普提示】

就上述问题，虽然部分法官是支持的，但是笔者在司法实践中，还是遇到一些法官持不同意见，即法官认为财产保全必须是在给付之诉中提起，而在股东知情权纠纷中没有具体的给付内容，因此不同意出具财产保全的裁定。笔者认为，股东知情权纠纷案件中公司承担责任或义务的方式是行为，故属于以行为为标的的给付之诉，即公司提供法院判决范围内的资料以供股东查阅或复制，因此可以适用《民事诉讼法》第一百条关于财产保全的规定，事实上，公开的裁定书中，大多数法官也引用了该条作为支持财产保全的法律依据。

对于股东一方，笔者建议股东在申请证据保全不被支持后，尝试与法官进行充分沟通，说明情况，转为申请财产保全。

对于公司一方，本书在第 39 问"股东能否申请证据保全?"中探讨的情况与此类似，公司也可以向原法院申请复议。

需要说明的是，在股东知情权纠纷案件中，无论是申请证据保全还是财产保全，目前都尚无明确的法律规定，司法实践的裁判观点也不统一。但从体系解释的角度讲，《新证据规定》第四十七条①规定应将原始凭证作为控制书证提出制度的一项，并且在最高人民法院民事审判第一庭编著的《最高人民法院新民事诉讼证据规定理解与适用》② 中倾向性地认为其属于法律关系文书，故笔者倾向性地认为应当将会计账簿、会计凭证作为证据保全的对象予以保全。

---

① 《新证据规定》第四十七条　下列情形，控制书证的当事人应当提交书证：（一）控制书证的当事人在诉讼中曾经引用过的书证；（二）为对方当事人的利益制作的书证；（三）对方当事人依照法律规定有权查阅、获取的书证；（四）账簿、记账原始凭证；（五）人民法院认为应当提交书证的其他情形。

　　前款所列书证，涉及国家秘密、商业秘密、当事人或第三人的隐私，或者存在法律规定应当保密的情形的，提交后不得公开质证。

② 最高人民法院民事审判第一庭. 最高人民法院新民事诉讼证据规定理解与适用（上）[M]. 北京：人民法院出版社，2020：453.

第 41 问　保全申请书应当怎么写？

【问题背景】

笔者在本书第 39 问"股东能否申请证据保全？"和第 40 问"股东能否申请财产保全？"中分别探讨了在股东知情权之诉中申请证据保全和财产保全的问题，那么股东应当如何申请证据保全或者财产保全呢？

【和普提示】

根据《财产保全规定》第一条①，财产保全申请书应当载明申请保全人与被保全人的身份、送达地址、联系方式，请求事项和所根据的事实与理由，请求保全数额或争议标的，明确的被保全财产信息或者具体的被保全财产线索，为财产保全提供担保的财产信息或资信证明以及其他事项。

根据《民事诉讼法》及相关司法解释规定②，股东如果需要申请证据保全的，需要在举证期限届满前七日向法院递交保全申请书。保全申请书应当写明申请人与被申请人的基本信息，请求事项以及所依据的事实和理由。范本如下：

---

① 《财产保全规定》第一条　当事人、利害关系人申请财产保全，应当向人民法院提交申请书，并提供相关证据材料。申请书应当载明下列事项：（一）申请保全人与被保全人的身份、送达地址、联系方式；（二）请求事项和所根据的事实与理由；（三）请求保全数额或争议标的；（四）明确的被保全财产信息或者具体的被保全财产线索；（五）为财产保全提供担保的财产信息或者资信证明，或者不需要提供担保的理由；（六）其他需要载明的事项。法律文书生效后，进入执行程序前，债权人申请财产保全的，应当写明生效法律文书的制作机关、文号和主要内容，并附生效法律文书副本。

② 《民事诉讼法》第八十一条　在证据可能灭失或者以后难以取得的情况下，当事人可以在诉讼过程中向人民法院申请保全证据，人民法院也可以主动采取保全措施。因情况紧急，在证据可能灭失或者以后难以取得的情况下，利害关系人可以在提起诉讼或者申请仲裁前向证据所在地、被申请人住所地或者对案件有管辖权的人民法院申请保全证据。证据保全的其他程序，参照适用本法第九章保全的有关规定。

《民事诉讼法解释》第九十八条　当事人根据民事诉讼法第七十四条第一款规定申请证据保全的，可以在举证期限届满前书面提出。

《新证据规定》第二十五条　当事人或者利害关系人根据民事诉讼法第八十一条的规定申请证据保全的，申请书应当载明需要保全的证据的基本情况、申请保全的理由以及采取何种保全措施等内容。

当事人根据民事诉讼法第八十一条第一款的规定申请证据保全的，应当在举证期限届满前向人民法院提出。

法律、司法解释对诉前证据保全有规定的，依照其规定办理。

诉讼证据保全申请书

申请人：××（姓名），男/女，××族。公民身份号码：××，住××。联系方式：××。（如果申请人为法人或者其他组织，则按被申请人栏的格式填写）

被申请人：××有限责任公司，住所××。统一社会信用代码为××。法定代表人/主要负责人：××，××（写明职务）。联系方式：××。

申请事项：

请求人民法院对被申请人自××年××月××日至××年××月××日期间的股东会会议记录、财务会计报告、会计账簿（含总账、明细账、日记账、其他辅助性账簿）、会计凭证（含记账凭证、原始凭证及作为原始凭证入账的有关材料）采取保全措施（此处列明需要保全的范围和对象）。

事实与理由：

申请人诉被申请人股东知情权纠纷一案已诉至贵院，其中被申请人自××年××月××日至××年××月××日期间的股东会会议记录、财务会计报告、会计账簿（含总账、明细账、日记账、其他辅助性账簿）、会计凭证（含记账凭证、原始凭证及作为原始凭证入账的有关材料）为本案证据，现存放于被申请人公司中。这些资料极易被修改、藏匿、销毁和灭失，一旦修改、销毁和灭失将使申请人丧失胜诉的有利证据，并给申请人造成不可挽回的损失。现根据《中华人民共和国民事诉讼法》第八十一条及相关规定，特向贵院申请证据保全，请求贵院采取保全措施。

此致

××人民法院

申请人：××（签字按捺）

××年××月××日

诉讼财产保全申请书

申请人：××（姓名），男/女，××族。公民身份号码：××，住××。联系方式：××。（如果申请人为法人或者其他组织，则按被申请人栏的格式填写）

被申请人：××有限责任公司，住所××。统一社会信用代码为××。法定代表人/主要负责人：××，××（写明职务）。联系方式：××。

申请事项：

请求人民法院对被申请人自××年××月××日至××年××月××日期间的股东会会

议记录、财务会计报告、会计账簿（含总账、明细账、日记账、其他辅助性账簿）、会计凭证（含记账凭证、原始凭证及作为原始凭证入账的有关材料）采取保全措施（此处列明需要保全的范围和对象）。

事实与理由：

申请人诉被申请人股东知情权纠纷一案已诉至贵院，其中被申请人自××年××月××日至××年××月××日期间的股东会会议记录、财务会计报告、会计账簿（含总账、明细账、日记账、其他辅助性账簿）、会计凭证（含记账凭证、原始凭证及作为原始凭证入账的有关材料）为本案诉讼标的物，现存放于被申请人公司中。这些资料极易被修改、藏匿、销毁和灭失，一旦修改、销毁和灭失将使申请人的判决难以得到有效执行，并给申请人造成不可挽回的损失。现根据《中华人民共和国民事诉讼法》第一百条规定，特向贵院申请财产保全，请求贵院采取保全措施。

申请人提供如下担保：××

此致

××人民法院

申请人：××（签字按捺）

××年××月××日

第 42 问　保全复议申请书应当如何写？

【问题背景】

笔者在本书第 39 问"股东能否申请证据保全？"和第 40 问"股东能否申请财产保全？"中分别提到了法院在裁定证据保全或者财产保全后，公司可以申请复议一次，那么公司应当如何申请复议呢？

【和普提示】

根据《民事诉讼法》第一百零八条①以及《民事诉讼法解释》第一百七十一条②相关规定，当事人对保全裁定不服的，可以在收到裁定书之日起五日内向作出裁定的法院申请复议一次，复议期间不停止裁定的执行。公司向原法院申请复议的，复议申请书应当载明复议申请人与被申请人的基本信息、请求事项以及所依据的事实与理由。范本如下：

诉讼保全复议申请书

申请人：××有限责任公司，住所××。统一社会信用代码为××。法定代表人/主要负责人：××，××（写明职务）。联系方式：××。

被申请人：××（姓名），男/女，××族。公民身份号码：××，住××。联系方式：××。（如果被申请人为法人或者其他组织，则按申请人栏的格式填写）

复议请求事项：

请求贵院依法撤销××号民事裁定书，依法解除对××（此处写裁定书中裁定保全的内容）的保全措施。

事实与理由：

在被申请人诉申请人股东知情权纠纷一案中，申请人于××年××月××日收到贵院××号民事裁定书，裁定对申请人××（此处写裁定书中裁定保全的内容）采取保全措施。

但股东知情权纠纷中，原告应当提交的证据为其具有股东身份以及其知情权受到损害的证据或者其虽然丧失股东身份，但其持股期间合法权益受到损害的证据。上述保全内容并非案涉证据，故不应当适用《中华人民共和国民事诉讼法》第八十一条对上述内容采取保全措施。根据《中华人民共和国民事诉讼法》相关规定，请求贵院依法撤销××号民事裁定书，依法解除对申请人上述财物的保全措施。（针对证据保全）

但财产保全仅适用于给付之诉中，本案为股东知情权纠纷，没有明确的给付

---

① 《民事诉讼法》第一百零八条　当事人对保全或者先予执行的裁定不服的，可以申请复议一次。复议期间不停止裁定的执行。

② 《民事诉讼法解释》第一百七十一条　当事人对保全或者先予执行裁定不服的，可以自收到裁定书之日起五日内向作出裁定的人民法院申请复议。人民法院应当在收到复议申请后十日内审查。裁定正确的，驳回当事人的申请；裁定不当的，变更或者撤销原裁定。

内容，上述保全内容并非本案给付标的，故不应当适用《中华人民共和国民事诉讼法》第一百条对上述内容采取保全措施。根据《中华人民共和国民事诉讼法》相关规定，请求贵院依法撤销××号民事裁定书，依法解除对申请人上述财物的保全措施。（针对财产保全）

此致
××人民法院

申请人：××（签字按捺）
××年××月××日

第43问　股东在向公司递交行权申请后，多久能够起诉到法院？

【问题背景】

笔者在本书第31问"如何理解股东的绝对知情权和相对知情权？"中提到，股东查阅会计账簿属于相对知情权的范畴，应当履行相应的前置程序，即需要向公司提出书面申请。根据《公司法》第三十三条的规定，公司有合理根据认为股东查阅会计账簿有不正当目的，可能损害公司合法利益的，可以拒绝提供查阅，并应当自股东提出书面请求之日起十五日内书面答复股东并说明理由，公司拒绝提供查阅的，股东可以请求人民法院要求公司提供查阅。那么如果股东明知公司接到申请后不会予以配合，股东是否可以在提出申请后立即以知情权受害为由起诉至法院呢？或者说股东必须要经过十五日的等待期后方可提起诉讼吗？

【裁判要旨】

支持观点：部分法院认为，即使没有经过十五日的等待期，股东也可以起诉，借用法院送达起诉状的方式来再次向公司提出申请，如果公司在答辩期内没有同意股东行权请求，那么法院可以认为股东以知情权受到损害为由起诉到法院是符合法律规定的。

反对观点：部分法院认为十五日届满前，股东没有权利起诉到法院，故应以其诉讼请求没有法定依据为由驳回。

【参考案例】

支持案例一：福建省南安市人民法院在（2016）闽 0583
民初 2575 号民事判决书中认为：股东提起要求查阅公司会计
账簿诉讼的前置条件是股东向公司提出了查阅的书面请求且公
司超过十五日拒绝提供查阅。本案原告贵祥实业有限公司于
2016 年 1 月 14 日通过邮寄申请书的方式向被告泉州贵格纸业有限公司提出查阅、
复制公司财务会计报告的申请，被告泉州贵格纸业有限公司于 2016 年 1 月 15 日
签收该申请书，但被告泉州贵格纸业有限公司至今仍未提供公司会计账簿供原告
贵祥实业有限公司查阅，也未对该查阅申请予以书面答复，原告贵祥实业有限公
司于 2016 年 4 月 1 日提起诉讼时已超过法定十五日答复期，故原告贵祥实业有限
公司有权依法提起查阅公司会计账簿的诉讼。

支持案例二：广东省珠海市横琴新区人民法院在（2018）
粤 0491 民初 89 号民事判决书中认为：虽然原告谢娟提出要求
查阅会计账簿、会计凭证的函件并未送达被告港盈公司，但原
告谢娟随后以诉讼方式向被告港盈公司提出了此项请求，被告
港盈公司在法定十五日答辩期内未作回应，应视为原告谢娟已履行了前款所规定
的公司内部救济程序。

相反案例：湖北省武汉市黄陂区人民法院在（2017）鄂
0116 民初 3244 号民事判决书中认为：原告肖强勇于 2017 年 6
月 27 日向被告学道土石方提出查阅申请，6 月 28 日该申请被
拒收，同年 7 月 10 日原告肖强勇向本院提起诉讼，本案中，
原告肖强勇向公司提出查阅请求被拒后未满十五日即向法院提起诉讼，不符合法
律规定，应当驳回原告诉讼请求。

【和普提示】

从法条文义解释来讲，公司在接到股东的查阅请求后有权在十五日内考量是
否允许股东进行查阅，如果未经过十五日的法定期限，股东是无权起诉到法院
的。但从前述案例中可知，司法实践对十五日等待期尚未届满股东能否提起诉讼
存在争议。笔者倾向性地认为，行权股东起诉后，如公司明确表示同意股东行权
的，法院应当支持行权股东的诉讼请求；如公司明确表示不同意，行权股东当然
有权直接提起诉讼；如公司未表示同意与否，自其收到行权股东的行权申请书之

日起至开庭审理之日止，如果该期限已经超过十五日的，也应当视为经过了十五日的等待期，法院应当支持行权股东的诉讼请求（如未超过十五日的，则视为行权股东的诉权尚不成立，应当驳回股东的起诉）。

对于股东一方，为了避免诉累，以及避免耽误更多的诉讼时间，笔者建议股东在十五日期限届满后再起诉。申请如何拟订参见本书第 32 问"行使股东知情权过程中查阅申请该如何拟订？"。

对于公司一方，笔者建议公司正视股东的行权申请，经公司内部审核后，不论是否允许股东查阅，都要在收到查阅申请的十五日内进行书面回复，尽量避免诉累。回复如何拟订参见本书第 33 问"公司对股东的查阅申请应如何回复？"。

第 44 问　股东能否重复行使股东知情权？

【问题背景】

因为股东知情权是股东固有的权利，将随股东资格的取得而产生，并伴随股东资格存在，所以它并不是一次性的权利，而是长期性的权利。既然是长期性的权利，就可能有多次行使的情形和必要，那么法律对于股东知情权的行使次数有没有限制呢？

【裁判要旨】

支持观点：我国法律对于股东查阅、复制公司财务会计报告的次数并无限制。股东知情权伴随着股东身份取得而产生，随着股东身份终止而终止，股东对同一事项已经查阅过一次并不必然导致对该事项的知情权就此终止。

反对观点：股东如果已经起诉过要求查阅、复制特定的资料，而后再次起诉要求查阅、复制的资料与上一次的请求有重叠（比如请求查阅同一段时间范围内的会计账簿），那么重叠的部分属于重复起诉，法院将驳回起诉或相应的诉讼请求。

【参考案例】

支持案例：徐州市中级人民法院在（2016）苏 03 民终 2932 号民事判决书中认为：股东知情权从具备股东身份之时当然享有，系股东的固有权利，只要具备股东资格，便可以依法行使股东知情权，公司亦有义务予以协助，且不受次数限制。针对会计账簿的查阅，除非公司有理由认为股东存在不正当目的，可能损害公司合法利益，否则不应予以拒绝提供查阅。现代公司制度崇尚公司意思自治，股东知情权的行使，是公司意思自治的基础，是重大经营管理决策的依据，公司应予以保障，公司以非法定事由无理拒绝股东知情权行使的行为，应予以禁止。

相反案例：广东省广州市中级人民法院在（2018）粤01民终20209号-1民事裁定书中认为：第一，本案建国公司、曼珣公司、翁碧瑶均为前案（2014）穗越法民二初字第4009号案［二审（2015）穗中法民二终字第2019号案］的当事人。第二，从本案建国公司起诉的事实以及前案两审法院审理的内容看，两案均针对建国公司作为曼珣公司股东的知情权问题。第三，（2014）穗越法民二初字第4009号案件中，两审法院已就建国公司是否有权对曼珣公司2011年5月3日至二审作出结案裁定之日（2015年12月4日）期间的财务会计报告进行查阅、复印，以及就建国公司及其委托人员是否有权对曼珣公司2011年5月3日至2015年12月4日期间的会计账簿、原始凭证及其他会计资料进行查阅进行了处理并最终作出生效法律文书，前案建国公司的诉讼请求与本案建国公司的诉讼请求存在部分相同。建国公司已经构成重复起诉。依据上述司法解释规定，建国公司重复的起诉应予以驳回……二审维持原裁定。

【和普提示】

《公司法》及相关司法解释中并没有规定股东是否能够多次行权，且司法界对于该问题也没有统一的观点，但笔者倾向认为，股东的再次行权请求如果构成法律中的"重复起诉"，一般不会得到法院的支持，但只要不构成"重复起诉"，股东就可以再次请求行权。

《民事诉讼法解释》第二百四十七条规定，当事人就已经提起诉讼的事项在诉讼过程中或者裁判生效后再次起诉，同时符合下列条件的，构成重复起诉：（一）后诉与前诉的当事人相同；（二）后诉与前诉的诉讼标的相同；（三）后诉与前诉的诉讼请求相同，或者后诉的诉讼请求实质上否定前诉裁判结果。当事人重复起诉的，裁定不予受理；已经受理的，裁定驳回起诉，但法律、司法解释另有规定的除外。《民事诉讼法解释》第二百四十八条规定，裁判发生法律效力后，发生新的事实，当事人再次提起诉讼的，人民法院应当依法受理。

如果股东前次行权请求得到了支持，且再次行权请求与前次的请求有重叠（比如请求查阅同一段时间范围内的会计账簿）的部分，那么重叠的部分属于重复起诉；如果股东前次行权请求因各种原因没有得到支持（此处主要指前次行权时因不具有股东资格、存在不正当目的等原因被驳回），同时在再次行权时没有发生新事实消除或改变该原因，那么股东的再次行权请求也属于重复起诉；如股东再次行权请求与前次行权请求完全不一样，或发生了新事实消除或改变了前次请求没有得到支持的原因，那么股东的再次行权请求是符合法律规定的，不属于重复起诉。此处需要注意的是，如果仅是出现了新证据，足以推翻原裁判文书，是属于进入再审程序的事由，不属于在原裁判文书生效后发生新事实从而可以重新起诉的情形。

对于股东一方，股东可以随时提出查阅、复制以前没有查阅、复制过的资料。如果股东的行权请求曾被法院驳回过，那么在发生足以改变案件结果的新事实前，都建议不要重新起诉；如果发生了新事实，股东就要尽量寻找证据来证明新事实已经发生。例如，法院驳回的原因是暂不具备股东资格，那么当股东正式取得股东资格后，就可以视为有新事实发生，股东需要举证证明其取得了股东资格；又比如，法院驳回的原因是股东在其他与公司具有实质性竞争关系的机构任职，存在不正当目的，那么当股东从原机构离职后，也可视为有新事实发生，股东需要举出离职证明等证实离职的事实。如果原裁判文书生效后，没有发生足以改变案件结果的新事实，股东仅搜集到了新证据，该证据又足以改变原裁判结果，股东可以通过对原审裁判文书提起再审的方式维护权益。

对于公司一方，笔者建议公司重点审查股东再次行权的请求内容。首先建议公司在股东每次行权时都保留好证据，例如请股东行权的通知，股东对已查阅、复制资料的书面确认材料。如果股东提出的行权请求在之前曾经行使过，那么公司在有证据的前提下可以予以拒绝；如果股东虽然曾提出过相同的行权请求，但未被法院支持，那么公司需要审核不被法院支持的原因是否因为新发生的事实予以消除（如果公司无法确认，建议仍以相同原因予以拒绝，由股东将纠纷提交法院处理）；如果股东提出的行权请求与之前的请求不一样，那么公司就要以处理新的行权请求标准来审查。

第 45 问　股东行使股东知情权是否受诉讼时效的限制?

【问题背景】

诉讼时效是指民事权利受到侵害的权利人在法定的时效期间内不行使权利,当时效期间届满时,债务人获得诉讼时效抗辩权。向法院请求保护民事权利的一般诉讼时效期间为三年①。那么股东向法院提起股东知情权之诉是否也受到诉讼时效的限制呢?

【裁判要旨】

诉讼时效仅适用于债权请求权,而股东知情权既有人身属性又有社员属性,是一项具有复合性质的权利,且股东知情权的行使并不包含财产性的给付内容,因此股东向法院提起股东知情权之诉不受诉讼时效限制。

【参考案例】

案例一:北京市第二中级人民法院在（2017）京 02 民终 4776 号民事判决书中认为:关于牛街商贸公司提出的诉讼时效抗辩是否成立,权利人提出的诉讼请求在性质上属于债权请求权的,义务人可以提出诉讼时效的抗辩;除债权请求权外,义 务人对其他权利提出诉讼时效抗辩的,缺乏相应的法律依据。股东知情权属于股东基于其身份而享有的固有权利,具有明显的身份属性且不含有财产性的给付内容,虽然其权能中包含具体的给付请求权,但其性质和债权请求权具有明显区别,即使权利人不行使由此产生的具体的给付请求权,只要股东身份存续,股东知情权并不因此归于消灭或罹于时效。因此,冯江滨有权请求查阅牛街商贸公司自 2005 年 3 月 8 日起的相关公司资料,牛街商贸公司所提诉讼时效抗辩缺乏充足法律依据,本院不予支持。

---

① 《民法典》第一百八十八条　向人民法院请求保护民事权利的诉讼时效期间为三年。法律另有规定的,依照其规定。诉讼时效期间自权利人知道或者应当知道权利受到损害以及义务人之日起计算。法律另有规定的,依照其规定。但是自权利受到损害之日起超过二十年的,人民法院不予保护;有特殊情况的,人民法院可以根据权利人的申请决定延长。

　　案例二： 安徽省合肥市中级人民法院在（2015）合民二终字第 00823 号民事判决书中认为：关于王万要求行使股东知情权是否存在诉讼时效限制，《中华人民共和国公司法》第三十三条规定了股东对公司相关资料的查阅、复制权，并未规定查 阅、复制具有时间限制。股权是物权和债权的竞合，物权性是股权存在的基础，债权性主要是收益的请求权及公司剩余财产的请求权。股东知情权是基于股东资格而拥有的权利，是股权中物权性部分的救济性权利，不属于债权请求权的范畴。诉讼时效规定适用于债权请求权，股东知情权不应受到诉讼时效之限制。因此，港汇公司关于诉讼时效的上诉理由缺乏事实和法律依据，本院不予采信。

【和普提示】

　　对于股东一方，股东行使知情权不受诉讼时效的限制，如果股东发现若干年前公司的账目有问题，或者需要了解公司几年前的会计账簿、股东会决议等股东知情权范围内的资料，股东都有权行使股东知情权，要求公司提供指定时间范围内的资料供其查阅。

　　对于公司一方，妥善保管财务资料是公司的法定义务。《会计档案管理办法》规定①，企业会计账簿（总账、明细账、日记账、其他辅助性账簿）保存 30 年；月度、季度、半年度财务会计报告保存 10 年；年度财务会计报告永久保存。法律虽然没有规定公司章程、股东会决议的保存时间，但一般认为这些文件也应该长期保存。因此建议公司依法保存好上述资料，以备股东随时要求行使股东知情权。

---

① 《会计档案管理办法》第十四条　会计档案的保管期限分为永久、定期两类。定期保管期限一般分为 10 年和 30 年。会计档案的保管期限，从会计年度终了后的第一天算起。第十五条　各类会计档案的保管期限原则上应当按照本办法附表执行，本办法规定的会计档案保管期限为最低保管期限。单位会计档案的具体名称如有同本办法附表所列档案名称不相符的，应当比照类似档案的保管期限办理。

【附表】

企业和其他组织会计档案保管期限表

序号	档案名称	保管期限	备注
一	会计凭证		
1	原始凭证	30 年	
2	记账凭证	30 年	
二	会计账簿		
3	总账	30 年	
4	明细账	30 年	
5	日记账	30 年	
6	固定资产卡片		固定资产报废清理后保管 5 年
7	其他辅助性账簿	30 年	
三	财务会计报告		
8	月度、季度、半年度财务会计报告	10 年	
9	年度财务会计报告	永久	
四	其他会计资料		
10	银行存款余额调节表	10 年	
11	银行对账单	10 年	
12	纳税申报表	10 年	
13	会计档案移交清册	30 年	
14	会计档案保管清册	永久	
15	会计档案销毁清册	永久	
16	会计档案鉴定意见书	永久	

第 46 问　针对股东资格确认之诉和股东知情权之诉，
**　　　　法院能否合并审理？**

【问题背景】

在本书第 13 问"资格存疑的股东能否直接提起股东知情权之诉？"中探讨了股东资格存疑的股东直接提起股东知情权之诉，法院会首先审查原告是否具有股东资格，然后再审查其诉讼请求是否应得到支持。那么，如果行权股东提起了股东资格确认之诉，同时又提起了股东知情权之诉，法院能否将两诉合并审理呢？

【裁判要旨】

支持观点：股东资格确认之诉的裁判结果与股东知情权之诉的结果具有关联关系，合并审理可以减少诉累，节约司法资源。

反对观点：法律规定可以合并审理的诉主要包含三种情况，一是基于同一事实提起的诉，二是诉讼标的同一或者同类的共同诉讼，三是本诉和反诉。其中"基于同一事实"是指所依据的事实或者法律关系应具有一致性或者重叠性。股东资格确认之诉与股东知情权之诉为两个不同的诉，基本事实和法律关系都不一样，因此不能并案审理。

【参考案例】

支持案例一： 江苏省宿迁市中级人民法院在（2015）宿中商终字第 00257 号民事判决书中认为：我国公司法规定，股东享有股东知情权。股东知情权是股东行使其他股东权利的前提和基础，其中包括账簿查阅权，即股东在查阅公司财务会计报

告之外享有的查阅公司会计账簿的权利。关于赵加建行使股东知情权的时间问题，股东知情权是股东的固有权利，股东可以随时行使，但前提是要确认为公司股东。实际出资人被确认为股东时，应当同时享有股东知情权。本着节约司法成本、减少诉累的目的，实际出资人在诉请确认股东资格的同时有权要求行使股东知情权，且并不违反法律规定，应予以支持。

支持案例二： 最高人民法院在（2015）民申字第 893 号民事裁定书中认为：关于一、二审法院将股东资格确认之诉与股东要求查阅公司会计账簿之诉合并审理是否违反法律规定的问题，《中华人民共和国公司法》第三十三条规定，股东

可以要求查阅公司会计账簿，公司拒绝提供查阅的，股东可以请求人民法院要求公司提供查阅。可以要求查阅会计账簿是法律赋予股东的基本权利之一。股东资格确认之诉与股东要求查阅公司会计账簿之诉均属确认之诉并可适用普通程序审理。有股东资格就有查阅权，无股东资格即无查阅权。在同一份判决中先确认股东资格，然后赋予该股东查阅权并未违反法律规定。一、二审法院将股东资格确认之诉与股东要求查阅公司会计账簿之诉合并审理有利于减少当事人的诉累和节约司法资源。

相反案例：广东省深圳市中级人民法院在（2017）粤 03 民终 3589 号民事裁定书中认为：上诉人杨昌其以被上诉人深圳市龙岗医药有限公司侵害其股东知情权为由向原审法院提起诉讼，但双方当事人对上诉人杨昌其是否实为被上诉人深圳市 龙岗医药有限公司股东存在根本分歧。故原审法院认为上诉人杨昌其应当先行提起股东资格确认之诉，并无不妥。但原审裁定指引上诉人杨昌其向案外人杨某、林某、涂某、张某等四人提起股东资格确认之诉错误，本院予以纠正。上诉人杨昌其可以依据《最高人民法院关于适用若干问题的规定（三）》①的有关规定，另行提起股东资格确认之诉。一审裁定表述虽有不当，但不影响处理结果。

【和普提示】

通过以上案例，不难看出在司法实践中，对于该问题的司法裁判观点并不一致，但从节约司法资源，减少诉累的角度，笔者倾向性地赞同第一种司法裁判观点。

对于股东一方，股东在提起股东知情权之诉前，首先要充分论证自身股东资格能否被法院认可，做好确认股东资格的证据搜集工作，具体可参照本书中第 47 问"行权股东应当承担哪些举证责任？"。即便股东对其资格存疑，从减少诉讼程序，缩短诉讼周期的角度而言，也可以直接提起诉讼。该问题参照本书中第 13 问"资格存疑的股东能否直接提起股东知情权之诉？"。

对于公司一方，公司应知悉股东资格确认之诉与股东知情权之诉能否合并审理，一方面是法院审理的程序问题，另一方面是股东是否具备资格决定了股东是否有权行使股东知情权的实质问题。当然，不同意合并审理，以及对合并审理提出程序上的异议是公司的诉讼权利。

---

① 此处为裁定书笔误，应为《最高人民法院关于适用〈中华人民共和国公司法〉若干问题的规定（三）》，此处依照的规定应为《公司法司法解释（三）》第二十一条 当事人向人民法院起诉请求确认其股东资格的，应当以公司为被告，与案件争议股权有利害关系的人作为第三人参加诉讼。

第47问　行权股东应承担哪些举证责任?

【问题背景】

行权股东通过诉讼方式主张股东知情权,要承担相应的举证责任。但是对于不同类型的行权股东,如在本书中第1问"对外对内均隐名的股东能否行使股东知情权?"、第9问"股东仅签订了股权转让协议而未支付转让款能否行使股东知情权?"、第13问"资格存疑的股东能否直接提起股东知情权之诉?"探讨的情形,股东的举证责任也不尽相同。那么概括起来讲,行权股东应承担的举证责任又有哪些呢?

【和普提示】

股东提起股东知情权之诉时,要根据不同的情形,分步分类举证。举证的步骤大概分为两步:第一步,证明股东资格或其权益受损;第二步,证明股东已经向公司提出了查阅会计账簿、会计凭证的书面申请。详细探讨如下:

第一步,证明行权股东的股东资格。该步可以分为三类举证。

第一类,在册股东的举证责任。笔者建议从公司章程、内资企业登记基本情况表、股东名册、出资证明书、股东会决议以及在国家企业信用信息公示系统(http://www.gsxt.gov.cn/index.html)上查阅的公司登记信息择一举证。

第二类,非在册股东的举证责任。(一)通过原始取得的方式取得股东资格的,比如通过增资的方式取得股东资格的,应当举示股东会决议、增资协议、履行出资义务的证据。(二)通过继受取得股东资格的,比如通过股权转让的方式取得股东资格的,应当举示股权转让协议及股权转让款支付凭证(比如通过继承的方式取得股东资格的,应当举示与遗产分配相关的公证书,或被继承人死亡证明及亲属关系证明及其他继承人放弃继承或就股权分配达成一致意见的声明;通过遗赠的方式取得股东资格的,应当举示与遗赠协议相关的公证书,或遗赠人死亡证明及遗赠协议以及受赠人已经履行遗赠协议中约定的受赠人的合同义务)。其他比如股东名册、出资证明书、股东会决议均可以作为证明行权股东资格的有效证据。

第三类,如果起诉时行权股东已经丧失了股东资格,那么行权股东要依据《最高人民法院关于适用〈中华人民共和国公司法〉若干问题的规定(四)》第七条第二款规定,提供初步证据证明在持股期间其合法权益受到损害。合法权益受到损害的初步证明标准详见本书第14问"丧失资格的股东能否行使股东知情权?"。

第二步，证明行权股东已向公司提出书面申请。比如在本书第 32 问"行使股东知情权过程中查阅申请该如何拟订？"提到的申请书以及配套的能够证明送达的证据，如微信、短信、快递信息。

当然，针对本书中第 4 问"代持股情况下，显名股东和隐名股东能够重复行权吗？"这类特殊问题，行权股东的举证责任也有所区别，当问题比较复杂时，笔者建议行权股东参考专业律师的建议。

第 48 问　不正当目的的证明标准是什么呢？

【问题背景】

《公司法》第三十三条规定了股东在请求查阅公司会计账簿时，必须要履行前置书面请求的程序，并且说明查阅目的，公司如果认为股东查阅有不正当目的、可能损害公司合法利益的，有权拒绝，同时应当说明拒绝的理由。如果股东据此起诉到法院，公司认为该股东存在不正当目的，可能损害公司合法利益的证明标准是什么呢？

【和普提示】

关于证明标准，《公司法司法解释（四）》第八条规定了以下四种情形可以认定股东具有不正当目的：

（一）股东与公司构成实质性竞争关系。股东自营或为他人经营与公司主营业务有实质性竞争关系业务，可以认定股东存在不正当目的。此种情形下，认定具有不正当目的一般要同时具有几个要件：股东自己经营或股东投资了其他企业；其他企业的经营范围与本公司作为主要收入来源的经营活动范围有重合；其他企业与本公司之间存在利益冲突。前两个要件很好认定，可以通过企业公示的工商信息进行证明。最主要的是如何证明本公司与股东自营或投资的其他企业存在利益冲突，这点也给予了法官充分的自由裁量权，法官可以根据现实情况灵活判断。笔者在这里给读者列举一种最典型的情况：两个企业同时参与同一个竞标。公司可以通过举示招投标相关文件来证明。需要特别说明的是，章程或者全体股东可以约定将该项规定更改成更宽松或严格的认定标准。

（二）股东有为他人传递情报的嫌疑。股东如果是为了向他人通报有关信息查阅公司会计账簿，且同时可能损害公司合法利益的，可以认定股东存在不正当目的。本项规定也包含几个构成要件：他人主要指与公司具有竞争关系或其他纠纷的主体；通报的有关信息是在会计账簿中存在的涉及公司商业秘密或财务数据的信息；存在损害公司合法利益的可能性，不需要实际已经发生了损害后果。所以，如果要以本项来主张股东的不正当目的，公司需要举示确切的证据证明存在一个和公司有争议或竞争关系的第三方、股东和第三方需要的信息在会计账簿中，如股东和他人的聊天记录、录音。本项规定证明难度较大，现实中得到支持的可能性也非常低。

（三）股东有传递情报的前科。股东在向公司提出查阅请求之日前的三年内，如果曾经通过查阅公司会计账簿向他人通报有关信息损害公司合法利益的，可以视为股东有不正当目的。本项规定实际属于法律推定，只要曾经有传递情报的行为，那么公司可以合理认为股东可能继续传递情报，直接拒绝行权。本项规定也具有几个要件：时间限制是在提出查阅请求之日前的三年；股东曾经查阅公司会计账簿；股东将会计账簿中相关信息传递给了第三方；股东的传递信息行为损害了公司合法利益。

（四）其他情形，在性质和程度上都要与前三种情形相当，司法实践中一般指股东滥用权利的情形，例如，频繁行权等意欲影响公司正常经营的行为。

需要特别说明的是，因知情权是股东的固有权利，是实现股东资格和权益的核心，所以在实践中，法院原则上都会支持股东的行权请求，除非公司举证非常充分，或者公司能够证明公司已经因股东的不当行为遭受了损失，如公司客户流失、声誉受损、第三人在其他诉讼中举示的对公司不利的会计材料。

对于股东一方，股东必须清晰地认识到《公司法》对股东的投资行为并不禁止，但是《公司法》第一百四十八条①第五项却明确规定了公司董事、高管负有竞业禁止的义务，除另有约定外，股东仅是投资者身份，而未担任公司董事、高

---

① 《公司法》第一百四十八条　董事、高级管理人员不得有下列行为：（一）挪用公司资金；（二）将公司资金以其个人名义或者以其他个人名义开立账户存储；（三）违反公司章程的规定，未经股东会、股东大会或者董事会同意，将公司资金借贷给他人或者以公司财产为他人提供担保；（四）违反公司章程的规定或者未经股东会、股东大会同意，与本公司订立合同或者进行交易；（五）未经股东会或者股东大会同意，利用职务便利为自己或者他人谋取属于公司的商业机会，自营或者为他人经营与所任职公司同类的业务；（六）接受他人与公司交易的佣金归为己有；（七）擅自披露公司秘密；（八）违反对公司忠实义务的其他行为。
　　董事、高级管理人员违反前款规定所得的收入应当归公司所有。

管职务的，是可以进行同业竞争投资的。但是同业竞争投资的股东行使股东知情权，就可能被公司以具有不正当目的为由拒绝。所以，一方面，股东在对有同业竞争关系的公司进行投资时，一定要有所预见，建议在公司章程、股东会议决议类的文件中约定即便股东存在同业竞争的投资行为，仍然可以行使股东知情权；另一方面，股东也必须明知，如果为了一己私欲，妄图通过行权后了解到的公司商业信息谋取利益的，轻则承担民事责任，重则承担刑事责任。

对于公司一方，笔者建议公司在章程或是股东会决议中加入限制股东同业竞争的条款，例如，约定如股东存在自营（包括股东的配偶、父母、子女经营）或为他人经营与公司同类或存在竞争性的业务的，股东应自该事由发生之日起××日内书面告知公司，如该股东无合理事由未告知的，在该股东按照《公司法》相关规定行使股东知情权时，应视为其具有《公司法》第三十三条规定的"不正当目的"。

【延伸阅读】

案例一：北京市第二中级人民法院在（2019）京 02 民终 4059 号民事判决书中认为：本案中，瑞华公司已经举证证明朱治友系邢菲菲之母，其经营公司的情况系《避免同业竞争承诺函》中明确约定的同业竞争情况，瑞华公司的会计账簿包括原始凭证中，必然会涉及瑞华公司销售产品或经营业务的销售渠道、客户群、价格等商业秘密，而邢菲菲在一审时故意隐瞒朱治友系其母亲及担任案外公司法定代表人的事实，已经违背了最基本的诚实信用原则，必然引起瑞华公司的合理怀疑。虽然朱治友在本案审理期间不再担任华恒公司的股东和法定代表人，但该事实发生在 2018 年 10 月，是在邢菲菲起诉本案之后、一审诉讼期间发生的，不能因此否认邢菲菲起诉本案要求行使股东知情权时可能存在的不正当目的。关于邢菲菲二审提交的 2018 年瑞华公司审计报告，本院认为，此证据不足以消除瑞华公司对邢菲菲起诉本案要求行使股东知情权时目的不正当性的合理怀疑，因此，对此证据的证明目的，本院不予采信。瑞华公司在本案中确有合理理由认为股东邢菲菲行使知情权可能损害公司合法利益，瑞华公司拒绝邢菲菲查阅、复制公司会计账簿等存在合理根据。

案例二：福建省厦门市同安区人民法院在（2019）闽0212民初2250号民事判决书中认为：根据《公司法》第三十三条第二款的规定，股东行使知情权时就其查账目的之正当性负有解释说明义务。同时，公司认为股东查阅会计账簿具有不正当目的而拒绝提供查阅的，亦应当承担相应的举证责任。首先，针对吴亚华查阅目的正当性的解释说明问题，吴亚华在其律师函中记载行使知情权系为了解公司实际运营状况且鑫金淇公司章程明确约定股东的权利包括了解公司经营状况和财务状况。故本院认定，吴亚华已就其查阅会计账簿的正当性作出解释说明。其次，针对鑫金淇公司提出的吴亚华具有不正当目的的问题，本院认为，认定股东存在不正当目的应当具备的条件包括：1. 可能损害公司合法权益，且达到较大可能性；2. 公司须有合理根据。对此鑫金淇公司负有举证责任。本案中，鑫金淇公司虽抗辩吴亚华行使股东知情权存在不正当目的，但鑫金淇公司仅证明吴亚华经营的厦门市鑫鹭沅包袋有限公司的经营范围与鑫金淇公司的经营范围存在部分相同，但并未能证明厦门市鑫鹭沅包袋有限公司与鑫金淇公司存在实质性竞争关系、吴亚华为了向他人通报有关信息查阅鑫金淇公司会计账簿并可能损害鑫金淇公司合法利益、吴亚华在向鑫金淇公司提出查阅请求之日前的三年内曾通过查阅鑫金淇公司会计账簿并向他人通报有关信息损害鑫金淇公司合法利益，故本院认为鑫金淇公司该项抗辩意见缺乏事实依据，不予采纳。

第 49 问　实质性剥夺股东知情权的认定标准是什么？

【问题背景】

《公司法司法解释（四）》第九条明确规定："公司章程、股东之间的协议等实质性剥夺股东依据公司法第三十三条、第九十七条规定查阅或者复制公司文件材料的权利，公司以此为由拒绝股东查阅或者复制的，人民法院不予支持。"既然股东知情权不能被实质性剥夺，那么这里的"实质性剥夺"的认定标准是什么呢？

【和普提示】

除《公司法司法解释（四）》第九条提到的实质性剥夺股东知情权的章程或协议约定法院不予支持外，其他的法律法规或司法解释均没有对"实质性剥夺知情权"的情形作出详细的界定，"实质性剥夺"的表述具有十足的抽象性和概括性，这也赋予法官在司法层面充分的自由裁量权，所以某个行为是否实质性剥夺了股东知情权，主要靠法官联系案件具体情况作出不同的裁判。但经过笔者查阅上百个相关案例后，可以为读者总结出判定"实质性剥夺"的几点标准：

（一）限制法律规定的行权主体属于实质性剥夺。只要取得股东资格，或者依据《公司法司法解释（四）》第七条规定，虽在起诉时不具备股东资格，但有初步证据证明在持股期间其合法权益受到损害，请求依法查阅或者复制其持股期间的公司特定文件材料，都可以行使股东知情权，而不被公司章程或股东间协议等材料限制。例如，公司或其他股东不能要求瑕疵出资股东在全面履行出资义务前不得行使知情权等。股东资格是否取得及何时取得详见本书第1至第16问。

（二）限制法律规定的行权对象属于实质性剥夺。股东资格指向的公司，是股东知情权行使的对象，公司或其他股东不能以"不得查阅分公司会计账簿""公司合并后不得行使知情权"等约定来限制知情权行使。股东可以对哪些对象行使知情权详见本书第17至第23问。

（三）限制法律规定的行权范围属于实质性剥夺。《公司法》规定的公司章程、股东会会议记录、董事会会议决议、监事会会议决议、财务会计报告、会计账簿，以及经本书第24问"行权股东能否查阅会计凭证？"探讨后认为属于与会计账簿不可分割的会计凭证，均不能被限制或将上述范围缩小，但可以经章程或股东决议将范围扩大。例如，公司或其他股东无权要求行权范围仅限于三年前的材料，或不得查阅会计账簿等。股东可以对哪些材料行使知情权详见本书第24问至第30问。

（四）合理范围内限制行权方式不属于实质性剥夺。行权方式主要指股东行使知情权的书面请求提出方式、行权时间、地点、其他查阅行为等，不构成"实质性剥夺"的情形基本属于这一板块。法院普遍认为对行权方式的限制只要在一个合理限度范围内，就可以认同其效力。如果限制已经或可能导致股东无法实际行使知情权，或者即使行使了知情权也达不到了解公司经营情况的目的，或者较大程度上提高了行权成本，那么该限制就逾越了合理范围，限制行为无效。这里的判定需要依据案件事实情况进行具体分析，笔者给读者列举几种逾越了合理范围的情形：股东行权申请必须经公司董事会批准或经三分之二以上股东同意，同时股东的行权申请已经实际无合理理由不被批准或同意，或因各种原因股东的行权申请不会被批准；股东每半年仅能行权一小时。

对于股东一方，股东如果可以确定章程或股东会决议等材料对知情权行使的限制达到了实质性剥夺的程度，那么可以直接起诉到法院要求行权；股东如果无法确定该限制是否属于合理范围内，那么建议该股东遵照相关规定。

对于公司一方，首先，建议不要通过章程或股东会决议对行权主体、对象、范围和方式进行限制性约定；其次，对行权时间、地点、人员可以进行一定程度上的细化，比如可以限制股东行权需要提前十五日与公司商定行权时间，行权只能安排在周末、行权时公司人员要全程陪同、行权地点只能在公司办公室、行权时到场人员不得超过三个人等（视具体情况变通约定）。对于限制股东知情权行使的约定，最好写入章程，且要经所有股东签字同意，否则，对于未同意的股东，将会有限制约定对其不产生效力的可能。

【延伸阅读】

案例一：北京市第一中级人民法院在（2018）京01民终 2778号民事判决书中认为：股东知情权是公司股东基于其出资和股东身份享有的固有权利，是股东参与公司决策、参与经营管理和进行分配利润的基础，除了《公司法》规定的限制条件外，不应以任何形式剥夺或者以多数决形式对股东的知情权予以限制。阿格蕾雅公司章程规定股东行使知情权需召开临时股东会会议，并经三分之二以上表决权股东同意，是以资本多数决的形式对小股东的知情权进行限制，将导致小股东无法行使知情权，无法了解公司的经营、管理情况，一审法院认定公司章程的上述规定在实质上剥夺了股东知情权，对阿格蕾雅公司的主张未予支持，并无不当。

案例二：湖北省高级人民法院在（2019）鄂民终403号民 事判决书中认为：华益公司所谓的"前置程序"和"公司自治"，即要求长益公司查询会计账簿以书面申请为前提，并取得董事会的批准。然而，根据一审查明事实，长益公司曾多次致函华益公司，要求查询公司账目，华益公司均以其公司章程第十一章第11.08款规定为由未予安排。华益公司章程第11.08款则规定："经合作公司董事会同意，合作各方有权自费聘请注册会计师审查合作公司账簿，查阅时合作公司应提供方便。"华益公司董事会成员分别由武汉路桥公司和长益公司两方委派，在各方因汉施公路收费站被撤销发生争议的情况下，要求长益公司取得董事会同意方能查询华益公司会计账簿，无异于实质性剥夺了长益公司作为股东依据《中华人民共和国公司法》规定查阅或者复制公司文件材料的权利，华益公司以此为由拒绝长益公司行使股东知情权的主张，不应予以支持。

第 50 问　股东已经书面放弃股东知情权后能否再次要求行权？

【问题背景】

本书第 49 问 "实质性剥夺股东知情权的认定标准是什么？" 已经探讨了关于实质性剥夺股东知情权的话题，该话题系站在公司的角度，而本问主要探讨如果股东自己主动声明、承诺放弃股东知情权的，能否再次向公司行使股东知情权呢？

【裁判要旨】

不管股东是通过决议、协议方式放弃行使股东知情权，还是通过声明方式承诺不行使股东知情权，都可认为这样的表示和约定是无效的，因为股东知情权属于股东法定权利，具有固有权属性，既不能被实质性剥夺，也不能由股东主动放弃。

【参考案例】

案例一：山东省青岛市市南区人民法院在（2019）鲁 0202 民初 884 号民事判决书中认为：乐邦公司系环海凯莱公司的股东，虽然法院生效判决已经判令案外人佳联置业有权就乐邦公司持有的环海凯莱公司 20.1% 的股权折价或拍卖、变卖所得价
款优先受偿，但截至乐邦公司提起诉讼之时，其仍是环海凯莱公司的股东，有权起诉要求行使股东知情权。至于环海凯莱公司抗辩称，乐邦公司承诺在其对华新公司的欠款（贰亿元）还清之前放弃行使一切股东权益，本院认为，股东知情权是法律赋予股东的一项重要的、独立的权利，是股东参与公司管理的前提和基础，是保障股东及时、准确获得公司经营管理信息、维护自身合法权益的法定和固有权利，任何人不得剥夺或予以限制。故环海凯莱公司不得以此作为拒绝乐邦公司行使股东知情权的依据。

案例二：浙江省慈溪市人民法院在（2018）浙0282民初
10025号民事判决书中认为：被告认为，原告已与其他股东协
议一致，放弃2017年11月18日之前的股东知情权，2017年
11月18日之后的公司财务资料已向原告披露，故拒绝原告的
查阅要求。本案原告作为公司股东，享有股东知情权，该权利系股东法定权利，
具有固有权属性，公司章程、股东协议等不得对法定知情权进行实质性限制，现
被告以原告已签协议放弃股东知情权为由拒绝向原告的查阅要求，缺乏事实及法
律依据，不予采纳。

【和普提示】

对于股东一方，即使公司或者其他股东要求其通过章程、协议、书面声明等
方式放弃主张股东知情权，但股东需知悉自己仍可以行使权利。

对于公司一方，公司应知悉，除不构成实质性剥夺的部分权能限制外，股东
知情权是不能以任何方式进行限制的。所以，如若想要阻止某一股东行使知情
权，建议从源头上阻绝，即不宜直接持股的股东不能作为公司的股东，可以考虑
采用代持股、建立持股平台间接持股等方式。

第51问　股东能否以股东知情权受到损害为由主张解散公司？

【问题背景】

股东行使股东知情权可能有更深层次的目的，比如向高管主张损害公司利益
的责任、向控股股东追究挪用资金的责任，甚至要求解散公司，当股东向公司提
出要求行使股东知情权被拒后，能否直接以知情权受到损害为由提起解散公司的
诉讼呢？

【和普提示】

股东解散公司必须要满足《公司法》第一百八十二条①及《公司法司法解释

---

① 《公司法》第一百八十二条　公司经营管理发生严重困难，继续存续会使股东利益受到重大损失，
通过其他途径不能解决的，持有公司全部股东表决权百分之十以上的股东，可以请求人民法院解
散公司。

（二）》第一条①的规定，即公司经营管理发生严重困难，继续存续会使股东利益受到重大损失，同时无法通过其他途径解决。其中最重要的"公司经营管理发生严重困难"，主要指公司股东会、董事会等权力机构和管理机构运行失灵，无法作出任何有效的决议，公司已经处于各职能瘫痪的状态，同时在这种状态下，股东的权益将被持续消耗殆尽。如股东仅以知情权受到损害为由提起解散公司之诉，又无法证明公司已经处于上述严重困难的状态，那么法院可能会以不符合法律规定为由不予受理或者驳回起诉或诉讼请求，股东可以另行提起诉讼要求行使股东知情权。

对于股东一方，司法实践中对公司是否符合解散条件判定标准严格，如果股东无法证明公司已经处在经营严重困难境地的，建议还是先行提起股东知情权之诉，通过查阅相关资料后，根据实际情况再做打算。

对于公司一方，公司需知悉，一方面，虽然股东以股东知情权受到损害为由主张解散公司的诉请不会得到支持，但是公司应当正视股东的知情权；另一方面，如果公司经营不合规，对于行权股东而言，他要做的无非是改变诉讼策略，通过行使股东知情权掌握的依据诉请解散公司。因此，笔者建议公司从一开始就要正视股东的知情权，进行合规治理。

【延伸阅读】

案例一：最高人民法院在（2016）最高法民申 379 号民事裁定书中认为：本案争议的焦点在于翰星公司是否符合公司解散的条件。《中华人民共和国公司法》第一百八十二条规定："公司经营管理发生严重困难，继续存续会使股东利益受到重大损失，通过其他途径不能解决的，持有公司全部股东表决权百分之十以上的股东，可以请求人民法院解散公司。"《公司法司法解释（二）》第一条第一款规定："单独或者合计持有公司全部股东表决权百分之十以上的股东，以下列事

---

① 《公司法司法解释（二）》第一条 单独或者合计持有公司全部股东表决权百分之十以上的股东，以下列事由之一提起解散公司诉讼，并符合公司法第一百八十二条规定的，人民法院应予受理：（一）公司持续两年以上无法召开股东会或者股东大会，公司经营管理发生严重困难的；（二）股东表决时无法达到法定或者公司章程规定的比例，持续两年以上不能做出有效的股东会或者股东大会决议，公司经营管理发生严重困难的；（三）公司董事长期冲突，且无法通过股东会或者股东大会解决，公司经营管理发生严重困难的；（四）经营管理发生其他严重困难，公司继续存续会使股东利益受到重大损失的情形。股东以知情权、利润分配请求权等权益受到损害，或者公司亏损、财产不足以偿还全部债务，以及公司被吊销企业法人营业执照未进行清算等为由，提起解散公司诉讼的，人民法院不予受理。

由之一提起解散公司诉讼，并符合公司法第一百八十二条规定的，人民法院应予受理：（一）公司持续两年以上无法召开股东会或者股东大会，公司经营管理发生严重困难的；（二）股东表决时无法达到法定或者公司章程规定的比例，持续两年以上不能做出有效的股东会或者股东大会决议，公司经营管理发生严重困难的；（三）公司董事长期冲突，且无法通过股东会或者股东大会解决，公司经营管理发生严重困难的；（四）经营管理发生其他严重困难，公司继续存续会使股东利益受到重大损失的情形。"根据前述法律及司法解释的规定，股东请求解散公司的必要条件为"公司经营管理发生严重困难"从而导致公司继续存续会使股东利益受到重大损失。总结而言，公司经营管理发生严重困难，主要指公司股东（大）会、董事会等权力机构和管理机构运行失灵，无法对公司的任何事项作出决议，公司的一切事务处于瘫痪状态，即已经形成公司僵局，而这种持续的公司僵局使得股东的利益在僵持中逐渐耗竭。……可见，翰星公司成立后，经营销售情况正常。公司超过两年时间未召开过股东会，并未出现公司运行机制失灵，经营管理陷入严重困难的情形。至于状园公司所主张翰星公司超过两年未召开股东会，以及其分得的房产中有44套住宅和3套铺面因"昌茂公司把控翰星公司的全部证照、公章印鉴，状园公司无法自行销售变现"的问题，属于股东知情权、财产收益权受损的范畴，根据《公司法司法解释（二）》第一条第二款"股东以知情权、利润分配请求权等权益受到损害或者公司亏损、财产不足以偿还全部债务，以及公司被吊销企业法人营业执照未进行清算等为由，提起解散公司诉讼的，人民法院不予受理"之规定，并不属于公司应以解散的事由。状园公司可循其他救济途径予以解决。

案例二： 青海省高级人民法院在（2017）青民终172号民事判决书中认为：根据公司法和公司法司法解释的规定，股东请求解散公司的必要条件为"公司经营管理发生严重困难"，从而导致公司继续存续会使股东利益受到重大损失。正确理解 "公司经营管理发生严重困难"，则是判断公司是否应当解散的关键。《公司法司法解释（二）》第一条第一款前三项列举了公司经营管理发生严重困难的三种情形，主要指公司股东（大）会、董事会等权力机构和管理机构运行失灵，无法对公司的任何事项作出决议，一切事务处于瘫痪状态，即已形成公司僵局，而这种持续的公司僵局使得股东的利益在僵持中逐渐耗竭。本案中，青海的金银滩旅游公司和郑楠就海北州政府所辖区域景区、景点，以三期项目逐步把二分厂打造成以军事体验为主体的旅游基地，签订了 50 年的合作协议，并成立新的青海原子城旅游投资有限公司，公司营业期限为 20 年。当事人对公司超过两年没有召开股东会的事实没有异议，而金银滩旅游公司并无充分证据证明公司出现了章程约定公司解散的情形和公司董事长期冲突，无法沟通，一切事项都无法达成有效决议，公司经营管理发生了严重困难的事实，且并未出现公司运行机制失灵，经营管理陷入严重困难的情形。金银滩旅游公司还主张公司 6 年无法运营、经营困难、没有利润、亏损，公司成立以来一直没有盈利，法人郑楠对公司的验资、资金的使用等财务情况不知情，其失去对公司控制，根据《公司法司法解释（二）》第一条第二款"股东以知情权、利润分配请求权等权益受到损害，或者公司亏损、财产不足以偿还全部债务，以及公司被吊销企业法人营业执照未进行清算等为由，提起解散公司诉讼的，人民法院不予受理"的规定，这些情形属股东知情权等问题，并不属于公司应予解散的事由。金银滩旅游公司可循其他救济途径予以解决。金银滩旅游公司解散原子城旅游投资有限公司的诉求，无充分证据证明，不符合公司解散的条件，不予支持。

第 52 问　公司能否以资料不存在作为抗辩理由？

【问题背景】

在股东行使股东知情权的过程中，因为经营管理不规范，或是因为不愿意向股东披露相关的文件资料等情况，公司常常会以内部相应的文件资料缺失甚至是根本不存在为由来对抗股东的知情权，那么在司法实践中，公司的此类抗辩理由到底能否得到法院的支持呢？

【裁判要旨】

置备和保存《公司法》第三十三条以及公司章程所规定的资料是公司及其董事、高管的法定义务，如允许公司以内部不存有特定资料为由对抗股东的知情权，将极大地限制甚至剥夺股东的知情权，损害股东的合法权益，并且使公司章程的规定流于形式，严重违背了立法目的。故公司除了能够举证证明股东行使股东知情权具有不正当目的，可能损害公司的合法权益，并由此拒绝股东的行权请求之外，不得以公司不存在特定的文件资料为由对抗股东的知情权。

【参考案例】

案例一：上海市第一中级人民法院在（2018）沪 01 民终 11186 号民事判决书中认为：为方便股东直接到公司查阅有关文件资料，各国公司法均规定了公司置备文件资料以供查阅、复制的法定义务。根据《中华人民共和国公司法》第三十三条 的规定，有限责任公司有制作和保存公司章程、股东会会议记录、董事会会议记录、监事会会议记录、财务会计报告、会计账簿的法定义务。公司依法履行文件置备义务是股东知情权得以实现的前提。如果公司不履行文件置备义务，将会导致股东无法查阅、复制相关文件，对股东知情权造成根本性损害，甚至是剥夺。本案中，普涉公司作为有限责任公司，应当依法规范经营，制作和保存法定的公司文件资料。现普涉公司以其没有制作和保存监事决议、财务会计报告为由来否定一审判决结果，其上诉理由不能成立。如果普涉公司没有制作和保存《中华人民共和国公司法》第三十三条所列举的公司文件资料，属违反法律规定的文件置备义务，股东雷鹭有权在其股东知情权遭到根本性侵害且因此而遭受损失的情况下，依据《最高人民法院关于适用若干问题的规定（四）》① 第十二条的规定请求普涉公司中具体负责制作和保存公司有关文件资料的董事或者高级管理人员承担民事赔偿责任。

案例二：广东省中级人民法院在（2019）粤 01 民终 18970 号民事判决书中认为：第一，依法制定公司章程是设立公司的法定义务。《中华人民共和国公司法》在规范股东知情权时， 并未因章程的公示登记性质，而将其排除在股东知情权行使范围之外。因此，冼燃要求查阅、复制高金公司章程，于法有据，本院予以支持。第二，《中华人民共和国公司法》第四十一条规定，股东会应当对所议事项的决定作成会议记录，出席会议的股东应当在会议记录上签名。由此可见，制作和形成股东会会议记录，是有限责任公司一般议事形式。《中华人民共和国公司法》第三十七条第二款，虽规定某些情况下可以不用召开股东会，但必须同时满足两个条件：①股东以书面形式一致对议事项目表示同意；②全体股东在决定文件上签名。但从本案现有证据来看，高金公司并无证据证实其股东会决定的作出全部

---

① 此处为裁定书笔误，应为《最高人民法院关于适用〈中华人民共和国公司法〉若干问题的规定（四）》。

符合上述要求。此外，从冼燃与高金公司已经发生的几起纠纷来看，双方正是基于对于股东会决议在作出程序方面的分歧，而进入诉讼。因此，给予冼燃查阅股东会会议记录（包括股东会决议）的权利，有利于保护其股东知情权。第三，《中华人民共和国公司法》第四十八条规定，董事会应当对所议事项的决定作成会议记录，出席会议的董事应当在会议记录上签名。冼燃作为高金公司曾经的董事会成员，有参加会议并投票的权利，但法律并不因此而拒绝其行使查阅董事会决议的股东权利，两者并不相悖。《中华人民共和国公司法》允许股东人数较少或者规模较小的有限责任公司，仅设立执行董事或者监事，代行董事会或者监事会的权利。在此情况下，执行董事决定或者监事决定，在效力层面上，类似于董事会决议或者监事会决议。冼燃要求类比适用查阅股东会记录和董事会决议的规定，行使查阅执行董事决定或监事决定的权利，于法有据，本院予以支持。第四，股东知情权是《中华人民共和国公司法》赋予公司股东的法定权利，不受诉讼时效约束。高金公司认为冼燃在任职公司董事、高级管理人员期间，有违反公司法律、章程相关规定的行为，并给高金公司造成损害，其有权通过合法途径另寻救济。高金公司在本案仅以上述资料缺失或不存在为由，阻碍冼燃股东知情权利的行使，有违法律规定，本院不予支持。

【和普提示】

对于股东一方，股东可严格依照法律及公司章程的规定主张其行权范围。如公司无法提供或不能完全提供特定的文件资料的，股东可依据本书第 53 问"若公司提供的材料有毁损或者缺失，股东应如何追责？"来要求负有相关责任的公司董事或高管承担赔偿责任。如有证据证明公司有相关资料而拒不提供的，可以依据本书刑事篇第 136 问"哪些人员容易涉嫌隐匿会计凭证、账簿罪？"及第 145 问"公司拒不执行法院支持股东查阅账簿的生效判决，应如何定罪处罚？"追究相关人员的刑事责任。

对于公司一方，公司内部相关资料灭失或未依法制作相关资料并非对抗股东知情权的法定抗辩理由，仅会导致股东知情权的判决在客观上无法（完全）履行。但如公司内部确实未制作或留存相应资料的，公司应对其正当性予以举证说明，例如证明确已将相应材料交由行权股东，或是遭受自然灾害等原因导致资料灭失。

第 53 问　若公司提供的资料有毁损或者缺失，股东应如何追责？

【问题背景】

笔者在本书第 52 问"公司能否以资料不存在作为抗辩理由？"中已经探讨，置备、保存《公司法》第三十三条以及公司章程所规定的资料是公司及其董事、高管的法定义务，且股东在行使股东知情权时，如公司为了逃避责任谎称相关资料被毁损或已缺失，该理由是不能对抗股东的知情权的。但是行权股东实在无法查阅相关资料的，股东应当如何追责呢？

【裁判要旨】

《公司法司法解释（四）》第十二条规定："公司董事、高级管理人员等未依法履行职责，导致公司未依法制作或者保存公司法第三十三条、第九十七条规定的公司文件材料，给股东造成损失，股东依法请求负有相应责任的公司董事、高级管理人员承担民事赔偿责任的，人民法院应当予以支持。"故公司向股东提供查阅的资料有毁损或缺失的，股东可以董事、高管直接侵害股东利益为由提起诉讼，要求董事、高管赔偿因此导致的损失，损失无法确定的，法院酌情裁判赔偿金额。

【参考案例】

上海市松江区人民法院在（2019）沪 0117 民初 755 号民事判决书中认为：置备公司财务账簿是有限责任公司的法定义务。本案被告作为渝椒旺公司的执行董事，是制作、保管公司会计账簿的直接责任人。被告称公司筹备期间的相关账册被原告取走，但并未提供相应证据，本院不予采信。被告关于公司成立后没有开展经营的抗辩意见，有违自身法定义务，本院亦不予采信。关于原告的损失，原告主张按照每年 20 000 元的利润计算其损失，但未举证证明渝椒旺公司的盈利情况。相反，被告称渝椒旺公司不存在盈利，被告提供了其向案外人转包公司经营权、免费出借公司证照的凭证，结合各方在（2018）沪 0117 民初 6483 号案件庭审中所作的陈述，本院认为被告的意见较为可信，原告所述的利润损失缺乏事实依据，本院无法采信。但考虑到被告未履行制作、保管会计账簿的法定义务使原告无法行使股东知情权，客观上影响了原告作为公司投资人的决策能力，本院综合渝椒旺公司的经营情况、原告占股比例以及被告行为的违法程度等因素，酌情判令被告赔偿原告损失 10 000 元。

【和普提示】

行权股东对董事、高级管理人员等以侵害股东利益为由提起诉讼要具备以下几个要件：

首先，股东追责的责任主体是公司的董事、高级管理人员。其中，根据《公司法》二百一十六条①的规定，高级管理人员是指公司的经理、副经理、财务负责人及公司章程规定的其他属于高级管理人员的人。

其次，毁损或缺失的是《公司法》第三十三条、第九十七条规定的特定材料。特定材料现实存在，但发生了毁损或缺失，是由股东承担举证责任。其中章程是每个公司必备的；对于股东会会议记录、董事会会议决议、监事会会议决议，因股东很难证明某一次的会议记录或决议的存在，也就很难证明该材料是因董事、高管的失职而缺失了还是本来就不存在；对于财务会计报告，《公司法》第一百六十四条②规定，公司应当在每一会计年度终了时编制财务会计报告，所以公司必须置备有每一会计年度的财务会计报告；对于会计账簿，《会计法》中规定各单位必须依法设置会计账簿，而会计账簿登记要以会计凭证为依据，所以公司必须置备会计账簿和作为依据的会计凭证。所以如果公司无法提供完整的章程、财务会计报告、会计账簿及会计凭证，就可以推定是发生了毁损或缺失。

再次，是由于董事、高管没有依法履行职责，导致公司未制作或保存上述材料。虽然相关材料置备和保存的义务主体是公司，但因公司是拟制主体，所以义务实际是靠董事、高管来执行的，如果是因为董事、高管没有履行好法定或章定的职责，才导致相关材料的毁损、缺失，那么董事、高管应当向股东承担相应责任。如果是由于意外事件等，如火灾、水患、偷盗等，导致相关材料毁损、缺失，就不能归责到董事、高管身上，毁损、缺失的原因是由董事、高管承担举证责任。

---

① 《公司法》二百一十六条　本法下列用语的含义：（一）高级管理人员，是指公司的经理、副经理、财务负责人，上市公司董事会秘书和公司章程规定的其他人员。

② 《公司法》一百六十四条　公司应当在每一会计年度终了时编制财务会计报告，并依法经会计师事务所审计。财务会计报告应当依照法律、行政法规和国务院财政部门的规定制作。

最后，股东需要证明因此遭受了多少金额的损失。这点在实践中往往是最难举证的，因为相关材料的毁损、缺失虽然最终会损害股东利益，但是一般又不会直接导致损失，这时法院会酌情裁量，判处董事、高管赔偿一定金额。

对于股东一方，笔者建议股东平时多关注公司的经营活动，注意监督董事及高管的履职情况，同时树立证据意识。

对于公司一方，笔者建议在章程中规定董事、高管对于相关资料的保管责任，最好能将责任明确到某一职位上；同时一定要完整置备并妥善保存法律规定的、必须制作和保存的章程、财务会计报告、会计账簿及会计凭证；如果发生非归责于董事、高管的事件导致资料毁损、缺失的，要保留好相关证据，如报警记录、视频监控录像等。

第 54 问　如何防止股东行权后泄露公司商业秘密？

【问题背景】

笔者在本书第 24 问"行权股东能否查阅会计凭证？"中已经探讨过股东可以查阅包含公司商业秘密的会计账簿及会计凭证，但股东之所以对公司行使股东知情权，一般是因为股东已经与其他股东发生了纠纷，股东间很可能已经丧失了互相信任的基础。在这种情况下，公司一方总会担心行权股东知晓公司商业秘密后会泄露给他人，故如何通过事前的预防措施和事后的救济手段来维护公司的合法权益是本问写作的重点。在本问中，笔者也会为读者提供一份参考版股东知情权行权阶段保密协议。

【和普提示】

行使权利前的预防措施： 如股东已经向公司提出查阅要求，或者已经通过法院的生效判决确定其有权查阅，建议公司在股东查阅前与股东签订一份股东知情权行权阶段保密协议，全面约定股东应当在行权时、行权后履行的保密义务及违约责任，协议模板详见"附件：股东知情权行权阶段保密协议"。但是笔者想强调的是，如果公司以必须签订该协议为前提配合股东行权，显然是增加了股东行权的义务，超出了法院生效判决确认的判项，股东完全有理由拒绝，进而直接申请强制执行。所以笔者建议，最好将该协议中的条款，尤其是违约条款转化为公司章程或者股东会决议的相关内容，这样还可以突破合同法有关违约金条款的限制。

行使权利后的救济措施： 在股东已经查阅完毕，并且因为股东或者股东委托的第三方机构辅助人员导致了商业秘密的泄露或者被侵权，公司可以依照《公司法司法解释（四）》第十一条的规定要求股东、辅助人员以及非法使用商业秘密的其他经营者承担民事赔偿责任，但公司需要证明股东或者辅助人员泄露的信息属于公司的商业秘密以及公司因此遭受的经济损失。除了民事责任外，公司还可以按照《反不正当竞争法》第九条及第二十一条①的规定要求股东、辅助人员以及其他经营者承担行政责任。若公司遭受的损失或者股东、辅助人员、其他经营者的获利达到了刑事量刑标准，那么股东、辅助人员及该经营者还涉嫌《刑法》第二百一十九条②规定的侵犯商业秘密罪。

附件：

股东知情权行权阶段保密协议

协议编号：（20××）【保】字第××号

甲方（公司）：××

住所地：××

法定代表人：××

乙方（股东）：××

住址：××

联系方式：××

---

① 《反不正当竞争法》第九条 经营者不得实施下列侵犯商业秘密的行为……（三）违反保密义务或者违反权利人有关保守商业秘密的要求，披露、使用或者允许他人使用其所掌握的商业秘密……第三人明知或者应知商业秘密权利人的员工、前员工或者其他单位、个人实施本条第一款所列违法行为，仍获取、披露、使用或者允许他人使用该商业秘密的，视为侵犯商业秘密。
第二十一条 经营者以及其他自然人、法人和非法人组织违反本法第九条规定侵犯商业秘密的，由监督检查部门责令停止违法行为，没收违法所得，处十万元以上一百万元以下的罚款；情节严重的，处五十万元以上五百万元以下的罚款。

② 《刑法》第二百一十九条 有下列侵犯商业秘密行为之一，给商业秘密的权利人造成重大损失的，处三年以下有期徒刑或者拘役，并处或者单处罚金；造成特别严重后果的，处三年以上七年以下有期徒刑，并处罚金……（三）违反保密业务或者违反权利人有关保守商业秘密的要求，披露、使用或者允许他人使用其所掌握的商业秘密的。明知或者应知前款所列行为，获取、使用或者披露他人的商业秘密的，以侵犯商业秘密论。

鉴于：

乙方系甲方登记股东，经乙方申请行使股东知情权，为保护甲方的商业秘密，反对不正当竞争，根据《中华人民共和国反不正当竞争法》及其他相关法律法规的规定，甲乙双方在平等、自愿、公平、协议一致的基础上，就乙方在对甲方行使股东知情权过程中，查阅、复制甲方公司章程、股东会会议记录、董事会会议决议、监事会会议决议和财务会计报告，及查阅甲方会计账簿等材料的保密事宜，达成以下协议，以兹共同遵守。

第一条　保密内容

乙方的保密内容为在查阅或复制过程中接触到的甲方的商业秘密或属于第三方但甲方承诺有保密义务的商业秘密或一切可能导致甲方利益受损的相关信息，包括但不限于：

1.1 技术信息（或技术秘密），包括但不限于技术方案、工程设计、电路设计、制造方法、配方、工艺流程、技术指标、计算机软件、数据库存、研究开发记录、技术报告、检测报告、实验数据、试验效果、图纸、样品、样机、模型、模具、操作手册、技术文档及相关函电等。

1.2 经营信息（或经营秘密），包括但不限于单位信息、关联企业信息、客户名单、营销计划、采购资料、定价政策、财务资料、进货渠道、管理诀窍、买卖意向、招投标中的标底及标书内容等信息。

1.3 发明创造、技术设计、著作等应当归属甲方所有或归属尚未确定的工业产权或其他知识产权以及甲方所有的知识产权中尚未进入公众领域的部分。

1.4 甲方依照法律规定或有关协议的约定，对外承担保密义务的事项。

1.5 其他一切与甲方事务、利益相关的保密信息。

第二条　保密期限

保密义务期限为从乙方获取相关信息至永久，除非甲方宣布解密或甲方批准乙方对外披露或上述保密信息已通过其他途径进入公众领域，不再具有秘密性。

第三条　保密方式

3.1 乙方应本着谨慎、诚实的态度，采取任何必要、合理的措施，维护其于查阅、复制甲方特定材料期间知悉或者持有的任何属于甲方或者第三方但甲方承诺有保密义务的商业秘密及其他一切可能导致甲方利益受损的相关信息的秘密性。

3.2 乙方未经甲方书面同意，不得自行使用，或以泄露、告知、发表、出版、传授、转让或者其他任何方式使第三方知悉属于甲方或者虽属于第三人但甲方承

诺有保密义务的商业秘密或其他一切可能导致甲方利益受损的相关信息。

3.3 乙方须将查阅、复制期间载录了甲方商业秘密的材料（包括但不限于摘抄、图纸、文件和资料、拷贝软盘、磁带、相片等任何媒体形式）作妥善保管，不得泄露。依据法律规定不得复制的材料，乙方应当立即予以销毁。

3.4 乙方保证，乙方委托的律师、会计师等辅助人员履行与乙方同等的保密义务，否则，乙方应当按照本协议第四条的约定对辅助人员的行为承担责任。

第四条 违约责任

4.1 乙方违反本协议任何条款的，如难以计算实际损失的，则乙方应向甲方支付违约金，违约金的计算方式以以下计算方式中较高的为准：

4.1.1 甲方上季度盈利的××倍；

4.1.2 ××万元（大写：××万元整）。

4.2 前述 4.1 条约定的违约金无法弥补甲方实际损失的，按照甲方的实际损失计算，并且额外支付甲方实际损失 30% 的违约金；同时甲方有权要求乙方立即停止侵害行为。

4.3 因甲方主张权利而产生的案件受理费、保全费、律师费、差旅费等费用由乙方承担。

第五条 生效

5.1 本协议自双方签字或盖章之日起生效。本协议一式贰份，甲乙双方各执壹份，具有同等法律效力。

5.2 乙方确认，接收甲方基于本协议发出的通知、函件等材料的方式为邮寄、手机短信或者收件邮箱，确认收件地址为××，手机号码为××，收件邮箱为××。材料一经甲方发出，不管签收与否，皆视为送达。且双方同意将上述地址作为诉讼阶段的送达地址。

第六条 其他

6.1 因本协议产生争议的，双方同意提交甲方所在地人民法院管辖。

6.2 在签署本协议前，乙方已仔细阅读过协议的内容，并完全了解协议各条款的法律含义及法律约束力，并自愿签署本协议。

甲方：××

乙方：××

签订时间：××年××月××日

第 55 问　在股东知情权诉讼中，公司能否反诉要求确认原告不具有股东资格？

【问题背景】

反诉是指在一方当事人提起本诉的时候，对方当事人针对这个本诉提起的反请求。在本书第 13 问"资格存疑的股东能否直接提起股东知情权之诉？"中探讨过行权股东资格存疑时，也可以提起股东知情权之诉，那么如果资格存疑股东一方提起了股东知情权之诉，公司能否提起反诉，要求确认原告不具有股东资格呢？

【裁判要旨】

支持观点：反诉的实质要件是与本诉有牵连关系，这种牵连关系可以使反诉请求与本诉请求相互排斥、抵消、吞并等。具有股东资格是原告享有知情权的前提，被告提起反诉要求确认原告不具有股东资格，反诉的诉求与本诉诉求相互排斥，因此被告有权提起反诉。

反对观点：法律规定反诉的诉讼请求须与本诉的诉讼请求基于相同的法律关系或基于相同的事实，股东知情权之诉与请求确认不具有股东资格并非同一事实，也不是同一法律关系，故不能并案审理。

【参考案例】

支持案例一：在广东省茂名市电白区人民法院审理的（2016）粤 0904 民初 822 号一案中，原告广东日产汽车贸易有限公司提出股东知情权之诉，被告茂名市大昌行骏昇汽车销售服务有限公司则提出反诉要求确认原告不具有股东资格，法院则直接受理并合并审理了被告要求确认原告不具备股东资格的反诉。

支持案例二：在广东省中山市第一人民法院审理的（2016）粤 2071 民初 5576 号一案中，原告广东喜龙投资管理有限公司提起股东知情权之诉，被告中山市利得汽车销售服务有限公司则提出反诉请求确认原告不具有股东资格，法院直接受理并合并审理了被告请求确认原告不具有股东资格的反诉请求。

相反案例：深圳市中级人民法院在（2015）深中法商终字第 844 号民事裁定书中认为：根据《最高人民法院关于适用〈中华人民共和国民事诉讼法〉的解释》第二百三十三条的规定，反诉的诉讼请求须与本诉的诉讼请求基于相同的法律关系或基于相同的事实。本案中，黄某某基于其股东身份提出股东知情权之诉，道尔公司诉请否认黄某某的股东资格，但黄某某的诉讼请求与道尔公司的请求并非基于同一法律关系，亦非基于相同事实，故一审法院对道尔公司的反诉不予受理正确。

【和普提示】

从前述两组结论完全不同的案例来看，司法实践中关于公司对行权股东是否具备股东资格、能否提起反诉存在争议，但是笔者倾向性地认为，公司对行权股东是否具有股东资格可以提起反诉。沈德咏在其主编的《最高人民法院民事诉讼法司法解释理解与适用》①中认为："反诉与本诉之间必须具有牵连关系，它是构成反诉的核心要件。这种牵连包括法律上的牵连和事实上的牵连，即反诉与本诉的诉讼请求必须在事实和法律上有牵连关系。只有具备了这种牵连性，反诉才能成立。主流观点认为，反诉与本诉的牵连关系包括反诉的诉讼请求与本诉的诉讼请求基于同一法律事实或者属于同一法律关系，由于这种牵连，反诉与本诉就可以相互排斥、抵消、吞并。具体来讲，本诉与反诉的牵连关系主要表现为：①诉讼请求基于相同法律关系；②诉讼请求之间具有因果关系；③本诉与反诉的诉讼请求建立在相同事实基础上。这也是判断构成反诉的主要标准。"在股东知情权案件中，公司的反诉诉求可直接导致股东的本诉诉求不成立，与本诉相互排斥，二者具有法律上的牵连关系，所以公司请求确认行权股东不具有股东资格之诉可以构成反诉。

对于股东一方，行权时是否具备股东资格，或者虽不具备股东资格但是否能够提供初步证据证明在持股期间其合法权益受到损害，是股东在行权前需要重点评估的问题。但无论公司是以提起反诉的方式否定行权股东的股东资格，还是以反驳的方式进行否定，都免除不了行权股东对股东资格或其在持股期间其合法权益受到损害的举证义务。

---

① 沈德咏. 最高人民法院民事诉讼法司法解释理解与适用（上）[M]. 北京：人民法院出版社，2015：610.

对于公司一方，如果行权股东提起了股东知情权之诉，公司对行权股东的股东资格有异议的，可以通过提起反诉的方式确认其不具有股东资格，从而根本上否定其主张。但是鉴于司法实践的不统一，部分法院会对公司的反诉请求作出不予受理的裁定，此时公司可以依据《民事诉讼法》第一百五十四条①第二款规定针对该裁定进行上诉。

> ### 第 56 问　在股东知情权诉讼中，公司有无必要反诉要求确认原告不具备股东资格？

【问题背景】

在本书第 55 问"在股东知情权诉讼中，公司能否反诉要求确认原告不具有股东资格？"中，笔者倾向认为公司可以提起反诉要求，确认原告不具有股东资格。但是公司是否有必要提起反诉要求确认原告不具有股东资格呢？

【和普提示】

一般情况，针对股东知情权之诉，公司仅需以原告不具有股东资格进行反驳即可。

反驳是指在原告提起诉讼之后，被告针对原告的诉请主张陈述其意见和理由，以达到反对原告的诉讼请求，使原告败诉，维护其合法权益的目的。与反诉不同，反驳依赖于本诉的存在，它不需要提出新的诉讼请求。而反诉是一个新的诉讼，需要提出独立诉讼请求。

在股东知情权诉讼中，原告提起知情权之诉的先决条件是股东有证据证明自己的股东资格，或者提供初步证据证明在持股期间其合法权益受到损害。举证责任详见本书第 47 问"行权股东应承担哪些举证责任？"。公司如果站在反诉成本的角度考虑，如反诉的诉讼费、律师代理费，则没有必要提起反诉，通过反驳即

---

① 《民事诉讼法》第一百五十四条　裁定适用于下列范围：（一）不予受理；（二）对管辖权有异议的；（三）驳回起诉；（四）保全和先予执行；（五）准许或者不准许撤诉；（六）中止或者终结诉讼；（七）补正判决书中的笔误；（八）中止或者终结执行；（九）撤销或者不予撤销仲裁裁决；（十）不予执行公证机关赋予强制执行效力的债权文书；（十一）其他需要裁定解决的事项。对前款第一项至第三项裁定，可以上诉。裁定书应当写明裁定结果和作出该裁定的理由。裁定书由审判人员、书记员署名，加盖人民法院印章。口头裁定的，记入笔录。

可实现其应诉的目的。但是，公司如果站在从根本上否定行权股东的股东资格的角度考虑，无论其是否撤回股东知情权之诉，是否向公司主张其他权利，比如分配利润、行使代位权等，提起反诉或者另行起诉的必要性都比较大，因为根据《民事诉讼法》第一百四十三条①的规定，即便行权股东撤回本诉，反诉也要继续审理。

特殊情况，公司须综合考虑是否需要否认行权股东的股东资格。

值得注意的是，公司须综合考虑股东查账的真实目的，比如行权股东与其他股东签订股权转让协议，或者与公司签订了增资协议，行权股东履行了部分或者全部出资义务以后，但一直没有行使股东权利，也未进行工商变更登记，公司的经营状况又并不乐观。此时，如果行权股东以股东知情权之诉为表面目的，实际是想收回投资，公司否认原告的股东资格，最终法院也认定行权股东不具备股东资格，那么行权股东很可能就会以股权转让或者增资的目的无法实现为由另行提起诉讼，要求收回投资。

第 57 问　股东申请强制执行后，公司应当如何提起执行异议？

【问题背景】

当法院作出支持股东查阅、复制特定资料的裁判文书生效后，股东可以持该文书要求公司履行相应的义务，如公司拒绝的，股东可以向法院申请强制执行。如果公司拒绝理由合法，公司应当如何提起异议呢？

【和普提示】

《民事诉讼法》第二百二十五条②规定，当事人、利害关系人认为执行行为违

---

① 《民事诉讼法》第一百四十三条　原告经传票传唤，无正当理由拒不到庭的，或者未经法庭许可中途退庭的，可以按撤诉处理；被告反诉的，可以缺席判决。

② 《民事诉讼法》第二百二十五条　当事人、利害关系人认为执行行为违反法律规定的，可以向负责执行的人民法院提出书面异议。当事人、利害关系人提出书面异议的，人民法院应当自收到书面异议之日起十五日内审查，理由成立的，裁定撤销或者改正；理由不成立的，裁定驳回。当事人、利害关系人对裁定不服的，可以自裁定送达之日起十日内向上一级人民法院申请复议。

反法律规定的，可以向负责执行的人民法院提出书面异议。故若公司认为其拒绝股东行权要求有合理理由的，而股东又申请了强制执行，那么公司可以向执行法院提起执行异议。

当股东没有在生效的裁判文书确定的行权日期内行权，公司可以提起执行异议；在本书第 34 问"股东能否完全委托他人代为行使股东知情权？"中提到，股东仅委托第三人进行行权，或股东委托的辅助人不具有相应资质或提供的资质证明材料有瑕疵的，公司可以提起执行异议；本书第 35 问"股东能否摘抄会计账簿及会计凭证？"中提到，股东摘抄会计账簿、会计凭证内容的，公司可以尝试提起执行异议；在本书第 37 问"股东在查账时能否录像？"中提到，股东在查阅会计账簿、会计凭证时录像的，公司也可以提起执行异议。公司提起执行异议的，应当向执行法院提交执行异议申请书，申请书应当载明具体的异议或者复议请求、事实、理由等内容。笔者就上述几种情形分别为读者提供几个执行异议申请书的模板，以供参考。

范本一：股东行权超过生效裁判文书确定的行权期限

执行异议申请书

申请人：××公司，统一社会信用代码××，住××，法定代表人××，联系电话××。

请求事项：

请求撤销××号《执行裁定书》，终止该案的执行。

事实与理由：

××诉××股东知情权纠纷一案，××人民法院作出第××号判决，该判决于××年××月××日生效。该判决书判项部分载明，被告应于判决书生效之日起××日内在××提供××资料供原告查阅。判决生效后，申请人按照判决书要求将相应资料置备于××，以便××行权。根据判决书判项内容，××行使股东知情权的期限至××年××月××日截止，但××于××年××月××日方才主张行权，已经超过了行权日期，故申请人以此为由拒绝了××的行权要求。

申请人认为，××逾期行使权利，申请人有理由予以拒绝，其强制执行申请不应得到支持。申请人特依据《中华人民共和国民事诉讼法》第二百二十五条的规定向贵院提起执行异议，请贵院审查后支持申请人的请求。

此致

××人民法院

申请人：××

××年××月××日

范本二：股东行权时委托的辅助人员没有相应资质或资质证明材料有瑕疵

执行异议申请书

申请人：××公司，统一社会信用代码××，住××，法定代表人××，联系电话××。

请求事项：

请求撤销××号《执行裁定书》，终止该案的执行。

事实与理由：

××诉××股东知情权纠纷一案，××人民法院作出第××号判决书。该判决书判项部分载明，被告应于判决书生效之日起××日内在××提供××资料供原告查阅。根据《最高人民法院关于适用〈中华人民共和国公司法〉若干问题的规定（四）》第十条第二款的规定，股东可以委托会计师、律师等依法或者依据执业行为规范负有保密义务的中介机构执业人员辅助行使知情权。××于××年××月××日要求行权时，其委托的辅助人员未能提供有效的材料证明其系法律规定的负有保密义务的中介机构执业人员，故申请人拒绝了该人员进入特定地点辅助××行权。被申请人拒绝后，××终止了行权。

申请人认为，××委托不符合法律规定的辅助人员进行行权，申请人拒绝该辅助人员行权的行为合理合法，而终止行权系××主动选择，故××的强制执行申请不应得到支持。申请人特依据《中华人民共和国民事诉讼法》第二百二十五条的规定向贵院提起执行异议，请贵院审查后支持申请人的请求。

此致

××人民法院

申请人：××

×× 年××月××日

范本三：股东仅委托第三人行权，本人不到场

执行异议申请书

申请人：××公司，统一社会信用代码××，住××，法定代表人××，联系电话××。

请求事项：

请求撤销××号《执行裁定书》，终止该案的执行。

事实与理由：

××诉××股东知情权纠纷一案，××人民法院作出第××号判决书。该判决书判项部分载明，被告应于判决书生效之日起××日内在××提供××资料供原告查阅。根据《最高人民法院关于适用〈中华人民共和国公司法〉若干问题的规定（四）》第十条第二款的规定，股东依据人民法院生效判决查阅公司文件材料的，在该股东在场的情况下，可以由会计师、律师等依法或者依据执业行为规范负有保密义务的中介机构执业人员辅助进行。××年××月××日，××的受托人到达××要求行权，但××本人并未到场，故申请人拒绝了××的受托人的行权请求。被申请人拒绝后，××的受托人终止了行权并离开了现场。

申请人认为，××委托有资质的中介机构执业人员辅助行权的，××本人应当在场，故申请人拒绝××的受托人行权的行为合理合法，因此，××的强制执行申请不应得到支持。申请人特依据《中华人民共和国民事诉讼法》第二百二十五条的规定向贵院提起执行异议，请贵院审查后支持申请人的请求。

此致
××人民法院

申请人：××

××年××月××日

范本四：股东行权时采用摘抄、录像的方式

执行异议申请书

申请人：××公司，统一社会信用代码××，住××，法定代表人××，联系电话××。

请求事项：

请求撤销××号《执行裁定书》，终止该案的执行。

事实与理由：

××诉××股东知情权纠纷一案，××人民法院作出第××号判决书。该判决书判项部分载明，被告应于判决书生效之日起××日内在××提供××资料供原告查阅。××于××年××月××日到达××进行行权，但在行权时，××擅自对××资料进行摘抄（录像）。查阅仅指现场阅读，并不能用手写或者电子方式复制下来以供反复查看，故××的行为已经超出了《中华人民共和国公司法》第三十三条及××号判决书判项中确定的仅能对××资料查阅的规定，故申请人要求××立即停止摘抄（录像）行为，但××经申请人要求后仍坚持以摘抄（录像）方式行权，故申请人中止了××的行权行为。

申请人认为，××以违反法律规定及判决书判决内容的方式行权，申请人有理由要求其改正，经申请人要求后××仍不改正其行为，申请人终止其行权的行为合理合法，××的强制执行申请不应得到支持。申请人特依据《中华人民共和国民事诉讼法》第二百二十五条的规定向贵院提起执行异议，请贵院审查后支持申请人的请求。

此致

××人民法院

申请人：××

××年××月××日

第二篇
行政篇

在本篇中，笔者梳理了在司法实务中常见的与股东知情权相关的行政问题，本篇分三个部分，总共十一章七十五问。第一部分为第一至四章，主要梳理了行政手段以及行政救济的一般规定。只有了解了行政手段的一般规定之后，我们才能判断行政行为是否合法。同时，也只有了解了行政救济措施之后，面对行政机关可能侵犯自身合法权益时，我们才能充分保护自己的权益。第二部分为第五至六章，分别梳理了其他股东的出资瑕疵责任、公司与资本相关的违法违规责任，以及行权股东不当行权的行政责任，这些都是在实务中比较常见和具体的问题。第三部分为第七至十一章，主要从公司合规化经营的角度梳理了公司经营过程中的劳资、税务、发票、财务问题以及清算问题中常见的行政责任。

本篇均以问题、答案和法律依据的体例构成，每个问题的篇幅较为短小。其中，问题是笔者站在行权股东、公司及相关方的角度提炼出来的常见问题；答案是笔者对于问题的一般性解答；法律依据作为笔者答案的支撑，是为了方便读者检索法律依据。需要说明的是，司法实践中的情况总是复杂多变，笔者只能提炼一般性的问题并作出一般性的解答，针对具体个案的解决方案，笔者还是建议读者咨询专业人士。

第一章　行政处罚的一般性规定

第58问　如果股东不当行使知情权构成行政违法的，行政机关可能会对股东实施什么样的行政处罚？

【答】对于股东而言，常见的不当行使股东知情权的情形有：自行或者组织人员到公司盗取、暴力抢夺相关资料，进行打砸，干扰公司正常经营，辱骂或殴打相关管理人员，等等。这些行为都涉嫌违反治安管理的相关规定，可能面临的处罚种类有警告、罚款、行政拘留、吊销公安机关发放的许可证。如果行权股东是外国人的，可以附加适用限期出境或者驱逐出境。

【法律依据】

《治安管理处罚法》第十条　治安管理处罚的种类分为：（一）警告；（二）罚款；（三）行政拘留；（四）吊销公安机关发放的许可证。对违反治安管理的外国人，可以附加适用限期出境或者驱逐出境。

第59问　如公司有行政违法行为的，行政机关可能会对公司实施什么样的行政处罚？

【答】对于公司而言，行权股东发现公司可能涉及的行政违法的情况比较复杂，可能是市场监督方面的，也可能是税务或者劳动社保方面的（涉及具体情况的，我们将在后文为大家提供相关问题的解答）。不同的情况受到的处罚不一样，但总的来说，公司可能因此受到的惩罚种类有警告、罚款、没收违法所得、没收非法财物、责令停产停业、暂扣或者吊销许可证、暂扣或者吊销执照、行政拘留等。

【法律依据】

《行政处罚法》第九条　行政处罚的种类：（一）警告、通报批评；（二）罚

款、没收违法所得、没收非法财物；（三）暂扣许可证件、降低资质等级、吊销许可证件；（四）限制开展生产经营活动、责令停产停业、责令关闭、限制从业；（五）行政拘留；（六）法律、行政法规规定的其他行政处罚。

第 60 问　哪些行政机关可以实施行政处罚？

【答】对于不同的违法行为，由不同的行政机关进行处罚。但总的来说，法律、法规、国务院以及国务院授权的省、自治区、直辖市人民政府可以决定授权某行政机关使之拥有行政处罚权。常见的如抢夺资料、影响公司正常经营等行为由公安机关进行行政处罚；税务问题由税务部门处罚；经营行为存在违法的由市场监督管理部门处罚。同时，法律法规也可以授权一些具有公共事务管理职能的组织实施行政处罚，如某些特殊的行业协会；有权实施行政处罚的行政机关还可以依照法律、法规或者规章的规定，将其行政处罚的权利委托给符合条件的组织，由其来实施行政处罚，常见的如铁路总公司就是得到了铁路局的委托。但是，限制人身自由的行政处罚只能由公安机关进行（涉及具体情况的，我们将在后文为大家提供相关问题的解答）。

【法律依据】

《行政处罚法》第十七条　行政处罚由具有行政处罚权的行政机关在法定职权范围内实施。

第十八条　国家在城市管理、市场监管、生态环境、文化市场、交通运输、应急管理、农业等领域推行建立综合行政执法制度，相对集中行政处罚权。

国务院或者省、自治区、直辖市人民政府可以决定一个行政机关行使有关行政机关的行政处罚权。

限制人身自由的行政处罚权只能由公安机关和法律规定的其他机关行使。

第十九条　法律、法规授权的具有管理公共事务职能的组织可以在法定授权范围内实施行政处罚。

第二十条　行政机关依照法律、法规、规章的规定，可以在其法定权限内书面委托符合本法第二十一条规定条件的组织实施行政处罚。行政机关不得委托其他组织或者个人实施行政处罚。

委托书应当载明委托的具体事项、权限、期限等内容。委托行政机关和受委托组织应当将委托书向社会公布。

委托行政机关对受委托组织实施行政处罚的行为应当负责监督，并对该行为的后果承担法律责任。

受委托组织在委托范围内，以委托行政机关名义实施行政处罚；不得再委托其他组织或者个人实施行政处罚。

第二十一条　受委托组织必须符合以下条件：（一）依法成立并具有管理公共事务职能；（二）有熟悉有关法律、法规、规章和业务并取得行政执法资格的工作人员；（三）需要进行技术检查或者技术鉴定的，应当有条件组织进行相应的技术检查或者技术鉴定。

第 61 问　行政机关在作出行政处罚时，应当遵循什么样的程序？

【答】行政处罚必须依法依规作出。行政机关对行权股东或者公司作出行政处罚必须坚持程序正当原则。程序正当原则是指行政机关工作人员必须严格按照法律规定的程序（如表明执法人员身份、出具行政处罚决定书、对行政执法人员的人数有特殊要求、制作笔录等）作出行政处罚，否则行政机关的处罚行为就属于程序违法。

【法律依据】

《行政处罚法》第五十二条　执法人员当场作出行政处罚决定的，应当向当事人出示执法证件，填写预定格式、编有号码的行政处罚决定书，并当场交付当事人。当事人拒绝签收的，应当在行政处罚决定书上注明。

前款规定的行政处罚决定书应当载明当事人的违法行为，行政处罚的种类和依据、罚款数额、时间、地点，申请行政复议、提起行政诉讼的途径和期限以及行政机关名称，并由执法人员签名或者盖章。

执法人员当场作出的行政处罚决定，应当报所属行政机关备案。

第五十四条　除本法第五十一条规定的可以当场作出的行政处罚外，行政机关发现公民、法人或者其他组织有依法应当给予行政处罚的行为的，必须全面、客观、公正地调查，收集有关证据；必要时，依照法律、法规的规定，可以进行

检查。

符合立案标准的，行政机关应当及时立案。

第五十五条　执法人员在调查或者进行检查时，应当主动向当事人或者有关人员出示执法证件。当事人或者有关人员有权要求执法人员出示执法证件。执法人员不出示执法证件的，当事人或者有关人员有权拒绝接受调查或者检查。

当事人或者有关人员应当如实回答询问，并协助调查或者检查，不得拒绝或者阻挠。询问或者检查应当制作笔录。

第五十六条　行政机关在收集证据时，可以采取抽样取证的方法；在证据可能灭失或者以后难以取得的情况下，经行政机关负责人批准，可以先行登记保存，并应当在七日内及时作出处理决定，在此期间，当事人或者有关人员不得销毁或者转移证据。

第五十九条　行政机关依照本法第五十七条的规定给予行政处罚，应当制作行政处罚决定书。行政处罚决定书应当载明下列事项：（一）当事人的姓名或者名称、地址；（二）违反法律、法规、规章的事实和证据；（三）行政处罚的种类和依据；（四）行政处罚的履行方式和期限；（五）申请行政复议、提起行政诉讼的途径和期限；（六）作出行政处罚决定的行政机关名称和作出决定的日期。

行政处罚决定书必须盖有作出行政处罚决定的行政机关的印章。

第六十一条　行政处罚决定书应当在宣告后当场交付当事人；当事人不在场的，行政机关应当在七日内依照《中华人民共和国民事诉讼法》的有关规定，将行政处罚决定书送达当事人。

当事人同意并签订确认书的，行政机关可以采用传真、电子邮件等方式，将行政处罚决定书等送达当事人。

第七十条　行政机关及其执法人员当场收缴罚款的，必须向当事人出具国务院财政部门或者省、自治区、直辖市人民政府财政部门统一制发的专用票据；不出具财政部门统一制发的专用票据的，当事人有权拒绝缴纳罚款。

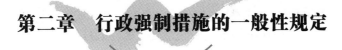

第二章　行政强制措施的一般性规定

第 62 问　在什么样的情况下，行政机关可能会对公司或者股东采取行政强制措施？

【答】当行政机关在行政管理过程中，为制止违法行为、防止证据损毁、避免危害发生、控制危险扩大等情形，行政机关都有可能采取行政强制措施。

【法律依据】

《行政强制法》第二条第二款　行政强制措施，是指行政机关在行政管理过程中，为制止违法行为、防止证据损毁、避免危害发生、控制危险扩大等情形，依法对公民的人身自由实施暂时性限制，或者对公民、法人或者其他组织的财物实施暂时性控制的行为。

第 63 问　行政机关采取行政强制措施有哪些种类？

【答】法律规定行政强制措施的手段有：限制人身自由，查封场所、设施或者财务，扣押财物，冻结存款或汇款等措施。

【法律依据】

《行政强制法》第九条　行政强制措施的种类：（一）限制公民人身自由；（二）查封场所、设施或者财物；（三）扣押财物；（四）冻结存款、汇款；（五）其他行政强制措施。

第 64 问　行政机关在对股东或者公司采取行政强制措施的时候，应当遵循什么样的程序？

【答】因为直接涉及人身自由和财产权利，法律对相关单位使用强制措施时有比较严格的规定。行政强制措施同样得遵循程序正当原则，行政机关必须严格按照法律规定执行行政强制措施，否则就属于行政程序违法。行政强制措施的程序包括：第一，实施前须经过行政机关负责人批准，如果情况紧急来不及申请的，执法人员应在采取行政强制措施之后 24 小时内补办手续；第二，实施行政强制措施必须由两名以上的行政执法人员负责；第三，实施行政强制措施必须先出示执法证件；第四，实施行政强制措施必须通知当事人到场，当事人不到场的，邀请见证人到场；第五，执法人员当场告知当事人采取行政强制措施的理由、法律依据以及当事人的权利和救济措施；第六，听取当事人的陈述和申辩；第七，制作现场笔录；第八，当事人签字和执法人员签名；第九，冻结存款、汇款的，除按照第一、二、三、七项实施外，还要向金融机构交付冻结通知书。

【法律依据】

《行政强制法》第十八条　行政机关实施行政强制措施应当遵守下列规定：（一）实施前须向行政机关负责人报告并经批准；（二）由两名以上行政执法人员实施；（三）出示执法身份证件；（四）通知当事人到场；（五）当场告知当事人采取行政强制措施的理由、依据以及当事人依法享有的权利、救济途径；（六）听取当事人的陈述和申辩；（七）制作现场笔录；（八）现场笔录由当事人和行政执法人员签名或者盖章，当事人拒绝的，在笔录中予以注明；（九）当事人不到场的，邀请见证人到场，由见证人和行政执法人员在现场笔录上签名或者盖章；（十）法律、法规规定的其他程序。

第十九条　情况紧急，需要当场实施行政强制措施的，行政执法人员应当在二十四小时内向行政机关负责人报告，并补办批准手续。行政机关负责人认为不应当采取行政强制措施的，应当立即解除。

第三十条　行政机关依照法律规定决定实施冻结存款、汇款的，应当履行本法第十八条第一项、第二项、第三项、第七项规定的程序，并向金融机构交付冻结通知书。金融机构接到行政机关依法作出的冻结通知书后，应当立即予以冻结，不得拖延，不得在冻结前向当事人泄露信息。法律规定以外的行政机关或者组织要求冻结当事人存款、汇款的，金融机构应当拒绝。

第三十一条第一款　依照法律规定冻结存款、汇款的，作出决定的行政机关应当在三日内向当事人交付冻结决定书。

第三章　行政强制执行的一般规定

第 65 问　股东或公司受到行政处罚后，如果不履行义务会有什么后果？

【答】如果股东或者公司不履行义务，行政机关可能会采取行政强制执行。如果股东或者公司的义务是给付金钱的，行政机关可以加处罚款或者滞纳金，但滞纳金或者加处罚款不得超过本金总额；如果是行为义务的，由行政机关或者第三人代履行，并向股东或者公司收取代履行金。

【法律依据】

《行政强制法》第三十四条　行政机关依法作出行政决定后，当事人在行政机关决定的期限内不履行义务的，具有行政强制执行权的行政机关依照本章规定强制执行。

第四十五条　行政机关依法作出金钱给付义务的行政决定，当事人逾期不履行的，行政机关可以依法加处罚款或者滞纳金。加处罚款或者滞纳金的标准应当告知当事人。加处罚款或者滞纳金的数额不得超出金钱给付义务的数额。

第五十一条第二款　代履行的费用按照成本合理确定，由当事人承担。

第 66 问　行政机关在对股东或公司进行行政强制执行的时候，应当遵循什么样的程序？

【答】行政机关在进行强制执行前，应该提前催告股东或者公司让其在合理期限内履行，如果在合理期限内仍然不履行的，这时行政机关才能进行强制执行。第一，行政强制执行需要作出强制执行的决定；第二，如果股东或者公司确实履行义务有困难，可以和行政机关达成协议分阶段履行，如果股东或者公司采取补救措施的，可以减免加处罚款或者滞纳金；第三，行政机关不得在节假日执行，不得通过断水、断电、断气、断热等方式执行；第四，没有强制执行权的机关，在采取行政强制措施之后，应当向法院申请强制执行。原则上只有国安、公安、海关、税务、工商和县级以上的人民政府有强制执行权。

【法律依据】

《行政强制法》第三十五条　行政机关作出强制执行决定前，应当事先催告当事人履行义务。催告应当以书面形式作出，并载明下列事项：（一）履行义务的期限；（二）履行义务的方式；（三）涉及金钱给付的，应当有明确的金额和给付方式；（四）当事人依法享有的陈述权和申辩权。

第三十七条　经催告，当事人逾期仍不履行行政决定，且无正当理由的，行政机关可以作出强制执行决定。强制执行决定应当以书面形式作出，并载明下列事项：（一）当事人的姓名或者名称、地址；（二）强制执行的理由和依据；（三）强制执行的方式和时间；（四）申请行政复议或者提起行政诉讼的途径和期限；（五）行政机关的名称、印章和日期。在催告期间，对有证据证明有转移或者隐匿财物迹象的，行政机关可以作出立即强制执行决定。

第四十二条　实施行政强制执行，行政机关可以在不损害公共利益和他人合法权益的情况下，与当事人达成执行协议。执行协议可以约定分阶段履行；当事人采取补救措施的，可以减免加处罚款或者滞纳金。执行协议应当履行。当事人不履行执行协议的，行政机关应当恢复强制执行。

第四十三条　行政机关不得在夜间或者法定节假日实施行政强制执行。但是，情况紧急的除外。行政机关不得对居民生活采取停止供水、供电、供热、供燃气等方式迫使当事人履行相关行政决定。

第四十六条第三款　没有行政强制执行权的行政机关应当申请人民法院强制执行。但是，当事人在法定期限内不申请行政复议或者提起行政诉讼，经催告仍不履行的，在实施行政管理过程中已经采取查封、扣押措施的行政机关，可以将查封、扣押的财物依法拍卖抵缴罚款。

第五十四条　行政机关申请人民法院强制执行前，应当催告当事人履行义务。催告书送达十日后当事人仍未履行义务的，行政机关可以向所在地有管辖权的人民法院申请强制执行；执行对象是不动产的，向不动产所在地有管辖权的人民法院申请强制执行。

第四章　行政救济措施

第一节　救济权利

第67问　当股东或者公司在面临行政处罚、行政强制措施或者行政强制执行时，该怎样保护自己的利益？

【答】当股东或公司面临行政处罚、行政强制措施和行政强制执行时，依法享有陈述、申辩的权利，要求听证，申请行政复议或者提起行政诉讼的权利。陈述权是指在面临行政处罚或行政强制时，对行政机关或相关人员陈述自己意见的权利。申辩权是指在面临行政处罚或者行政强制时，要求行政机关对其作出行政决定所依据的事实、理由以及依据进行解释说明的权利。行政处罚听证是指行政机关在作出行政处罚前，给被处罚人以陈述、申辩、辩解的机会。行政复议是指公民、法人和其他组织认为行政主体的具体行政行为侵犯其合法权益，依法向复议机关提出申请，复议机关对该具体行政行为进行审查并作出决定的法律制度。行政诉讼是指公民、法人或者其他组织认为行使国家行政权的机关和组织及其工作人员所实施的具体行政行为，侵犯了其合法权利，依法向人民法院起诉。

【法律依据】

《行政处罚法》第七条第一款　公民、法人或者其他组织对行政机关所给予的行政处罚，享有陈述权、申辩权；对行政处罚不服的，有权依法申请行政复议或者提起行政诉讼。

第六十三条第一款　行政机关拟作出下列行政处罚决定，应当告知当事人有要求听证的权利，当事人要求听证的，行政机关应当组织听证：（一）较大数额罚款；（二）没收较大数额违法所得、没收较大价值非法财物；（三）降低资质等级、吊销许可证件；（四）责令停产停业、责令关闭、限制从业；（五）其他较重的行政处罚；（六）法律、法规、规章规定的其他情形。

《行政强制法》第八条　公民、法人或者其他组织对行政机关实施行政强制，享有陈述权、申辩权；有权依法申请行政复议或者提起行政诉讼；因行政机关违法实施行政强制受到损害的，有权依法要求赔偿。

第二节　行政处罚听证

第 68 问　行权股东或公司有权对哪些行政处罚要求听证?

【答】听证制度是指行政机关在作出影响相对人合法权益的决定前，行政相对人表达意见、提供证据以及行政机关听取意见、接纳证据的法律制度。法律规定当事人被处以责令停产停业、吊销许可证或者执照、较大数额罚款等行政处罚时，行政处罚机关应该告知行权股东或公司有要求听证的权利，行权股东或公司可以要求听证。当然，听证的权利是可以放弃的，如果公司或者股东认为不需要听证的，可以放弃听证。对于"较大数额罚款"的定义，《行政处罚法》没有明确的限定，一般由各地根据自身实际情况来确定，如《广东省行政处罚听证程序实施办法》（2018 年修订）第五条第二款规定，对公民的违法行为处以 5 000 元以上罚款，对法人或者其他组织的违法行为处以 10 万元以上罚款的为较大数额罚款;《北京市行政处罚听证程序实施办法》（2018 年修订）就授权各行政机关自行确定数额较大的范围;《上海市行政处罚听证程序规定》（2015 年）中对"较大数额"的定义是指对个人 5 000 元以上（或者等值物品价值）、对法人或者其他组织 5 万元以上（或者等值物品价值），同时上海市政府又授权行政机关以更低的标准执行。《四川省行政处罚听证程序规定》（政府令〔2017〕317 号）中对"数额较大"的定义为：对非经营活动中公民的违法行为处以罚款或者没收财产 2 000 元以上、法人或者其他组织的违法行为处以罚款或者没收财产 2 万元以上；对在经营活动中的违法行为处以罚款或者没收财产 5 万元以上。

【法律依据】

《**行政处罚法**》第六十三条第一款　行政机关拟作出下列行政处罚决定，应当告知当事人有要求听证的权利，当事人要求听证的，行政机关应当组织听证：（一）较大数额罚款；（二）没收较大数额违法所得、没收较大价值非法财物；（三）降低资质等级、吊销许可证件；（四）责令停产停业、责令关闭、限制从业；（五）其他较重的行政处罚；（六）法律、法规、规章规定的其他情形。

《**广东省行政处罚听证程序实施办法**》（2018 年修订）第五条　行政机关以及法律、法规授权的具有管理公共事务职能的组织（以下简称行政机关）作出下列行政处罚（以下简称适用听证程序的行政处罚）决定之前，应当告知当事人有要求举行听证的权利；当事人要求听证的，行政机关应当组织听证：（一）责令停产停业；（二）吊销许可证或者执照；（三）较大数额罚款；（四）法律、法规规定可以要求听证的其他行政处罚。前款所称较大数额罚款，是指对公民的违法行为处以 5 000 元以上罚款，对法人或者其他组织的违法行为处以 10 万元以上罚款。

《**北京市行政处罚听证程序实施办法**》（2018 年修订）第二条　经立案调查，当事人涉嫌违法的行为可能面临责令停产停业、吊销许可证或者执照、较大数额罚款等行政处罚的，行政机关（含经依法授权或者受委托的行政执法组织，下同）应当在案件调查终结前告知当事人有要求举行听证的权利。当事人要求举行听证的，依照行政处罚法和本办法执行。前款所称较大数额罚款由市级行政机关确定，并报市政府法制机构备案。

《**上海市行政处罚听证程序规定**》（2015 年）第四条　本规定所称的较大数额，对个人是指 5 000 元以上（或者等值物品价值）；对法人或者其他组织是指 5 万元以上（或者等值物品价值）。市政府可以根据经济社会发展的情况，对前述较大数额标准进行调整并予以公布。行政机关可以规定低于前款标准的较大数额标准，并应当予以公布。

《**四川省行政处罚听证程序规定**》（政府令〔2017〕317 号）第四条　本规定所称较大数额，是指对非经营活动中公民的违法行为处以罚款或者没收财产 2 000 元以上、法人或者其他组织的违法行为处以罚款或者没收财产 2 万元以上；对在经营活动中的违法行为处以罚款或者没收财产 5 万元以上。

第 69 问　行政处罚听证的费用应当由谁承担?

【答】因为听证是行政机关为了作出客观公正的行政处罚而查明事实的一种手段,当事人要求组织听证,并在听证会上提交证据,发表意见等,本质上是为了帮助行政机关查明事实真相,因此,行政处罚听证的费用由行政机关承担,当事人不承担行政处罚听证的费用。需要注意的是,如果当事人委托他人代理的,则相关的代理费用不属于行政处罚听证的费用,由当事人自行承担。

【法律依据】

《行政处罚法》第六十三条第二款　当事人不承担行政机关组织听证的费用。

第 70 问　行政处罚听证应当遵循什么样的程序?

【答】行政行为要遵循程序正当原则,同样,行政处罚听证也应当按照法定程序进行。第一,当事人应当在行政机关告知后三日内提出听证申请;第二,行政处罚机关应当提前七日通知当事人听证的时间、地点;第三,听证应当公开举行,涉及国家秘密、个人隐私的除外;第四,为了听证的公平,听证主持人不可以是本案的调查人员,听证主持人不能与本案有利害关系;第五,当事人可以亲自参加听证,也可以委托专业人士代理参加听证;第六,调查人员提出违法事实、证据和行政处罚建议,当事人申辩和质证;第七,制作听证笔录,当事人确认签字。

【法律依据】

《行政处罚法》第六十四条　听证应当依照以下程序组织:(一)当事人要求听证的,应当在行政机关告知后五日内提出;(二)行政机关应当在举行听证的七日前,通知当事人及有关人员听证的时间、地点;(三)除涉及国家秘密、商业秘密或者个人隐私依法予以保密外,听证公开举行;(四)听证由行政机关指定的非本案调查人员主持;当事人认为主持人与本案有直接利害关系的,有权申请回避;(五)当事人可以亲自参加听证,也可以委托一至二人代理;(六)当事人及其代理人无正当理由拒不出席听证或者未经许可中途退出听证的,视为放弃听证

权利,行政机关终止听证;(七)举行听证时,调查人员提出当事人违法的事实、证据和行政处罚建议,当事人进行申辩和质证;(八)听证应当制作笔录。笔录应当交当事人或者其代理人核对无误后签字或者盖章。当事人或者其代理人拒绝签字或者盖章的,由听证主持人在笔录中注明。

第三节　行政复议

第71问　行权股东或公司面临哪些类型的行政处罚或行政强制时,有权申请行政复议?

【答】因为行政复议是对行政执法机关的监督和对当事人权利进行救济的手段,所以法律对于行政复议的范围没有限制,只要是与行权股东或者公司有利害关系的具体行政行为,行权股东或者公司都可以申请行政复议。一般范围包括行政处罚,行政强制措施,对行政许可证的变更、中止与撤销,行政确认,行政决定,行政征收等具体行政行为。行政机关在作出相关具体行政行为之后,会告知当事人如果有不服的,应该在什么时间之内向什么机关申请行政复议。

【法律依据】

《行政复议法》第六条　有下列情形之一的,公民、法人或者其他组织可以依照本法申请行政复议:(一)对行政机关作出的警告、罚款、没收违法所得、没收非法财物、责令停产停业、暂扣或者吊销许可证、暂扣或者吊销执照、行政拘留等行政处罚决定不服的;(二)对行政机关作出的限制人身自由或者查封、扣押、冻结财产等行政强制措施决定不服的;(三)对行政机关作出的有关许可证、执照、资质证、资格证等证书变更、中止、撤销的决定不服的;(四)对行政机关作出的关于确认土地、矿藏、水流、森林、山岭、草原、荒地、滩涂、海域等自然资源的所有权或者使用权的决定不服的;(五)认为行政机关侵犯合法的经营自主权的;(六)认为行政机关变更或者废止农业承包合同,侵犯其合法权益的;(七)认为行政机关违法集资、征收财物、摊派费用或者违法要求履行其他义务的;(八)认为符合法定条件,申请行政机关颁发许可证、执照、资质证、资格证等证书,或者申请行政机关审批、登记有关事项,行政机关没有依法办理的；（九）申请行政机关履行保护人身权利、财产权利、受教育权利的法定职责，行政机关没有依法履行的；（十）申请行政机关依法发放抚恤金、社会保险金或者最低生活保障费，行政机关没有依法发放的；（十一）认为行政机关的其他具体行政行为侵犯其合法权益的。

第 72 问　行权股东或公司应当在什么期限内申请行政复议？

【答】公司或者股东对行政机关的具体行政行为不服的，应当在知道或者应当知道该具体行政行为之日起 60 日内要求复议，法律另有规定的除外，但是法律另有规定的也不能少于 60 日。如果因为不可抗力或其他正当理由耽误的，自障碍消除之日起继续计算。比如，股东或公司在知道具体的行政行为之后第 30 日突发地震、火灾等使得行权股东或公司不能申请行政复议，那么待有条件申请行政复议后，继续计算剩下的 30 日。

【法律依据】

《行政复议法》第九条　公民、法人或者其他组织认为具体行政行为侵犯其合法权益的，可以自知道该具体行政行为之日起六十日内提出行政复议申请；但是法律规定的申请期限超过六十日的除外。因不可抗力或者其他正当理由耽误法定申请期限的，申请期限自障碍消除之日起继续计算。

第 73 问　行权股东或公司不服行政机关的具体行政行为，
　　　　　应当向哪个机关申请？

【答】如果作出行政行为的单位是县级以上政府工作部门的，可以选择向作出行政行为单位的本级人民政府或该单位的上级主管单位申请复议，如作出具体行政行为的单位是县公安局，那么可以选择向市公安局或者县政府申请行政复议；如果作出行政行为的单位本身就是人民政府的，就只能向上级人民政府申请复议，如县政府作出的行政行为，只能找市政府申请复议；如果作出行政行为的单位是实行垂直管理的部门的，应该向作出行政行为的单位的上级部门申请行政复议，如海关、金融、国税、外汇、国安部门作出的具体行政行为，只能找上一级主管部门申请复议；如果作出行政行为的单位是省、自治区人民政府依法设立的派出机关的，向设立该派出机关的人民政府申请行政复议。这里的省、自治区人民政府依法设立的派出机关是指行政公署，行政公署是历史遗留的制度，民国时期实行省管县制度，为了解决部分省份设县较多、难以管理的问题而设立的省级政府的派出行政机关。新中国成立初期，部分地区的管理也沿用了这种制度；后来，随着 20 世纪 80 年代行政体制改革，推行市管县体制，大量行政公署被取消。目前我国现存共八个行政公署，分别分布在黑龙江、新疆、内蒙古和西藏地区。即如果当地设有行政公署属地的县政府作出的具体行政行为应当向当地的行政公署申请复议；对国务院部门、省级政府、自治区、直辖市政府作出的具体行政行为，应当向原行政机关申请复议。

【法律依据】

《行政复议法》第十二条　对县级以上地方各级人民政府工作部门的具体行政行为不服的，由申请人选择，可以向该部门的本级人民政府申请行政复议，也可以向上一级主管部门申请行政复议。对海关、金融、国税、外汇管理等实行垂直领导的行政机关和国家安全机关的具体行政行为不服的，向上一级主管部门申请行政复议。

第十三条　对地方各级人民政府的具体行政行为不服的，向上一级地方人民政府申请行政复议。对省、自治区人民政府依法设立的派出机关所属的县级地方人民政府的具体行政行为不服的，向该派出机关申请行政复议。

第十四条　对国务院部门或者省、自治区、直辖市人民政府的具体行政行为不服的，向作出该具体行政行为的国务院部门或者省、自治区、直辖市人民政府申请行政复议。对行政复议决定不服的，可以向人民法院提起行政诉讼；也可以向国务院申请裁决，国务院依照本法的规定作出最终裁决。

第十五条　对本法第十二条、第十三条、第十四条规定以外的其他行政机关、组织的具体行政行为不服的，按照下列规定申请行政复议：（一）对县级以上地方人民政府依法设立的派出机关的具体行政行为不服的，向设立该派出机关的人民政府申请行政复议；（二）对政府工作部门依法设立的派出机构依照法律、法规或者规章规定，以自己的名义作出的具体行政行为不服的，向设立该派出机构的部门或者该部门的本级地方人民政府申请行政复议；（三）对法律、法规授权的组织的具体行政行为不服的，分别向直接管理该组织的地方人民政府、地方人民政府工作部门或者国务院部门申请行政复议；（四）对两个或者两个以上行政机关以共同的名义作出的具体行政行为不服的，向其共同上一级行政机关申请行政复议；（五）对被撤销的行政机关在撤销前所作出的具体行政行为不服的，向继续行使其职权的行政机关的上一级行政机关申请行政复议。有前款所列情形之一的，申请人也可以向具体行政行为发生地的县级地方人民政府提出行政复议申请，由接受申请的县级地方人民政府依照本法第十八条的规定办理。

第 74 问　申请行政复议后，一般多久会有结果？

【答】一般来说，申请行政复议之后，六十日内便会有结果。但是，如果行权股东或公司申请的复议单位不正确，那么接受复议的单位会在七日内向有复议权的单位移交材料，加上移交材料的时间，收到结果的时间就会相应延长。如果复议机关不能在六十日内作出复议决定的，经负责人批准，可以延长三十日。因此，为了节约复议时间，股东或公司在申请复议之前，应该找准复议机关，避免因为移送材料而耽误时间，也应该尽可能多地向复议机关提交有用的材料。

【法律依据】

《行政复议法》第三十一条第一款　行政复议机关应当自受理申请之日起六十日内作出行政复议决定；但是法律规定的行政复议期限少于六十日的除外。情况复杂，不能在规定期限内作出行政复议决定的，经行政复议机关的负责人批准，可以适当延长，并告知申请人和被申请人；但是延长期限最多不超过三十日。

第 75 问　如果公司或者其他非公司性质的企业的其他股东（非行权股东）或者投资人认为行政机关的具体行政行为损害公司利益，可以直接以该股东或者投资人自己的名义申请行政复议吗？

【答】如果其他股东或者投资人认为行政机关的具体行政行为损失公司利益的，应该以企业或公司作为申请人申请复议。但是股东认为该行为影响其实际权利的，可以申请作为第三人参与复议。

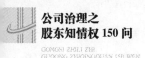

【法律依据】

《行政复议法实施条例》第六条 合伙企业申请行政复议的，应当以核准登记的企业为申请人，由执行合伙事务的合伙人代表该企业参加行政复议；其他合伙组织申请行政复议的，由合伙人共同申请行政复议。前款规定以外的不具备法人资格的其他组织申请行政复议的，由该组织的主要负责人代表该组织参加行政复议；没有主要负责人的，由共同推选的其他成员代表该组织参加行政复议。

第七条 股份制企业的股东大会、股东代表大会、董事会认为行政机关作出的具体行政行为侵犯企业合法权益的，可以以企业的名义申请行政复议。

第九条 行政复议期间，行政复议机构认为申请人以外的公民、法人或者其他组织与被审查的具体行政行为有利害关系的，可以通知其作为第三人参加行政复议。行政复议期间，申请人以外的公民、法人或者其他组织与被审查的具体行政行为有利害关系的，可以向行政复议机构申请作为第三人参加行政复议。

第 76 问 行权股东或公司认为具体行政行为侵犯自身合法权益的，应当如何确定行政复议申请请求？

【答】 在申请行政复议时，行权股东或公司应当明确自己的复议申请请求。根据遭受到的不同行政行为带来的损害，可以确定不同的行政复议申请请求。具体来讲，可以申请行政复议机关要求原行政机关重新作出具体行政行为，或者申请行政复议机关撤销、变更或者确认该具体行政行为违法。

【法律依据】

《行政复议法》第二十八条 行政复议机关负责法制工作的机构应当对被申请人作出的具体行政行为进行审查，提出意见，经行政复议机关的负责人同意或者集体讨论通过后，按照下列规定作出行政复议决定：

（一）具体行政行为认定事实清楚，证据确凿，适用依据正确，程序合法，内容适当的，决定维持。

（二）被申请人不履行法定职责的，决定其在一定期限内履行。

（三）具体行政行为有下列情形之一的，决定撤销、变更或者确认该具体行政行为违法；决定撤销或者确认该具体行政行为违法的，可以责令被申请人在一定期限内重新作出具体行政行为：1. 主要事实不清、证据不足的；2. 适用依据错误的；3. 违反法定程序的；4. 超越或者滥用职权的；5. 具体行政行为明显不当的。

（四）被申请人不按照本法第二十三条的规定提出书面答复、提交当初作出具体行政行为的证据、依据和其他有关材料的，视为该具体行政行为没有证据、依据，决定撤销该具体行政行为。行政复议机关责令被申请人重新作出具体行政行为的，被申请人不得以同一的事实和理由作出与原具体行政行为相同或者基本相同的具体行政行为。

> **第 77 问　行权股东受到行政处罚之后死亡的，其继承人可以对该行政处罚申请复议吗？或者公司受到行政处罚后被兼并、收购的，合并后的公司可以对该行政处罚申请行政复议吗？**

【答】行权股东或公司主体资格消失后，继承人或承受公司权利的其他公司以及组织可以申请行政复议。

【法律依据】

《行政复议法》第十条　依照本法申请行政复议的公民、法人或者其他组织是申请人。有权申请行政复议的公民死亡的，其近亲属可以申请行政复议。有权申请行政复议的公民为无民事行为能力人或者限制民事行为能力人的，其法定代理人可以代为申请行政复议。有权申请行政复议的法人或者其他组织终止的，承受其权利的法人或者其他组织可以申请行政复议。

第四节　行政诉讼

第 78 问　行权股东或公司可以对哪些行政行为提起行政诉讼？

【答】行政诉讼是司法救济的最后手段，因此法律不会轻易对此进行限制，只要具有可诉性，即针对股东或者公司作出的具体行政行为或者与公司或者股东利益相关的具体行政行为，都可以提起行政诉讼。但要特别注意的是，如果行政机关的工作人员以个人名义作出的行为导致股东或公司权利受损的，应该由其个人承担责任，这时就不能提起行政诉讼。另外，对国务院部门或者省、自治区、直辖市人民政府的具体行政申请复议后，对行政复议决定不服的，如果向国务院申请裁决了，也不能提起行政诉讼。

【法律依据】

《行政诉讼法》第二条　公民、法人或者其他组织认为行政机关和行政机关工作人员的行政行为侵犯其合法权益，有权依照本法向人民法院提起诉讼。前款所称行政行为，包括法律、法规、规章授权的组织作出的行政行为。

《行政复议法》第十四条　对国务院部门或者省、自治区、直辖市人民政府的具体行政行为不服的，向作出该具体行政行为的国务院部门或者省、自治区、直辖市人民政府申请行政复议。对行政复议决定不服的，可以向人民法院提起行政诉讼；也可以向国务院申请裁决，国务院依照本法的规定作出最终裁决。

第 79 问　行权股东或公司提起行政诉讼的诉讼时效是多久？

【答】在没有经过行政复议的前提下，行政诉讼时效为六个月，自当事人知道或者应当知道之日起计算。但是如果当事人一直都不知道该行政行为，则从该行政行为作出之日起计算 5 年诉讼时效，因不动产提起诉讼的案件计算 20 年诉讼时效。如果经过了行政复议的，应该在收到行政复议决定后 15 日内提起行政诉讼，法律另有规定的除外。

【法律依据】

《行政诉讼法》第四十五条 公民、法人或者其他组织不服复议决定的，可以在收到复议决定书之日起十五日内向人民法院提起诉讼。复议机关逾期不作决定的，申请人可以在复议期满之日起十五日内向人民法院提起诉讼。法律另有规定的除外。

第四十六条 公民、法人或者其他组织直接向人民法院提起诉讼的，应当自知道或者应当知道作出行政行为之日起六个月内提出。法律另有规定的除外。因不动产提起诉讼的案件自行政行为作出之日起超过二十年，其他案件自行政行为作出之日起超过五年提起诉讼的，人民法院不予受理。

第80问 行权股东或公司如果因为特殊原因耽误了起诉怎么办？

【答】 如果因为不可抗力或不属于自身的原因耽误了诉讼时效的，耽误的时间不计算在诉讼时效内；如果因为其他原因耽误的，可以向人民法院申请延长十日的诉讼时效，但是否延长由法院决定。

【法律依据】

《行政诉讼法》第四十八条 公民、法人或者其他组织因不可抗力或者其他不属于其自身的原因耽误起诉期限的，被耽误的时间不计算在起诉期限内。公民、法人或者其他组织因前款规定以外的其他特殊情况耽误起诉期限的，在障碍消除后十日内，可以申请延长期限，是否准许由人民法院决定。

第81问 行权股东或公司如何确定行政诉讼的被告？

【答】 行权股东或公司没有经过行政复议就直接提起行政诉讼的，以作出行政行为的行政机关为被告。经过复议的，如果是维持复议的，以复议机关和原机关为共同被告；如果是复议改变原行政行为的，以复议机关为被告；如果复议机关逾期未作出复议决定的，可选择以原行政机关为被告对原行政行为提起行政诉讼，也可以选择以复议机关为被告诉复议机关行政不作为。两个以上行政机关作

出同一行政行为的，共同作出行政行为的行政机关是共同被告。

但是要特别注意，如果作出行政行为的行政机关是派出机构的，如果该行为系派出机构越权作出的，那么被告为派出机构所在的机关（如派出所做出了拘留的行政处罚，被告应该是区县一级的公安分局）；如果是受委托的机构作出的行政行为，委托机构为被告。

【法律依据】

《行政诉讼法》第二十六条 公民、法人或者其他组织直接向人民法院提起诉讼的，作出行政行为的行政机关是被告。经复议的案件，复议机关决定维持原行政行为的，作出原行政行为的行政机关和复议机关是共同被告；复议机关改变原行政行为的，复议机关是被告。复议机关在法定期限内未作出复议决定，公民、法人或者其他组织起诉原行政行为的，作出原行政行为的行政机关是被告；起诉复议机关不作为的，复议机关是被告。两个以上行政机关作出同一行政行为的，共同作出行政行为的行政机关是共同被告。行政机关委托的组织所作的行政行为，委托的行政机关是被告。行政机关被撤销或者职权变更的，继续行使其职权的行政机关是被告。

第 82 问 行权股东或公司应当如何确定行政诉讼的管辖法院？

【答】 从法院层级上看，如果作出行政行为的机关是一般的职能部门，那么由基层人民法院管辖；如果作出行政行为的机关是县级以上人民政府、国务院部门或海关，亦或是重大、疑难案件，由中级人民法院管辖。从地域上看，一般由最初作出行政行为的机关所在地人民法院管辖，但是限制人身自由的行政强制措施引起的案件，被告住所地和原告住所地人民法院均有权管辖；因不动产引起的案件，由不动产所在地人民法院管辖。需要特别提示的是，经过复议的案件，可以由复议机关所在地人民法院管辖。

值得注意的是，《最高人民法院关于开展行政案件相对集中管辖试点工作的通知》于 2013 年 1 月 4 日发布，2015 年新的《行政诉讼法》也将行政案件"异地"管辖写进法律。行政诉讼集中管辖在全国范围内进行推行。所以在确定管辖法院时，一定要查询当地是否有关于行政案件集中管辖或者异地管辖的具体规定。

【法律依据】

《行政诉讼法》第十四条　基层人民法院管辖第一审行政案件。

第十五条　中级人民法院管辖下列第一审行政案件：（一）对国务院部门或者县级以上地方人民政府所作的行政行为提起诉讼的案件；（二）海关处理的案件；（三）本辖区内重大、复杂的案件；（四）其他法律规定由中级人民法院管辖的案件。

第十六条　高级人民法院管辖本辖区内重大、复杂的第一审行政案件。

第十七条　最高人民法院管辖全国范围内重大、复杂的第一审行政案件。

第十八条　行政案件由最初作出行政行为的行政机关所在地人民法院管辖。经复议的案件，也可以由复议机关所在地人民法院管辖。

经最高人民法院批准，高级人民法院可以根据审判工作的实际情况，确定若干人民法院跨行政区域管辖行政案件。

第十九条　对限制人身自由的行政强制措施不服提起的诉讼，由被告所在地或者原告所在地人民法院管辖。

第二十条　因不动产提起的行政诉讼，由不动产所在地人民法院管辖。

第二十一条　两个以上人民法院都有管辖权的案件，原告可以选择其中一个人民法院提起诉讼。原告向两个以上有管辖权的人民法院提起诉讼的，由最先立案的人民法院管辖。

《行政诉讼法解释》第五条　有下列情形之一的，属于行政诉讼法第十五条第二项规定的"本辖区内重大、复杂的案件"：（一）社会影响重大的共同诉讼案件；（二）涉外或者涉及香港特别行政区、澳门特别行政区、台湾地区的案件；（三）其他重大、复杂案件。

《最高人民法院关于开展行政案件相对集中管辖试点工作的通知》第二部分"做好试点法院的遴选工作"提到，行政案件相对集中管辖，就是将部分基层人民法院管辖的一审行政案件，通过上级人民法院统一指定的方式，交由其他基层人民法院集中管辖的制度。各高级人民法院应当结合本地实际，确定1~2个中级人民法院进行试点。试点中级人民法院要根据本辖区具体情况，确定2~3个基层人民法院为集中管辖法院，集中管辖辖区内其他基层人民法院管辖的行政诉讼案件；集中管辖法院不宜审理的本地行政机关为被告的案件，可以将原由其管辖的部分或者全部案件交由其他集中管辖法院审理。非集中管辖法院的行政审判庭仍

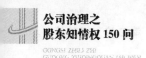

予保留，主要负责非诉行政执行案件等有关工作，同时协助、配合集中管辖法院做好本地区行政案件的协调、处理工作。集中管辖法院的选择，应当考虑司法环境较好、行政案件数量较多、行政审判力量较强、经济社会发展水平较高等因素，并制定试点方案报请高级人民法院决定。

第 83 问　行权股东或公司提起行政诉讼之前，是否必须先提起行政复议？

【答】股东或公司认为行政行为损害其权利时，一般情况下，可以直接提起行政诉讼，行政复议并不是行政诉讼的必经程序，但是以下情况除外：（一）因土地、矿藏、水流、森林、山岭、草原、荒地、滩涂、海域的所有权或使用权产生纠纷的应当先行提起行政复议；（二）对税务机关因征税相关具体行政行为不服的，应当先行向上一级税务主管部门申请行政复议；（三）对于海关纳税争议相关行政行为不服的，必须先行提起行政复议；另外关于政府审计、国安、商标、专利等相关的行政行为也根据特别规定实行行政复议前置或者行政裁决终局，在这里不再一一列举。

【法律依据】

《行政诉讼法》第四十四条　对属于人民法院受案范围的行政案件，公民、法人或者其他组织可以先向行政机关申请复议，对复议决定不服的，再向人民法院提起诉讼；也可以直接向人民法院提起诉讼。法律、法规规定应当先向行政机关申请复议，对复议决定不服再向人民法院提起诉讼的，依照法律、法规的规定。

《行政复议法》第十四条　行政复议机关受理申请人对税务机关下列具体行政行为不服提出的行政复议申请：（一）征税行为，包括确认纳税主体、征税对象、征税范围、减税、免税、退税、抵扣税款、适用税率、计税依据、纳税环节、纳税期限、纳税地点和税款征收方式等具体行政行为，征收税款、加收滞纳金，扣缴义务人、受税务机关委托的单位和个人作出的代扣代缴、代收代缴、代征行为等。

第三十条第一款　公民、法人或者其他组织认为行政机关的具体行政行为侵犯其已经依法取得的土地、矿藏、水流、森林、山岭、草原、荒地、滩涂、海域等自然资源的所有权或者使用权的，应当先申请行政复议；对行政复议决定不服的，可以依法向人民法院提起行政诉讼。

《税务行政复议规则》第三十三条第一款　申请人对本规则第十四条第（一）项规定的行为不服的，应当先向行政复议机关申请行政复议；对行政复议决定不服的，可以向人民法院提起行政诉讼。

《海关行政复议办法》第九条　有下列情形之一的，公民、法人或者其他组织可以向海关申请行政复议：（七）对海关确定纳税义务人、确定完税价格、商品归类、确定原产地、适用税率或者汇率、减征或者免征税款、补税、退税、征收滞纳金、确定计征方式以及确定纳税地点等其他涉及税款征收的具体行政行为有异议的（以下简称纳税争议）；

前款第（七）项规定的纳税争议事项，公民、法人或者其他组织应当依据海关法的规定先向海关行政复议机关申请行政复议，对海关行政复议决定不服的，再向人民法院提起行政诉讼。

第 84 问　行权股东或公司能否同时提起行政复议和行政诉讼?

【答】行权股东或公司如果已经提起了行政复议，且复议机构也已经受理的，不得同时提起行政诉讼；股东或公司如果已经提起了行政诉讼，且人民法院已经受理的，不得同时提起行政复议。道理很简单，因为如果同时提起行政复议和行政诉讼，两边的裁决可能会相互矛盾。比如，行政复议撤销原行政行为，这就会直接导致法院审理的原行政行为不存在；或者行政复议维持原行政行为，但是法院却判决原行政行为违法，这样就出现两份裁决相互冲突的情形。

【法律依据】

《行政复议法》第十六条　公民、法人或者其他组织申请行政复议，行政复议机关已经依法受理的，或者法律、法规规定应当先向行政复议机关申请行政复议、对行政复议决定不服再向人民法院提起行政诉讼的，在法定行政复议期限内不得向人民法院提起行政诉讼。公民、法人或者其他组织向人民法院提起行政诉讼，人民法院已经依法受理的，不得申请行政复议。

第 85 问　如果行权股东或公司对行政裁判不服的，
上诉期限是多久？

【答】对判决不服的，上诉期限为一审判决书送达之日起十五日内。对裁定不服的，上诉期限为裁定书送达之日起十日内。

【法律依据】

《行政诉讼法》第八十五条　当事人不服人民法院第一审判决的，有权在判决书送达之日起十五日内向上一级人民法院提起上诉。当事人不服人民法院第一审裁定的，有权在裁定书送达之日起十日内向上一级人民法院提起上诉。逾期不提起上诉的，人民法院的第一审判决或者裁定发生法律效力。

第五节　国家赔偿

第 86 问　行权股东或公司因为行政机关的违法行为
遭受损失怎么办？

【答】如果行权股东或公司因行政机关的违法行为遭受损失的，可以申请国家赔偿。

【法律依据】

《国家赔偿法》第二条第一款　国家机关和国家机关工作人员行使职权，有本法规定的侵犯公民、法人和其他组织合法权益的情形，造成损害的，受害人有依照本法取得国家赔偿的权利。

第 87 问　股东或公司如果要申请国家赔偿的，
应当向哪个机关申请行政赔偿？

【答】一般向作出行政行为的机关申请赔偿，如果作出行政行为的机关是政府授权的组织，应向授权单位申请，如果经过复议后，复议机关加重损失的，加重部分向复议机关申请。

【法律依据】

《国家赔偿法》第七条 行政机关及其工作人员行使行政职权侵犯公民、法人和其他组织的合法权益造成损害的，该行政机关为赔偿义务机关。两个以上行政机关共同行使行政职权时侵犯公民、法人和其他组织的合法权益造成损害的，共同行使行政职权的行政机关为共同赔偿义务机关。法律、法规授权的组织在行使授予的行政权力时侵犯公民、法人和其他组织的合法权益造成损害的，被授权的组织为赔偿义务机关。受行政机关委托的组织或者个人在行使受委托的行政权力时侵犯公民、法人和其他组织的合法权益造成损害的，委托的行政机关为赔偿义务机关。赔偿义务机关被撤销的，继续行使其职权的行政机关为赔偿义务机关；没有继续行使其职权的行政机关的，撤销该赔偿义务机关的行政机关为赔偿义务机关。

第八条 经复议机关复议的，最初造成侵权行为的行政机关为赔偿义务机关，但复议机关的复议决定加重损害的，复议机关对加重的部分履行赔偿义务。

第 88 问　行权股东或公司申请国家赔偿可以包含哪些内容?

【答】主要是经济赔偿，如果条件允许，也可以申请返还原物或者恢复原状。致人精神损害的，可以要求消除影响，恢复名誉，赔礼道歉；造成严重后果的，还可以要求精神损害抚慰金。

【法律依据】

《国家赔偿法》第三十二条 国家赔偿以支付赔偿金为主要方式。能够返还财产或者恢复原状的，予以返还财产或者恢复原状。

第三十五条 有本法第三条或者第十七条规定情形之一，致人精神损害的，应当在侵权行为影响的范围内，为受害人消除影响，恢复名誉，赔礼道歉；造成严重后果的，应当支付相应的精神损害抚慰金。

第 89 问　股东被限制人身自由或生命健康权受到损害的，如何计算赔偿金额？

【答】被限制人身自由的，按照上年度人均收入按天计算损失。生命健康权受到损害的，参照《最高人民法院关于审理人身损害赔偿案件适用法律若干问题的解释》的规定进行赔偿。

【法律依据】

《国家赔偿法》第三十三条　侵犯公民人身自由的，每日赔偿金按照国家上年度职工日平均工资计算。

第三十四条　侵犯公民生命健康权的，赔偿金按照下列规定计算：（一）造成身体伤害的，应当支付医疗费、护理费，以及赔偿因误工减少的收入。减少的收入每日的赔偿金按照国家上年度职工日平均工资计算，最高额为国家上年度职工年平均工资的五倍。（二）造成部分或者全部丧失劳动能力的，应当支付医疗费、护理费、残疾生活辅助具费、康复费等因残疾而增加的必要支出和继续治疗所必需的费用，以及残疾赔偿金。残疾赔偿金根据丧失劳动能力的程度，按照国家规定的伤残等级确定，最高不超过国家上年度职工年平均工资的二十倍。造成全部丧失劳动能力的，对其扶养的无劳动能力的人，还应当支付生活费。（三）造成死亡的，应当支付死亡赔偿金、丧葬费，总额为国家上年度职工年平均工资的二十倍。对死者生前扶养的无劳动能力的人，还应当支付生活费。前款第二项、第三项规定的生活费的发放标准，参照当地最低生活保障标准执行。被扶养的人是未成年人的，生活费给付至十八周岁止；其他无劳动能力的人，生活费给付至死亡时止。

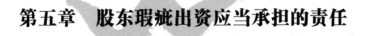

第五章 股东瑕疵出资应当承担的责任

第 90 问 股东虚假出资应当承担什么责任?

【答】虚假出资是指公司发起人、股东违反《公司法》的规定,未交付货币、实物或未转移财产权而取得相应的股权。其主要表现在以货币出资的,未将货币足额存入公司开设的账户;以非货币出资的,未及时办理转移财产权的手续,且与资产评估机构等串通,恶意对其出资财产做高价评估。

股东在行使股东知情权的过程中,经查阅公司的财务会计报告等资料发现其他股东存有虚假出资情形的,可直接向公司登记机关反映情况或举报,经查实后,由公司责令其改正,处以虚假出资金额5%以上15%以下的罚款。

【法律依据】

《公司法》第一百九十九条 公司的发起人、股东虚假出资,未交付或者未按期交付作为出资的货币或者非货币财产的,由公司登记机关责令改正,处以虚假出资金额百分之五以上百分之十五以下的罚款。

《公司登记管理条例》第六十五条 公司的发起人、股东虚假出资,未交付或者未按期交付作为出资的货币或者非货币财产的,由公司登记机关责令改正,处以虚假出资金额5%以上15%以下的罚款。

第 91 问 股东抽逃出资应当承担什么责任?

【答】抽逃出资是指股东在将其出资缴入公司之后,再将其所缴出资暗中撤回,却仍保留股东身份和原有出资数额的一种欺诈性违法行为。抽逃出资包括抽逃注册资本和抽逃股东出资。根据《公司法司法解释(三)》的相关规定,抽逃出资的主要表现形式如下:

（1）制作虚假财务会计报表虚增利润进行分配；

（2）通过虚构债权债务关系将其出资转出；

（3）利用关联交易将出资转出；

（4）其他未经法定程序将出资抽回的行为。

股东在查阅公司财务会计报告及会计账簿等资料的过程中，发现其他股东有抽逃出资行为的，可直接向公司登记机关反映情况或举报，经查实后，由公司责令其改正，处以抽逃出资金额 5% 以上 15% 以下的罚款。

【法律依据】

《公司法》第二百条　公司的发起人、股东在公司成立后，抽逃其出资的，由公司登记机关责令改正，处以所抽逃出资金额百分之五以上百分之十五以下的罚款。

《公司登记管理条例》第六十六条　公司的发起人、股东在公司成立后，抽逃出资的，由公司登记机关责令改正，处以所抽逃出资金额 5% 以上 15% 以下的罚款。

第 92 问　公司不当减资应当承担什么责任？

【答】根据相关法律规定，公司需要减少注册资本时，必须编制资产负债表及财产清单，且应在自作出减少注册资本决议之日起十日内通知债权人，并于三十日内在报纸上公告。但在实践中，部分公司在其内部达成减资决议后便直接前往公司登记机关变更其注册资本，债权人的合法权益也因此遭受损害。

股东在行使股东知情权过程中，通过查阅公司的会计报告发现公司具有上述不当减资行为的，可向公司登记机关反映情况，经核实后，由公司登记机关责令改正，对公司处以一万元以上十万元以下的罚款。

【法律依据】

《公司法》第一百七十七条　公司需要减少注册资本时，必须编制资产负债表及财产清单。公司应当自作出减少注册资本决议之日起十日内通知债权人，并于三十日内在报纸上公告。债权人自接到通知书之日起三十日内，未接到通知书的自公告之日起四十五日内，有权要求公司清偿债务或者提供相应的担保。

第二百零四条　公司在合并、分立、减少注册资本或者进行清算时，不依照本法规定通知或者公告债权人的，由公司登记机关责令改正，对公司处以一万元以上十万元以下的罚款。

《公司登记管理条例》第六十九条　公司在合并、分立、减少注册资本或者进行清算时，不按照规定通知或者公告债权人的，由公司登记机关责令改正，处以 1 万元以上 10 万元以下的罚款。

第 93 问　公司增、减资本未及时办理变更登记应当承担什么责任?

【答】公司注册资本的增减直接影响了债权人合法权益的实现以及实践中公司的履约行为能力，在内部达成增加或减少资本决议后，公司未及时办理工商变更的，经核实后，由公司登记机关责令限期登记；逾期不登记的，处以 1 万元以上 10 万元以下的罚款。

【法律依据】

《公司法》第二百一十一条第二款　公司登记事项发生变更时，未依照本法规定办理有关变更登记的，由公司登记机关责令限期登记；逾期不登记的，处以一万元以上十万元以下的罚款。

《公司登记管理条例》第六十八条第　款　公司登记事项发生变更时，未依照本条例规定办理有关变更登记的，由公司登记机关责令限期登记；逾期不登记的，处以 1 万元以上 10 万元以下的罚款。其中，变更经营范围涉及法律、行政法规或者国务院决定规定须经批准的项目而未取得批准，擅自从事相关经营活动，情节严重的，吊销营业执照。

第 94 问　公司虚报注册资本应当承担什么责任?

【答】自 2014 年 1 月 1 日起，公司注册资本开始实行认缴制，但根据相关法律规定，目前仍有包括劳务派遣企业、融资担保企业等在内的 27 类公司的注册资

本实行实缴制。实行注册资本实缴制的公司的股东在行使股东知情权的过程中，通过查阅公司会计账簿及财务会计报告及相应原始凭证发现公司或者其他股东串通会计师事务所伪造虚假验资报告的，可向公司登记机关投诉，经查实后，公司将遭受相应的行政处罚。

此外，对于普通有限公司而言，虚报注册资本还表现在公司增资的过程中，部分股东虚构转账记录、银行进账单以及银行等工作人员的签字，从而伪造其已实际出资的事实，股东在行权过程中如发现此类情况，亦可直接向公司登记机关反映情况。

【法律依据】

《公司法》第一百九十八条　违反本法规定，虚报注册资本、提交虚假材料或者采取其他欺诈手段隐瞒重要事实取得公司登记的，由公司登记机关责令改正，对虚报注册资本的公司，处以虚报注册资本金额百分之五以上百分之十五以下的罚款。

《公司登记管理条例》第六十三条　虚报注册资本，取得公司登记的，由公司登记机关责令改正，处以虚报注册资本金额 5% 以上 15% 以下的罚款；情节严重的，撤销公司登记或者吊销营业执照。

第 95 问　公司提交虚假材料或采取其他欺诈手段隐瞒重要事实取得公司登记的，应当承担什么责任？

【答】公司设立的本质系申请行政许可。公司提交虚假材料或采用其他欺诈手段隐瞒重要事实取得公司登记主要表现为，在设立公司或者变更公司登记事项的过程中，冒用股东或者他人（监事等）的身份证，伪造股东或他人的签名，从而骗取公司的登记。该类情况一旦被披露，将导致公司、当事人以及公司登记机关之间的纠纷。

股东在行权过程中发现上述情况存在的，可向公司登记机关反映相关情况，经核实后，公司登记机关可责令改正，并对公司处以 5 万元以上 50 万元以下的罚款；情节严重的，撤销公司登记或者吊销营业执照。

【法律依据】

《行政许可法》第七十八条 行政许可申请人隐瞒有关情况或者提供虚假材料申请行政许可的，行政机关不予受理或者不予行政许可，并给予警告；行政许可申请属于直接关系公共安全、人身健康、生命财产安全事项的，申请人在一年内不得再次申请该行政许可。

《公司法》第一百九十八条 违反本法规定，虚报注册资本、提交虚假材料或者采取其他欺诈手段隐瞒重要事实取得公司登记的，由公司登记机关责令改正，对虚报注册资本的公司，处以虚报注册资本金额百分之五以上百分之十五以下的罚款；对提交虚假材料或者采取其他欺诈手段隐瞒重要事实的公司，处以五万元以上五十万元以下的罚款；情节严重的，撤销公司登记或者吊销营业执照。

《公司登记管理条例》第六十四条 提交虚假材料或者采取其他欺诈手段隐瞒重要事实，取得公司登记的，由公司登记机关责令改正，处以 5 万元以上 50 万元以下的罚款；情节严重的，撤销公司登记或者吊销营业执照。

第 96 问　公司违法提取法定公积金、违规分配利润应当承担什么责任？

【答】 在对公司利润进行分配之前，需依法提取公司的法定公积金，但部分公司由于规模小、人员少，管理不规范等，会直接对公司的税后利润进行分配。而股东在行权过程中，如发现有类似情况，可向县级以上人民政府财政部门说明情况，经核实后，相关部门将责令公司如数补足应当提取的金额，并选择对公司处以二十万元以下的罚款。

【法律依据】

《公司法》第一百六十六条 公司分配当年税后利润时，应当提取利润的百分之十列入公司法定公积金。公司法定公积金累计额为公司注册资本的百分之五十以上的，可以不再提取。公司的法定公积金不足以弥补以前年度亏损的，在依照前款规定提取法定公积金之前，应当先用当年利润弥补亏损。公司从税后利润中提取法定公积金后，经股东会或者股东大会决议，还可以从税后利润中提取任意公积金。公司弥补亏损和提取公积金后所余税后利润，有限责任公司依照本法第三十四条的规定分配；股份有限公司按照股东持有的股份比例分配，但股份有限公司章程规定不按持股比例分配的除外。股东会、股东大会或者董事会违反前款规定，在公司弥补亏损和提取法定公积金之前向股东分配利润的，股东必须将违反规定分配的利润退还公司。公司持有的本公司股份不得分配利润。

第二百零三条　公司不依照本法规定提取法定公积金的，由县级以上人民政府财政部门责令如数补足应当提取的金额，可以对公司处以二十万元以下的罚款。

第六章　股东行权扰乱公司经营应承担的责任

第 97 问　股东行权不当，扰乱公司的正常经营，会承担什么责任?

【答】股东在行使股东知情权的过程中，会受到多方面因素的阻扰，部分股东在行权无果的情况下，会选择比较激进的方式行使权利。笔者在承办一起股东知情权纠纷案的过程中，便遇到小股东打着行使股东知情权的旗号，以暴力方式到公司"打砸抢"，由此给公司造成了严重的损失，亦影响了公司的正常经营。

故股东在行使股东知情权的过程中，一定要合理合法合规地行使权利，并依法寻求相应的救济。股东行为过激，扰乱公司的正常经营秩序的，可能会因扰乱社会治安而被公安机关处以警告或罚款。

【法律依据】

《治安管理处罚法》第二十三条　有下列行为之一的，处警告或者二百元以下罚款;情节较重的，处五日以上十日以下拘留，可以并处五百元以下罚款:(一)扰乱机关、团体、企业、事业单位秩序，致使工作、生产、营业、医疗、教学、科研不能正常进行，尚未造成严重损失的;(二)扰乱车站、港口、码头、机场、商场、公园、展览馆或者其他公共场所秩序的;(三)扰乱公共汽车、电车、火车、船舶、航空器或者其他公共交通工具上的秩序的;(四)非法拦截或者强登、扒乘机动车、船舶、航空器以及其他交通工具，影响交通工具正常行驶的;(五)破坏依法进行的选举秩序的。聚众实施前款行为的，对首要分子处十日以上十五日以下拘留，可以并处一千元以下罚款。

第 98 问　股东行权不当，对公司的财物造成毁坏的，会承担什么责任?

【答】股东在行权过程中，如果行权方式过于激进，选择强抢公司的文件资料或者毁损了公司财产的，可能因扰乱社会治安，从而被公安机关处以拘留及罚款。

【法律依据】

《治安管理处罚法》第二十六条　有下列行为之一的，处五日以上十日以下拘留，可以并处五百元以下罚款；情节较重的，处十日以上十五日以下拘留，可以并处一千元以下罚款：（一）结伙斗殴的；（二）追逐、拦截他人的；（三）强拿硬要或者任意损毁、占用公私财物的；（四）其他寻衅滋事行为。

第 99 问　股东行权后，侵犯了公司的商业秘密的，应当承担什么责任?

【答】股东在行使股东知情权的过程中，将会不可避免地知晓属于公司商业秘密的经营信息，部分股东会将该部分信息披露、使用或者是允许他人使用，此类行为已经严重侵害了公司的合法权益，并且已经构成了侵犯公司的商业秘密。

股东在行权之后，确有实施上述行为的，可能会因构成不正当竞争而被责令停止违法行为，没收违法所得，并处十万元以上一百万元以下的罚款；情节严重的，处五十万元以上五百万元以下的罚款。情节严重的判断标准即为对公司造成损失的程度。

【法律依据】

《反不正当竞争法》第九条　经营者不得实施下列侵犯商业秘密的行为：（一）以盗窃、贿赂、欺诈、胁迫、电子侵入或者其他不正当手段获取权利人的商业秘密；（二）披露、使用或者允许他人使用以前项手段获取的权利人的商业秘密；（三）违反保密义务或者违反权利人有关保守商业秘密的要求，披露、使用或者允许他人使用其所掌握的商业秘密；（四）教唆、引诱、帮助他人违反保密义务或者违反权利人有关保守商业秘密的要求，获取、披露、使用或者允许他人使用权利人的商业秘密。经营者以外的其他自然人、法人和非法人组织实施前款所列违法行为的，视为侵犯商业秘密。第三人明知或者应知商业秘密权利人的员工、前员工或者其他单位、个人实施本条第一款所列违法行为，仍获取、披露、使用或者允许他人使用该商业秘密的，视为侵犯商业秘密。本法所称的商业秘密，是指不为公众所知悉、具有商业价值并经权利人采取相应保密措施的技术信息、经营信息等商业信息。

第二十一条 经营者以及其他自然人、法人和非法人组织违反本法第九条规定侵犯商业秘密的，由监督检查部门责令停止违法行为，没收违法所得，处十万元以上一百万元以下的罚款；情节严重的，处五十万元以上五百万元以下的罚款。

第七章 行使股东知情权后暴露的劳资风险

第 100 问　公司未办理社会保险登记应当承担什么责任？

【答】公司在经营的同时，应承担相应的社会责任。如股东通过行使股东知情权，发现公司并未办理社会保险登记的，可向社会保险行政部门反映情况，经核实后，相关部门会责令公司限期改正；逾期不予改正的，公司及其相关责任人员将会受到相应的罚款处罚。

【法律依据】

《社会保险法》第五十七条　用人单位应当自成立之日起三十日内凭营业执照、登记证书或者单位印章，向当地社会保险经办机构申请办理社会保险登记。社会保险经办机构应当自收到申请之日起十五日内予以审核，发给社会保险登记证件。用人单位的社会保险登记事项发生变更或者用人单位依法终止的，应当自变更或者终止之日起三十日内，到社会保险经办机构办理变更或者注销社会保险登记。市场监督管理部门、民政部门和机构编制管理机关应当及时向社会保险经办机构通报用人单位的成立、终止情况，公安机关应当及时向社会保险经办机构通报个人的出生、死亡以及户口登记、迁移、注销等情况。

第八十四条　用人单位不办理社会保险登记的，由社会保险行政部门责令限期改正；逾期不改正的，对用人单位处应缴社会保险费数额一倍以上三倍以下的罚款，对其直接负责的主管人员和其他直接责任人员处五百元以上三千元以下的罚款。

第 101 问　公司未按时足额为劳动者缴纳社会保险应当承担什么责任？

【答】为员工购买社会保险，系用人单位的法定义务。公司未按时足额缴纳社会保险费的，除限期缴纳或补足外，需按日缴纳滞纳金；限期仍不缴纳的，会被处以相应金额的罚款。

【法律依据】

《社会保险法》第八十六条　用人单位未按时足额缴纳社会保险费的，由社会保险费征收机构责令限期缴纳或者补足，并自欠缴之日起，按日加收万分之五的滞纳金；逾期仍不缴纳的，由有关行政部门处欠缴数额一倍以上三倍以下的罚款。

《劳动法》第一百条　用人单位无故不缴纳社会保险费的，由劳动行政部门责令其限期缴纳；逾期不缴的，可以加收滞纳金。

第 102 问　员工工资低于当地最低工资标准，公司应当承担什么责任？

【答】为维护劳动者的合法权益，我国相关法律法规规定了劳动者的最低工资标准。股东在行权过程中，通过查阅公司的会计凭证发现公司员工的工资低于当地最低工资标准的，可向劳动行政部门反映情况。虽然这一行为不必然导致公司受到行政处罚，但公司仍应承担支付足额工资报酬、经济补偿或者赔偿金的责任。

【法律依据】

《劳动法》第九十一条　用人单位有下列侵害劳动者合法权益情形之一的，由劳动行政部门责令支付劳动者的工资报酬、经济补偿，并可以责令支付赔偿金：（一）克扣或者无故拖欠劳动者工资的；（二）拒不支付劳动者延长工作时间工资报酬的；（三）低于当地最低工资标准支付劳动者工资的；（四）解除劳动合同后，未依照本法规定给予劳动者经济补偿的。

第八章　税务类违法责任

第 103 问　股东查账时，发现公司没有依法办理税务登记、变更的，公司会承担什么后果？

【答】公司及公司在外地设立的分支机构和从事生产、经营的场所，应自领取营业执照之日起 30 日内向税务机关申报办理税务登记，取得税务登记证件。公司未按照规定的期限申报办理税务登记的，税务机关责令限期改正，可以处二千元以下的罚款；情节严重的，处二千元以上一万元以下的罚款。纳税人不办理税务登记的，由税务机关责令限期改正；逾期不改正的，经税务机关提请，由工商行政管理机关吊销其营业执照。

【法律依据】

《税收征收管理法》第十五条　企业，企业在外地设立的分支机构和从事生产、经营的场所，个体工商户和从事生产、经营的事业单位（以下统称从事生产、经营的纳税人）自领取营业执照之日起三十日内，持有关证件，向税务机关申报办理税务登记。税务机关应当于收到申报的当日办理登记并发给税务登记证件。工商行政管理机关应当将办理登记注册、核发营业执照的情况，定期向税务机关通报。本条第一款规定以外的纳税人办理税务登记和扣缴义务人办理扣缴税款登记的范围和办法，由国务院规定。

第六十条　纳税人有下列行为之一的，由税务机关责令限期改正，可以处二千元以下的罚款；情节严重的，处二千元以上一万元以下的罚款：（一）未按照规定的期限申报办理税务登记、变更或者注销登记的；（二）未按照规定设置、保管账簿或者保管记账凭证和有关资料的；（三）未按照规定将财务、会计制度或者财务、会计处理办法和会计核算软件报送税务机关备查的；（四）未按照规定将其全部银行账号向税务机关报告的；（五）未按照规定安装、使用税控装置，或者损毁或者擅自改动税控装置的。纳税人不办理税务登记的，由税务机关责令限期改正；逾期不改正的，经税务机关提请，由工商行政管理机关吊销其营业执照。纳税人未按照规定使用税务登记证件，或者转借、涂改、损毁、买卖、伪造税务登记证件的，处二千元以上一万元以下的罚款；情节严重的，处一万元以上五万元以下的罚款。

《税收征收管理法实施细则》第十二条第一款　从事生产、经营的纳税人应当自领取营业执照之日起 30 日内，向生产、经营地或者纳税义务发生地的主管税务机关申报办理税务登记，如实填写税务登记表，并按照税务机关的要求提供有关证件、资料。

第九十条　纳税人未按照规定办理税务登记证件验证或者换证手续的，由税务机关责令限期改正，可以处 2 000 元以下的罚款；情节严重的，处 2 000 元以上1 万元以下的罚款。

第 104 问　股东查账时，发现公司办理税务登记的证明资料是虚假的，公司会承担什么后果？

【答】公司通过提供虚假的证明资料等材料骗取税务登记的，处 2 000 元以下的罚款；情节严重的，处 2 000 元以上 10 000 元以下的罚款。

【法律依据】

《税务登记管理办法》第四十一条　纳税人通过提供虚假的证明资料等手段，骗取税务登记证的，处 2 000 元以下的罚款；情节严重的，处 2 000 元以上 10 000 元以下的罚款。纳税人涉嫌其他违法行为的，按有关法律、行政法规的规定处理。

第 105 问　股东查账时，发现公司没有依法设置、保管账簿或记账凭证及有关资料，公司会承担什么后果？

【答】公司应当按照有关法律、行政法规和国务院财政、税务主管部门的规定设置账簿，根据合法、有效的凭证记账，进行核算，并应保管账簿、记账凭证、完税凭证及其他有关资料。公司没有按照规定设置、保管账簿或者保管记账凭证和有关资料的，可以由税务机关责令限期改正，并可处二千元以下的罚款；情节严重的，处二千元以上一万元以下的罚款。公司作为扣缴义务人，未按照规定设置、保管代扣代缴、代收代缴税款账簿或者保管代扣代缴、代收代缴税款记账凭证及有关资料的，由税务机关责令限期改正，可以处二千元以下的罚款；情节严重的，处二千元以上五千元以下的罚款。

【法律依据】

《税收征收管理法》第十九条　纳税人、扣缴义务人按照有关法律、行政法规和国务院财政、税务主管部门的规定设置账簿，根据合法、有效凭证记账，进行核算。

第二十四条　从事生产、经营的纳税人、扣缴义务人必须按照国务院财政、税务主管部门规定的保管期限保管账簿、记账凭证、完税凭证及其他有关资料。账簿、记账凭证、完税凭证及其他有关资料不得伪造、变造或者擅自损毁。

第六十条　纳税人有下列行为之一的，由税务机关责令限期改正，可以处二千元以下的罚款；情节严重的，处二千元以上一万元以下的罚款：（一）未按照规定的期限申报办理税务登记、变更或者注销登记的；（二）未按照规定设置、保管账簿或者保管记账凭证和有关资料的；（三）未按照规定将财务、会计制度或者财务、会计处理办法和会计核算软件报送税务机关备查的；（四）未按照规定将其全部银行账号向税务机关报告的；（五）未按照规定安装、使用税控装置，或者损毁或者擅自改动税控装置的。纳税人不办理税务登记的，由税务机关责令限期改正；逾期不改正的，经税务机关提请，由工商行政管理机关吊销其营业执照。纳税人未按照规定使用税务登记证件，或者转借、涂改、损毁、买卖、伪造税务登记证件的，处二千元以上一万元以下的罚款；情节严重的，处一万元以上五万元以下的罚款。

第六十一条　扣缴义务人未按照规定设置、保管代扣代缴、代收代缴税款账簿或者保管代扣代缴、代收代缴税款记账凭证及有关资料的，由税务机关责令限期改正，可以处二千元以下的罚款；情节严重的，处二千元以上五千元以下的罚款。

第 106 问　股东查账时，发现公司存在哪些行为时可以举报公司偷税？

【答】公司伪造、变造、隐匿、擅自销毁账簿、记账凭证，或者在账簿上多列支出或者不列、少列收入，或者经税务机关通知申报而拒不申报或者进行虚假的纳税申报，不缴或者少缴应纳税款的，是偷税，对此股东可以举报公司偷税。

【法律依据】

《税收征收管理法》第六十三条　纳税人伪造、变造、隐匿、擅自销毁账簿、记账凭证，或者在账簿上多列支出或者不列、少列收入，或者经税务机关通知申报而拒不申报或者进行虚假的纳税申报，不缴或者少缴应纳税款的，是偷税。对纳税人偷税的，由税务机关追缴其不缴或者少缴的税款、滞纳金，并处不缴或者少缴的税款百分之五十以上五倍以下的罚款；构成犯罪的，依法追究刑事责任。扣缴义务人采取前款所列手段，不缴或者少缴已扣、已收税款，由税务机关追缴其不缴或者少缴的税款、滞纳金，并处不缴或者少缴的税款百分之五十以上五倍以下的罚款；构成犯罪的，依法追究刑事责任。

第 107 问　公司偷税的后果是什么？

【答】公司偷税的，由税务机关追缴其不缴或者少缴的税款、滞纳金，并处不缴或者少缴的税款百分之五十以上五倍以下的罚款；构成犯罪的，依法追究刑事责任。公司作为扣缴义务人采取偷税手段，不缴或者少缴已扣、已收税款，由税务机关追缴其不缴或者少缴的税款、滞纳金，并处不缴或者少缴的税款百分之五十以上五倍以下的罚款；构成犯罪的，依法追究刑事责任。

【法律依据】

《税收征收管理法》第六十三条　纳税人伪造、变造、隐匿、擅自销毁账簿、记账凭证，或者在账簿上多列支出或者不列、少列收入，或者经税务机关通知申报而拒不申报或者进行虚假的纳税申报，不缴或者少缴应纳税款的，是偷税。对纳税人偷税的，由税务机关追缴其不缴或者少缴的税款、滞纳金，并处不缴或者

少缴的税款百分之五十以上五倍以下的罚款；构成犯罪的，依法追究刑事责任。扣缴义务人采取前款所列手段，不缴或者少缴已扣、已收税款，由税务机关追缴其不缴或者少缴的税款、滞纳金，并处不缴或者少缴的税款百分之五十以上五倍以下的罚款；构成犯罪的，依法追究刑事责任。

第108问　股东查账时，发现公司提供的凭证、账簿等计税依据是虚假的，公司会承担什么后果？

【答】公司编造虚假计税依据的，由税务机关责令限期改正，并处五万元以下的罚款。

【法律依据】

《税收征收管理法》第六十四条　纳税人、扣缴义务人编造虚假计税依据的，由税务机关责令限期改正，并处五万元以下的罚款。纳税人不进行纳税申报，不缴或者少缴应纳税款的，由税务机关追缴其不缴或者少缴的税款、滞纳金，并处不缴或者少缴的税款百分之五十以上五倍以下的罚款。

第109问　股东查账时，发现公司在法定会计账簿外另立会计账簿，公司会承担什么后果？

【答】公司不得在法定的会计账簿外另立会计账簿，否则由县级以上人民政府财政部门责令改正，处以五万元以上五十万元以下的罚款。

【法律依据】

《公司法》第一百七十一条第一款　公司除法定的会计账簿外，不得另立会计账簿。

第二百零一条　公司违反本法规定，在法定的会计账簿以外另立会计账簿的，由县级以上人民政府财政部门责令改正，处以五万元以上五十万元以下的罚款。

第 110 问　股东查账时，发现公司办理出口退税的出口凭证是虚假的，公司会承担什么后果？

【答】以虚假出口凭证骗取出口退税的，由税务机关追缴其骗取的退税款，并处骗取税款一倍以上五倍以下的罚款；构成犯罪的，依法追究刑事责任。

【法律依据】

《税收征收管理法》第六十六条　以假报出口或者其他欺骗手段，骗取国家出口退税款的，由税务机关追缴其骗取的退税款，并处骗取税款一倍以上五倍以下的罚款；构成犯罪的，依法追究刑事责任。对骗取国家出口退税款的，税务机关可以在规定期间内停止为其办理出口退税。

第111问　股东查账时，发现公司作为扣缴义务人未依法办理扣税、收税，公司会承担什么后果？

【答】公司作为扣缴义务人应扣未扣、应收而不收税款的，由税务机关向纳税人追缴税款，对扣缴义务人处应扣未扣、应收未收税款百分之五十以上三倍以下的罚款。

【法律依据】

《税收征收管理法》第六十九条　扣缴义务人应扣未扣、应收而不收税款的，由税务机关向纳税人追缴税款，对扣缴义务人处应扣未扣、应收未收税款百分之五十以上三倍以下的罚款。

第112问　股东查账时，发现公司银行账户、发票出借给他人使用，公司会承担什么后果？

【答】公司为纳税人、扣缴义务人非法提供银行账户、发票，导致未缴、少缴税款或者骗取国家出口退税款的，税务机关除没收其违法所得外，可以处未缴、少缴或者骗取的税款 1 倍以下的罚款。

【法律依据】

《税收征收管理法实施细则》第九十三条 为纳税人、扣缴义务人非法提供银行账户、发票、证明或者其他方便，导致未缴、少缴税款或者骗取国家出口退税款的，税务机关除没收其违法所得外，可以处未缴、少缴或者骗取的税款 1 倍以下的罚款。

第113问 股东举报后，税务机关对公司进行检查，如公司逃避、拒绝或阻挠税务机关检查，会承担什么后果？

【答】 公司逃避、拒绝或阻挠税务机关检查的，由税务机关责令改正，可以处一万元以下的罚款；情节严重的，处一万元以上五万元以下的罚款。

【法律依据】

《税收征收管理法》第七十条 纳税人、扣缴义务人逃避、拒绝或者以其他方式阻挠税务机关检查的，由税务机关责令改正，可以处一万元以下的罚款；情节严重的，处一万元以上五万元以下的罚款。

第114问 经税务机关责令限期缴纳税款但公司逾期未缴的，公司会承担什么后果？

【答】 公司经税务机关责令限期缴纳税款但仍逾期未缴纳的，经县以上税务局（分局）局长批准，税务机关可以采取直接从公司银行账户扣缴税款，扣押、查封、拍卖或者变卖公司财产等强制措施。此外，税务机关还可以对公司处以不缴或者少缴的税款百分之五十以上五倍以下的罚款。

【法律依据】

《税收征收管理法》第四十条 从事生产、经营的纳税人、扣缴义务人未按照规定的期限缴纳或者解缴税款，纳税担保人未按照规定的期限缴纳所担保的税款，由税务机关责令限期缴纳，逾期仍未缴纳的，经县以上税务局（分局）局长批准，税务机关可以采取下列强制执行措施：（一）书面通知其开户银行或者其他金融机构从其存款中扣缴税款；（二）扣押、查封、依法拍卖或者变卖其价值相当于应纳税款的商品、货物或者其他财产，以拍卖或者变卖所得抵缴税款。税务机关采取强制执行措施时，对前款所列纳税人、扣缴义务人、纳税担保人未缴纳的滞纳金同时强制执行。个人及其所扶养家属维持生活必需的住房和用品，不在强制执行措施的范围之内。

第六十八条 纳税人、扣缴义务人在规定期限内不缴或者少缴应纳或者应解缴的税款，经税务机关责令限期缴纳，逾期仍未缴纳的，税务机关除依照本法第四十条的规定采取强制执行措施追缴其不缴或者少缴的税款外，可以处不缴或者少缴的税款百分之五十以上五倍以下的罚款。

第 115 问 公司逃税，税务机关可以对公司财物进行扣押、查封吗？ 扣押、查封后能否直接执行？扣押时的程序是什么？

【答】公司如未按规定办理税务登记，经税务机关核定应纳税额后责令缴纳但仍不缴纳的，或公司逃避纳税，在责令缴纳的期限内有明显转移、隐匿应纳税的商品、货物以及其他财产或者应纳税的收入的迹象的，税务机关可以责成公司提供纳税担保；公司不提供担保或公司未按照规定的期限缴纳或者解缴税款的，税务机关可以扣押其价值相当于应纳税款的商品、货物；扣押后仍不缴纳应纳税款的，经县以上税务局（分局）局长批准，依法拍卖或者变卖所扣押的商品、货物，以拍卖或者变卖所得抵缴税款。但个人及其所扶养家属维持生活必需的住房和用品，不在税收保全措施的范围之内。税务机关扣押、查封时，应当由两名以上税务人员执行，并通知被执行人。被执行人是自然人的，应当通知被执行人本人或者其成年家属到场；被执行人是法人或者其他组织的，应当通知其法定代表人或者主要负责人到场；拒不到场的，不影响执行。

【法律依据】

《税收征收管理法》第三十七条 对未按照规定办理税务登记的从事生产、经营的纳税人以及临时从事经营的纳税人，由税务机关核定其应纳税额，责令缴纳；不缴纳的，税务机关可以扣押其价值相当于应纳税款的商品、货物。扣押后缴纳应纳税款的，税务机关必须立即解除扣押，并归还所扣押的商品、货物；扣押后仍不缴纳应纳税款的，经县以上税务局（分局）局长批准，依法拍卖或者变卖所扣押的商品、货物，以拍卖或者变卖所得抵缴税款。

第三十八条 税务机关有根据认为从事生产、经营的纳税人有逃避纳税义务行为的，可以在规定的纳税期之前，责令限期缴纳应纳税款；在限期内发现纳税人有明显的转移、隐匿其应纳税的商品、货物以及其他财产或者应纳税的收入的迹象的，税务机关可以责成纳税人提供纳税担保。如果纳税人不能提供纳税担保，经县以上税务局（分局）局长批准，税务机关可以采取下列税收保全措施：（一）书面通知纳税人开户银行或者其他金融机构冻结纳税人的金额相当于应纳税款的存款；（二）扣押、查封纳税人的价值相当于应纳税款的商品、货物或者其他财产。纳税人在前款规定的限期内缴纳税款的，税务机关必须立即解除税收保全措施；限期期满仍未缴纳税款的，经县以上税务局（分局）局长批准，税务机关可以书面通知纳税人开户银行或者其他金融机构从其冻结的存款中扣缴税款，或者依法拍卖或者变卖所扣押、查封的商品、货物或者其他财产，以拍卖或者变卖所得抵缴税款。个人及其所扶养家属维持生活必需的住房和用品，不在税收保全措施的范围之内。

第四十条 从事生产、经营的纳税人、扣缴义务人未按照规定的期限缴纳或者解缴税款，纳税担保人未按照规定的期限缴纳所担保的税款，由税务机关责令限期缴纳，逾期仍未缴纳的，经县以上税务局（分局）局长批准，税务机关可以采取下列强制执行措施：（一）书面通知其开户银行或者其他金融机构从其存款中扣缴税款；（二）扣押、查封、依法拍卖或者变卖其价值相当于应纳税款的商品、货物或者其他财产，以拍卖或者变卖所得抵缴税款。税务机关采取强制执行措施时，对前款所列纳税人、扣缴义务人、纳税担保人未缴纳的滞纳金同时强制执行。个人及其所扶养家属维持生活必需的住房和用品，不在强制执行措施的范围之内。

《税收征收管理法实施细则》第六十三条 税务机关执行扣押、查封商品、货物或者其他财产时，应当由两名以上税务人员执行，并通知被执行人。被执行人是自然人的，应当通知被执行人本人或者其成年家属到场；被执行人是法人或者其他组织的，应当通知其法定代表人或者主要负责人到场；拒不到场的，不影响执行。

第 116 问　税务机关对公司进行税务检查的程序是什么?

【答】税务机关进行税务检查时，应当出示税务检查证和税务检查通知书，未出示税务检查证和税务检查通知书的，公司有权拒绝检查。

【法律依据】

《税收征收管理法》第五十九条　税务机关派出的人员进行税务检查时，应当出示税务检查证和税务检查通知书，并有责任为被检查人保守秘密；未出示税务检查证和税务检查通知书的，被检查人有权拒绝检查。

第九章　行使股东知情权后暴露的发票类违法责任

> **第 117 问**　在什么情况下，股东查账时应该注意核对公司
> 是否开具或收取发票？股东发现公司应开具
> 而未开具发票时，公司会承担什么后果？

【答】公司在销售商品、提供服务、从事其他经营活动时，对外发生经营业务收取款项的，应当开具发票；公司因对外发生经营业务付款的，应当收取发票。公司应当开具而未开具发票的，由税务机关责令改正，可以处一万元以下的罚款；有违法所得的予以没收。

【法律依据】

《发票管理办法》第十九条　销售商品、提供服务以及从事其他经营活动的单位和个人，对外发生经营业务收取款项，收款方应当向付款方开具发票；特殊情况下，由付款方向收款方开具发票。

第三十五条　违反本办法的规定，有下列情形之一的，由税务机关责令改正，可以处 1 万元以下的罚款；有违法所得的予以没收：（一）应当开具而未开具发票，或者未按照规定的时限、顺序、栏目，全部联次一次性开具发票，或者未加盖发票专用章的；（二）使用税控装置开具发票，未按期向主管税务机关报送开具发票的数据的；（三）使用非税控电子器具开具发票，未将非税控电子器具使用的软件程序说明资料报主管税务机关备案，或者未按照规定保存、报送开具发票的数据的；（四）拆本使用发票的；（五）扩大发票使用范围的；（六）以其他凭证代替发票使用的；（七）跨规定区域开具发票的；（八）未按照规定缴销发票的；（九）未按照规定存放和保管发票的。

第118问 股东查账时，发现公司存在哪些行为可以举报公司虚开发票？

【答】（一）为他人、为自己开具与实际经营业务情况不符的发票；（二）让他人为自己开具与实际经营业务情况不符的发票；（三）介绍他人开具与实际经营业务情况不符的发票。

【法律依据】

《发票管理办法》第二十二条 开具发票应当按照规定的时限、顺序、栏目，全部联次一次性如实开具，并加盖发票专用章。任何单位和个人不得有下列虚开发票行为：（一）为他人、为自己开具与实际经营业务情况不符的发票；（二）让他人为自己开具与实际经营业务情况不符的发票；（三）介绍他人开具与实际经营业务情况不符的发票。

第119问 公司虚开发票的后果是什么？

【答】公司虚开发票的，由税务机关没收违法所得；虚开金额在1万元以下的，可以并处5万元以下的罚款；虚开金额超过1万元的，并处5万元以上50万元以下的罚款；构成犯罪的，依法追究刑事责任。

【法律依据】

《发票管理办法》第三十七条 违反本办法第二十二条第二款的规定虚开发票的，由税务机关没收违法所得；虚开金额在1万元以下的，可以并处5万元以下的罚款；虚开金额超过1万元的，并处5万元以上50万元以下的罚款；构成犯罪的，依法追究刑事责任。非法代开发票的，依照前款规定处罚。

第120问 股东查账时，发现公司没有在发票上加盖发票专用章的，公司会承担什么后果？

【答】公司未加盖发票专用章的，由税务机关责令改正，可以处1万元以下

的罚款；有违法所得的予以没收。

【法律依据】

《发票管理办法》第三十五条　违反本办法的规定，有下列情形之一的，由税务机关责令改正，可以处 1 万元以下的罚款；有违法所得的予以没收：（一）应当开具而未开具发票，或者未按照规定的时限、顺序、栏目，全部联次一次性开具发票，或者未加盖发票专用章的；（二）使用税控装置开具发票，未按期向主管税务机关报送开具发票的数据的；（三）使用非税控电子器具开具发票，未将非税控电子器具使用的软件程序说明资料报主管税务机关备案，或者未按照规定保存、报送开具发票的数据的；（四）拆本使用发票的；（五）扩大发票使用范围的；（六）以其他凭证代替发票使用的；（七）跨规定区域开具发票的；（八）未按照规定缴销发票的；（九）未按照规定存放和保管发票的。

第 121 问　股东查账时，发现公司有转借、转让发票、发票监制章、发票防伪专用品行为的，公司会承担什么后果？

【答】 公司转借、转让发票、发票监制章、发票防伪专用品的，由税务机关处 1 万元以上 5 万元以下的罚款；情节严重的，处 5 万元以上 50 万元以下的罚款；有违法所得的予以没收。

【法律依据】

《发票管理办法》第二十四条　任何单位和个人应当按照发票管理规定使用发票，不得有下列行为：（一）转借、转让、介绍他人转让发票、发票监制章和发票防伪专用品；（二）知道或者应当知道是私自印制、伪造、变造、非法取得或者废止的发票而受让、开具、存放、携带、邮寄、运输；（三）拆本使用发票；（四）扩大发票使用范围；（五）以其他凭证代替发票使用。税务机关应当提供查询发票真伪的便捷渠道。

第三十九条　有下列情形之一的，由税务机关处 1 万元以上 5 万元以下的罚款；情节严重的，处 5 万元以上 50 万元以下的罚款；有违法所得的予以没收：（一）转借、转让、介绍他人转让发票、发票监制章和发票防伪专用品的；（二）知道或者应当知道是私自印制、伪造、变造、非法取得或者废止的发票而受让、开具、存放、携带、邮寄、运输的。

第 122 问　股东查账时，发现发票防伪专用品、发票监制章
是伪造、变造、非法取得的，公司会承担什么后果？

【答】公司私自印制、伪造、变造发票，非法制造发票防伪专用品，伪造发票监制章的，由税务机关没收违法所得，没收、销毁作案工具和非法物品，并处 1 万元以上 5 万元以下的罚款；情节严重的，并处 5 万元以上 50 万元以下的罚款；对印制发票的企业，可以并处吊销发票准印证；构成犯罪的，依法追究刑事责任。

【法律依据】

《发票管理办法》第三十八条　私自印制、伪造、变造发票，非法制造发票防伪专用品，伪造发票监制章的，由税务机关没收违法所得，没收、销毁作案工具和非法物品，并处 1 万元以上 5 万元以下的罚款；情节严重的，并处 5 万元以上 50 万元以下的罚款；对印制发票的企业，可以并处吊销发票准印证；构成犯罪的，依法追究刑事责任。前款规定的处罚，《税收征收管理法》有规定的，依照其规定执行。

第 123 问　股东查账时，发现公司拆本使用发票的，
公司会承担什么后果？

【答】公司拆本使用发票，就是指拆开发票使用，使发票号没有连续性。公司有拆本使用行为的，由税务机关责令改正，可以处 1 万元以下的罚款；有违法所得的予以没收。

【法律依据】

《发票管理办法》第二十四条　任何单位和个人应当按照发票管理规定使用发票，不得有下列行为：（一）转借、转让、介绍他人转让发票、发票监制章和发票防伪专用品；（二）知道或者应当知道是私自印制、伪造、变造、非法取得或者废止的发票而受让、开具、存放、携带、邮寄、运输；（三）拆本使用发票；（四）扩大发票使用范围；（五）以其他凭证代替发票使用。税务机关应当提供查询发票真伪的便捷渠道。

第三十五条　违反本办法的规定，有下列情形之一的，由税务机关责令改正，可以处 1 万元以下的罚款；有违法所得的予以没收：（一）应当开具而未开具发票，或者未按照规定的时限、顺序、栏目，全部联次一次性开具发票，或者未加盖发票专用章的；（二）使用税控装置开具发票，未按期向主管税务机关报送开具发票的数据的；（三）使用非税控电子器具开具发票，未将非税控电子器具使用的软件程序说明资料报主管税务机关备案，或者未按照规定保存、报送开具发票的数据的；（四）拆本使用发票的；（五）扩大发票使用范围的；（六）以其他凭证代替发票使用的；（七）跨规定区域开具发票的；（八）未按照规定缴销发票的；（九）未按照规定存放和保管发票的。

第 124 问　股东查账时，发现公司用其他凭证代替发票入账的，公司会承担什么后果？

【答】公司用其他的凭证代替发票入账的，由税务机关责令改正，可以处 1 万元以下的罚款；有违法所得的予以没收。

【法律依据】

《发票管理办法》第三十五条　违反本办法的规定，有下列情形之一的，由税务机关责令改正，可以处 1 万元以下的罚款；有违法所得的予以没收：（一）应当开具而未开具发票，或者未按照规定的时限、顺序、栏目，全部联次一次性开具发票，或者未加盖发票专用章的；（二）使用税控装置开具发票，未按期向主管税务机关报送开具发票的数据的；（三）使用非税控电子器具开具发票，未将非税控电子器具使用的软件程序说明资料报主管税务机关备案，或者未按照规定保存、报送开具发票的数据的；（四）拆本使用发票的；（五）扩大发票使用范围的；（六）以其他凭证代替发票使用的；（七）跨规定区域开具发票的；（八）未按照规定缴销发票的；（九）未按照规定存放和保管发票的。

第 125 问　股东查账时，发现公司未依法存放和保管发票的，公司会承担什么后果？

【答】公司已经开具的发票存根和发票登记簿应当保存 5 年，不得擅自损毁，保存期满，报经税务机关查验后销毁。未按规定保存的，由税务机关责令改正，可以处 1 万元以下的罚款；有违法所得的予以没收。

【法律依据】

《发票管理办法》第三十五条　违反本办法的规定，有下列情形之一的，由税务机关责令改正，可以处 1 万元以下的罚款；有违法所得的予以没收：（一）应当开具而未开具发票，或者未按照规定的时限、顺序、栏目，全部联次一次性开具发票，或者未加盖发票专用章的；（二）使用税控装置开具发票，未按期向主管税务机关报送开具发票的数据的；（三）使用非税控电子器具开具发票，未将非税控电子器具使用的软件程序说明资料报主管税务机关备案，或者未按照规定保存、报送开具发票的数据的；（四）拆本使用发票的；（五）扩大发票使用范围的；（六）以其他凭证代替发票使用的；（七）跨规定区域开具发票的；（八）未按照规定缴销发票的；（九）未按照规定存放和保管发票的。

第 126 问　税务机关对公司的发票使用情况进行检查以及对发票管理违法行为处罚的程序是什么？

【答】税务人员对公司发票使用情况进行检查时，应当出示税务检查证。税务机关对公司违反发票管理法规的行为进行处罚，应当将行政处罚决定书面通知公司；对违反发票管理法规的案件，应当立案查处。对违反发票管理法规的行政处罚，由县以上税务机关决定；罚款额在 2 000 元以下的，可由税务所决定。

【法律依据】

《发票管理办法》第三十一条　印制、使用发票的单位和个人，必须接受税务机关依法检查，如实反映情况，提供有关资料，不得拒绝、隐瞒。税务人员进行检查时，应当出示税务检查证。

《发票管理办法实施细则》第三十四条　税务机关对违反发票管理法规的行为进行处罚，应当将行政处罚决定书面通知当事人；对违反发票管理法规的案件，应当立案查处。对违反发票管理法规的行政处罚，由县以上税务机关决定；罚款额在 2 000 元以下的，可由税务所决定。

第十章　行使股东知情权后暴露的
财务会计报告类违法责任

第 127 问　股东查账时，发现公司提供的财务会计报告作虚假记载或隐瞒了重要事实的，公司会承担什么后果？

【答】公司编制、对外提供虚假的或者隐瞒重要事实的财务会计报告，尚不构成犯罪的，由县级以上人民政府部门予以通报，对公司可以处 5 000 元以上 10 万元以下的罚款；对直接负责的主管人员和其他直接责任人员，可以处 3 000 元以上 5 万元以下的罚款。

【法律依据】

《企业财务会计报告条例》第四十条　企业编制、对外提供虚假的或者隐瞒重要事实的财务会计报告，构成犯罪的，依法追究刑事责任。有前款行为，尚不构成犯罪的，由县级以上人民政府财政部门予以通报，对企业可以处 5 000 元以上 10 万元以下的罚款；对直接负责的主管人员和其他直接责任人员，可以处 3 000 元以上 5 万元以下的的罚款；属于国家工作人员的，并依法给予撤职直至开除的行政处分或者纪律处分；对其中的会计人员，情节严重的，并由县级以上人民政府财政部门吊销会计从业资格证书。

第 128 问　股东查账时，发现公司隐匿、销毁应当保存的财务会计报告的，公司会承担什么后果？

【答】公司隐匿、故意销毁依法应当保存的财务会计报告，尚不构成犯罪的，可以处 5 000 元以上 5 万元以下的罚款。

【法律依据】

《企业财务会计报告条例》第四十一条　授意、指使、强令会计机构、会计人员及其他人员编制、对外提供虚假的或者隐瞒重要事实的财务会计报告，或者隐匿、故意销毁依法应当保存的财务会计报告，构成犯罪的，依法追究刑事责任；尚不构成犯罪的，可以处 5 000 元以上 5 万元以下的罚款；属于国家工作人员的，并依法给予降级、撤职、开除的行政处分或者纪律处分。

第十一章 公司清算阶段违法责任

第 129 问 股东查账时，发现公司在清算时隐匿财产，对资产负债表或财产清单作虚假记载，或在未清偿债务前分配公司财产的，公司会承担什么后果？

【答】公司在进行清算时，隐匿财产，对资产负债表或者财产清单作虚假记载或者在未清偿债务前分配公司财产的，由公司登记机关责令改正，对公司处以隐匿财产或者未清偿债务前分配公司财产金额百分之五以上百分之十以下的罚款；对直接负责的主管人员和其他直接责任人员处以一万元以上十万元以下的罚款。

【法律依据】

《公司法》第二百零四条 公司在合并、分立、减少注册资本或者进行清算时，不依照本法规定通知或者公告债权人的，由公司登记机关责令改正，对公司处以一万元以上十万元以下的罚款。公司在进行清算时，隐匿财产，对资产负债表或者财产清单作虚假记载或者在未清偿债务前分配公司财产的，由公司登记机关责令改正，对公司处以隐匿财产或者未清偿债务前分配公司财产金额百分之五以上百分之十以下的罚款；对直接负责的主管人员和其他直接责任人员处以一万元以上十万元以下的罚款。

第 130 问 股东查账时，发现公司在清算期间开展与清算无关的经营活动的，公司会承担什么后果？

【答】公司在清算期间开展与清算无关的经营活动的，由公司登记机关予以警告，没收违法所得。

【法律依据】

《公司法》第二百零五条　公司在清算期间开展与清算无关的经营活动的，由公司登记机关予以警告，没收违法所得。

第 131 问　股东查账时，发现公司清算组报送清算报告隐瞒重要事实或有重大遗漏的，公司会承担什么后果？

【答】公司报送的清算报告隐瞒重要事实或者有重大遗漏的，由公司登记机关责令改正。

【法律依据】

《公司法》第二百零六条　清算组不依照本法规定向公司登记机关报送清算报告，或者报送清算报告隐瞒重要事实或者有重大遗漏的，由公司登记机关责令改正。清算组成员利用职权徇私舞弊、谋取非法收入或者侵占公司财产的，由公司登记机关责令退还公司财产，没收违法所得，并可以处以违法所得一倍以上五倍以下的罚款。

第 132 问　股东查账时，发现公司清算组成员利用职权徇私舞弊、谋取非法收入或侵占公司财产的，清算组成员会承担什么后果？

【答】公司清算组成员利用职权徇私舞弊、谋取非法收入或者侵占公司财产的，由公司登记机关责令退还公司财产，没收违法所得，并可以处以违法所得一倍以上五倍以下的罚款。

【法律依据】

《公司法》第二百零六条　清算组不依照本法规定向公司登记机关报送清算报告，或者报送清算报告隐瞒重要事实或者有重大遗漏的，由公司登记机关责令改正。清算组成员利用职权徇私舞弊、谋取非法收入或者侵占公司财产的，由公司登记机关责令退还公司财产，没收违法所得，并可以处以违法所得一倍以上五倍以下的罚款。

作为本书的刑事篇，本篇主要讨论股东查账时可能涉嫌的刑事犯罪问题，分三个部分，共十八问。笔者从行为和结果两方面展开，紧扣行权查账涉刑入罪范围，多维度为公司与股东双方提供定分止争、权利救济的刑事解决思路。

第一部分为第 133 问至第 134 问，笔者先从行权行为、查账与反查账行为以及查实结果三方面展开分析，细数了股东知情权案件中常见的涉刑罪名。事实上，在股东知情权案件中，可能涉及的刑事罪名五花八门，尤其是在行为方面，是否涉刑很大程度上取决于行为人的法律意识。所以本篇只是蜻蜓点水般地点出一些在股东知情权案件中常见的罪名，并不深入讨论，意在提醒股东合法行权、正当行权，提醒公司合法经营、合规经营以及重视保护股东的权益。

第二部分为第 135 问至第 145 问，讨论的是公司反查账行为可能涉及的犯罪问题，即隐匿、故意销毁会计凭证、会计账簿、财务报告罪。这是行权股东最关注的问题之一，也是公司及相关人员最容易"触礁"的问题之一。笔者曾在商事篇中讲到公司会计凭证、会计账簿、财务报告等资料保全的问题，此处则从刑事角度分析待查账目被隐匿、销毁，出现虚假账、新旧账、账外账以及拒绝执行法院判决等实务中常见且高发的问题时股东的刑事救济，详细阐释了上述行为是否涉及刑事犯罪，若涉及刑事犯罪又该如何定罪处罚的入罪与刑罚问题，也提醒公司经营者依法经营。

第三部分为第 146 问至第 150 问，讨论的是查实结果可能涉及的犯罪问题，如常见且极易引发的职务侵占、挪用资金、虚开发票、毁灭证据、贿赂类犯罪，阐述了该类可由查账触及的刑事罪名、犯罪构成、立案标准、量刑幅度、历史沿革和刑事案例。

本篇参考前文商事篇的问题背景、裁判要旨、参考案例、和普提示编排体例，通过解析行权查账易涉刑事罪名，结合易涉常见刑事案例，为读者提供发现并解决该类问题的刑事处理路径。

出于企业刑事风险防范与企业刑事合规的要求，实践中面对股东行权过程中动辄入罪和刑罚的问题，笔者建议股东一方正当行权，合法查账，避免因行权查账而涉刑。同时，笔者亦建议公司一方正视股东行权，合规经营，切勿为防查账而使公司触及刑事犯罪。

第 133 问　公司股东行权查账时容易涉及哪些刑事犯罪?

【问题背景】

公司股东行使股东知情权的目的在于了解公司的经营状况，行权对象是公司，行权范围是公司章程、股东会会议记录、董事会会议决议、监事会会议决议、财务会计报告以及会计账簿。在本书商事篇的第 24 问"行权股东能否查阅会计凭证?"中，笔者专门探讨过股东能否查阅会计凭证的问题，故在此不再赘述。在行权股东行使股东知情权的过程中，行权股东、对象公司、其他公司股东、高级管理人员、经办人员容易被发现涉及哪些刑事犯罪呢?

【刑事罪名】

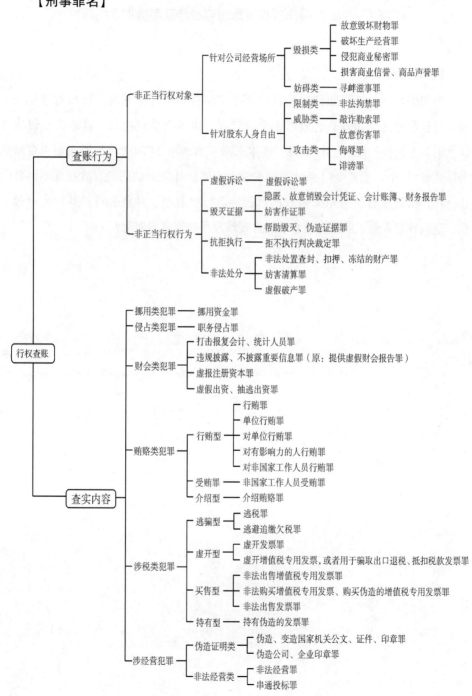

行权查账

- 查账行为
  - 非正当行权对象
    - 针对公司经营场所
      - 毁损类
        - 故意毁坏财物罪
        - 破坏生产经营罪
        - 侵犯商业秘密罪
        - 损害商业信誉、商品声誉罪
      - 妨碍类
        - 寻衅滋事罪
    - 针对股东人身自由
      - 限制类
        - 非法拘禁罪
      - 威胁类
        - 敲诈勒索罪
      - 攻击类
        - 故意伤害罪
        - 侮辱罪
        - 诽谤罪
  - 非正当行权行为
    - 虚假诉讼
      - 虚假诉讼罪
    - 毁灭证据
      - 隐匿、故意销毁会计凭证、会计账簿、财务报告罪
      - 妨害作证罪
      - 帮助毁灭、伪造证据罪
    - 抗拒执行
      - 拒不执行判决裁定罪
    - 非法处分
      - 非法处置查封、扣押、冻结的财产罪
      - 妨害清算罪
      - 虚假破产罪
- 查实内容
  - 挪用类犯罪 —— 挪用资金罪
  - 侵占类犯罪 —— 职务侵占罪
  - 财会类犯罪
    - 打击报复会计、统计人员罪
    - 违规披露、不披露重要信息罪（原：提供虚假财会报告罪）
    - 虚报注册资本罪
    - 虚假出资、抽逃出资罪
  - 贿赂类犯罪
    - 行贿型
      - 行贿罪
      - 单位行贿罪
      - 对单位行贿罪
      - 对有影响力的人行贿罪
      - 对非国家工作人员行贿罪
    - 受贿罪
      - 非国家工作人员受贿罪
    - 介绍型
      - 介绍贿赂罪
  - 涉税类犯罪
    - 逃骗型
      - 逃税罪
      - 逃避追缴欠税罪
    - 虚开型
      - 虚开发票罪
      - 虚开增值税专用发票，或者用于骗取出口退税、抵扣税款发票罪
    - 买售型
      - 非法出售增值税专用发票罪
      - 非法购买增值税专用发票、购买伪造的增值税专用发票罪
      - 非法出售发票罪
    - 持有型
      - 持有伪造的发票罪
  - 涉经营犯罪
    - 伪造证明类
      - 伪造、变造国家机关公文、证件、印章罪
      - 伪造公司、企业印章罪
    - 非法经营类
      - 非法经营罪
      - 串通投标罪

【重点罪名】①

1. 隐匿、故意销毁会计凭证、会计账簿、财务报告罪

根据《刑法》第一百六十二条之一规定，隐匿或者故意销毁依法应当保存的会计凭证、会计账簿、财务会计报告，情节严重的，处五年以下有期徒刑或者拘役，并处或者单处二万元以上二十万元以下罚金；单位犯前款罪的，对单位判处罚金，并对其直接负责的主管人员和其他直接责任人员，依照前款的规定处罚。

注：本罪是 1999 年《刑法修正案（一）》第一条增设，纳入《刑法》第一百六十二条，作为一百六十二条之一。

《全国人民代表大会常务委员会法制工作委员会关于对"隐匿、销毁会计凭证、会计账簿、财务会计报告构成犯罪的主体范围"问题的答复意见》（法工委复字〔2002〕3 号）指出，根据全国人大常委会 1999 年 12 月 25 日《刑法修正案（一）》第一条的规定，任何单位和个人在办理会计事务时对依法应当保存的会计凭证、会计账簿、财务会计报告，进行隐匿、销毁，情节严重的，构成犯罪，应当依法追究刑事责任。

2. 违规披露、不披露重要信息罪（原：提供虚假财会报告罪）

根据《刑法》第一百六十一条规定，依法负有信息披露义务的公司和企业，向股东和社会公众提供虚假的或者隐瞒重要事实的财务会计报告，或者对依法应当披露的其他重要信息不按照规定披露，严重损害股东或者其他人利益，或者有其他严重情节，构成违规披露、不披露重要信息罪。

注：违规披露、不披露重要信息罪是 2006 年《刑法修正案（六）》在 1997 年刑法规定的提供虚假财会报告罪的基础上修改的罪名。2021 年《刑法修正案（十一）》对本条作了再次修订。

本罪修改后在原有犯罪主体"公司"的基础上，增加了"企业""依法负有信息披露义务"的限定，实际上缩小了犯罪主体的范围。其犯罪主体主要限定为依法负有信息披露义务的公司、企业。

3. 职务侵占罪

根据《刑法》第二百七十一条规定，公司、企业或者其他单位的工作人员，利用职务上的便利，将本单位财物非法占为己有，数额较大，构成职务侵占罪。

注：2016 年 4 月 18 日《贪污贿赂案件司法解释》（法释〔2016〕9 号）第十

---

① 该部分内容由作者根据与本书核心内容相关性由强到弱的顺序编排。

一条规定，刑法第一百六十三条规定的非国家工作人员受贿罪、第二百七十一条规定的职务侵占罪中的"数额较大""数额巨大"的数额起点，按照本解释关于受贿罪、贪污罪相对应的数额标准规定的二倍、五倍执行。而根据该司法解释第一条，贪污或者受贿数额在三万元以上不满二十万元的，应当认定为"数额较大"。

故按照 2016 年司法解释关于职务侵占罪的入罪标准，公司股东、董事、监事、高管、经理、部门负责人和其他员工，如利用自己主管、管理、经营、经手公司财物的便利条件，将公司的财物转为自己非法占有或控制，数额达六万元以上，即涉嫌构成职务侵占罪。

4. 挪用资金罪

根据《刑法》第二百七十二条规定，公司、企业或者其他单位的工作人员，利用职务上的便利，挪用本单位资金归个人使用或者借贷给他人，数额较大、超过三个月未还的，或者虽未超过三个月，但数额较大、进行营利活动的，或者进行非法活动的，构成挪用资金罪。

注：2016 年 4 月 18 日《贪污贿赂案件司法解释》第十一条第二款规定，刑法第二百七十二条规定的挪用资金罪中的"数额较大""数额巨大"以及"进行非法活动"情形的数额起点，按照本解释关于挪用公款罪"数额较大""情节严重"以及"进行非法活动"的数额标准规定的二倍执行。而根据该司法解释第六条，挪用公款进行非法活动，数额在三万元以上为"数额较大"；进行营利活动或者超过三个月未还，数额在五万元以上为"数额较大"。

故按照 2016 年司法解释关于挪用资金罪的入罪标准，公司股东、董事、监事、高管、经理、部门负责人和其他员工，利用职务上的便利，挪用资金的具体行为可分为：①个人使用，进行非法活动，数额达六万元；②进行营利活动或超过三个月未还，数额达十万元，即可分别涉嫌构成挪用资金罪。

5. 贿赂类犯罪

贿赂类犯罪中，商业贿赂比较常见。

根据 2018 年 11 月 20 日《最高人民法院、最高人民检察院关于办理商业贿赂刑事案件适用法律若干问题的意见》及相关规定，公司、企业或者其他单位的股东、董事、高管、监事、经理、职工等在商业活动中，违背公平原则，给予相关人员财物，以谋取竞争优势的，涉嫌商业贿赂犯罪，具体罪名如下：

- 行贿罪

根据《刑法》第三百八十九条规定，在公司经营过程中，为谋取不正当利益，给予国家工作人员以财物的，构成行贿罪。

在经济往来中，违反国家规定，给予国家工作人员以财物，数额较大的，或者违反国家规定，给予国家工作人员以各种名义的回扣、手续费的，以行贿论处。

- 单位行贿罪

根据《刑法》第三百九十三条规定，在公司经营过程中，为谋取不正当利益而行贿，或者违反国家规定，给予国家工作人员以回扣、手续费，情节严重的，构成单位行贿罪。

- 对单位行贿罪

根据《刑法》第三百九十一条规定，在公司经营过程中，为谋取不正当利益，给予国家机关、国有公司、企业、事业单位、人民团体以财物，或者在经济往来中，违反国家规定，给予上述单位各种名义的回扣、手续费的行为，构成对单位行贿罪。

- 对有影响力的人行贿罪

根据《刑法》第三百九十条之一规定，在公司经营过程中，为谋取不正当利益，向国家工作人员的近亲属或者其他与该国家工作人员关系密切的人，或者向离职的国家工作人员或者其近亲属以及其他与其关系密切的人行贿的行为，构成对有影响力的人行贿罪。

- 对非国家工作人员行贿罪

根据《刑法》第一百六十四条规定，在公司经营过程中，为谋取不正当利益，给予公司、企业或者其他单位的工作人员以财物，数额较大的行为，构成对非国家工作人员行贿罪。

- 非国家工作人员受贿罪

根据《刑法》第一百六十三条规定，在公司经营过程中，公司、企业或者其他单位的工作人员利用职务上的便利，索取他人财物或者非法收受他人财物，为他人谋取利益，数额较大的行为，构成非国家工作人员受贿罪。

- 介绍贿赂罪

根据《刑法》第三百九十二条规定，在公司经营过程中，向国家工作人员介绍贿赂，为受贿人或者行贿人牵线、联系、引荐、撮合，促成贿赂交易，促使行贿与受贿得以实现的行为，情节严重，构成介绍贿赂罪。

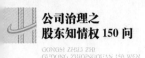

6. 涉税类犯罪

根据《刑法》及税收征收管理相关规定，涉税类犯罪主要是指纳税主体的税务违法行为造成严重后果达到刑事处罚幅度的，由违法变成了犯罪，将按照危害税收征管犯罪追究刑事责任。具体罪名如下：

• 逃税罪

根据《刑法》第二百零一条规定，纳税义务人采取欺骗、隐瞒手段进行虚假纳税申报或者不申报，逃避缴纳税款数额较大，并且占应纳税额百分之十以上，扣缴义务人采取欺骗、隐瞒等手段，不缴或者少缴已扣已收税款，数额较大或者因逃税受到两次行政处罚又逃税的行为，构成逃税罪。

• 逃避追缴欠税罪

根据《刑法》第二百零三条规定，纳税义务人欠缴应纳税款，采取转移或者隐匿财产的手段，致使税务机关无法追缴欠缴的税款的行为，构成逃避追缴欠税罪。

• 虚开增值税专用发票或者用于骗取出口退税、抵扣税款发票罪

根据《刑法》第二百零五条规定，违反国家税收征管和发票管理规定，为他人虚开、为自己虚开、让他人为自己虚开、介绍他人虚开增值税专用发票或者虚开用于骗取出口退税、抵扣税款的其他发票的行为，构成虚开增值税专用发票或者用于骗取出口退税、抵扣税款发票罪。

• 虚开发票罪

根据《刑法》第二百零五条之一规定，违反税收管理法律法规，虚开增值税专用发票或者用于骗取出口退税、抵扣税款的发票以外的其他发票，情节严重的行为，构成虚开发票罪。

• 非法出售增值税专用发票罪

根据《刑法》第二百零七条规定，违反国家有关发票管理法规，故意非法出售增值税专用发票的行为，构成非法出售增值税专用发票罪。

• 非法购买增值税专用发票、购买伪造的增值税专用发票罪

根据《刑法》第二百零八条之一规定，违反国家发票管理法规，非法购买增值税专用发票，或者购买伪造的增值税专用发票的行为，构成非法购买增值税专用发票、购买伪造的增值税专用发票罪。

• 非法出售发票罪

根据《刑法》第二百零九条之一规定，违反发票管理规定，非法出售各种不能用于出口退税、抵扣税款的发票的行为，构成非法出售发票罪。

- 持有伪造的发票罪

根据《刑法》第二百一十条之一规定，明知是伪造的发票而持有，数量较大的，构成持有伪造的发票罪。

7. 虚报注册资本罪

根据《刑法》第一百五十八条规定，依法实行注册资本实缴登记制的公司，在公司设立及增资变更登记过程中，采取欺诈手段虚报注册资本，欺骗公司登记主管部门，取得公司登记，转移资金数额较大的行为，构成虚报注册资本罪。

注：2014 年 4 月 24 日通过的《全国人民代表大会常务委员会关于〈中华人民共和国刑法〉第一百五十八条、第一百五十九条的解释》明确了虚报注册资本罪只适用于依法实行注册资本认缴登记制的公司。新修改的《公司法》将公司注册资本实缴登记制改为认缴登记制，除对公司注册资本实缴有另行规定的以外，取消了公司法定出资期限的规定，采取公司股东（发起人）自主约定认缴出资额、出资方式、出资期限等并记载于公司章程。

8. 虚假出资、抽逃出资罪

根据《刑法》第一百五十九条规定，依法实行注册资本实缴登记制的公司，公司发起人或者股东违反《公司法》的规定，实施了未交付货币、实物或者未转移财产权，虚假出资，或者在公司成立后又抽逃其出资，数额巨大、后果严重或者有其他严重情节的行为，构成虚假出资、抽逃出资罪。

注：2014 年 4 月 24 日通过的《全国人民代表大会常务委员会关于〈中华人民共和国刑法〉第一百五十八条、第一百五十九条的解释》规定，刑法第一百五十八条、第一百五十九条的规定，只适用于依法实行注册资本实缴登记制的公司。该规定同上述虚报注册资本罪一样，明确了虚假出资、抽逃出资罪的适用范围，即虚假出资、抽逃出资罪只适用于依法实行注册资本认缴登记制的公司。

9. 妨碍清算罪

根据《刑法》第一百六十二条规定，公司、企业进行清算时，隐匿财产，对资产负债表或者财产清单作虚伪记载或者在未清偿债务前分配公司、企业财产，严重损害债权人或者其他人利益，构成妨碍清算罪。

注：《立案追诉标准（二）》第七条规定，公司、企业进行清算时，隐匿财产，对资产负债表或者财产清单作虚伪记载或者在未清偿债务前分配公司、企业财产，涉嫌下列情形之一的，应予立案追诉：（一）隐匿财产价值在五十万元以上的；（二）对资产负债表或者财产清单作虚伪记载涉及金额在五十万元以上的；

（三）在未清偿债务前分配公司、企业财产价值在五十万元以上的；（四）造成债权人或者其他人直接经济损失数额累计在十万元以上的；（五）虽未达到上述数额标准，但应清偿的职工的工资、社会保险费用和法定补偿金得不到及时清偿，造成恶劣社会影响的；（六）其他严重损害债权人或者其他人利益的情形。

10. 虚假破产罪

根据《刑法》第一百六十二条之二规定，公司、企业通过隐匿财产、承担虚构的债务或者以其他方法转移、处分财产，实施虚假破产，严重损害债权人或者其他人利益的行为，构成虚假破产罪。

注：《立案追诉标准（二）》第九条规定，公司、企业通过隐匿财产、承担虚构的债务或者以其他方法转移、处分财产，实施虚假破产，涉嫌下列情形之一的，应予立案追诉：（一）隐匿财产价值在五十万元以上的；（二）承担虚构的债务涉及金额在五十万元以上的；（三）以其他方法转移、处分财产价值在五十万元以上的；（四）造成债权人或者其他人直接经济损失数额累计在十万元以上的；（五）虽未达到上述数额标准，但应清偿的职工的工资、社会保险费用和法定补偿金得不到及时清偿，造成恶劣社会影响的；（六）其他严重损害债权人或者其他人利益的情形。

11. 故意毁坏财物罪

根据《刑法》第二百七十五条规定，故意毁灭或者损坏公私财物，数额较大或者有其他严重情节的行为，构成故意毁坏财物罪。

注：《立案追诉标准（一）》第三十三条规定，故意毁坏公私财物，涉嫌下列情形之一的，应予立案追诉：（一）造成公私财物损失五千元以上的；（二）毁坏公私财物三次以上的；（三）纠集三人以上公然毁坏公私财物的；（四）其他情节严重的情形。

12. 破坏生产经营罪

根据《刑法》第二百七十六条规定，由于泄愤报复或者其他个人目的，毁坏机器设备、残害耕畜或者以其他方法破坏生产经营的行为，构成破坏生产经营罪。

注：《立案追诉标准（一）》第三十四条规定，由于泄愤报复或者其他个人目的，毁坏机器设备、残害耕畜或者以其他方法破坏生产经营，涉嫌下列情形之一的，应予立案追诉：（一）造成公私财物损失五千元以上的；（二）破坏生产经营三次以上的；（三）纠集三人以上公然破坏生产经营的；（四）其他破坏生产经营应予追究刑事责任的情形。

13. 侵犯商业秘密罪

根据《刑法》第二百一十九条规定，以盗窃、利诱、胁迫或者其他不正当手段获取权利人的商业秘密，或者非法披露、使用或者允许他人使用其所掌握的或获取的商业秘密，给商业秘密的权利人造成重大损失的行为，构成侵犯商业秘密罪。

注：《立案追诉标准（二）》第七十三条规定，侵犯商业秘密，涉嫌下列情形之一的，应予立案追诉：（一）给商业秘密权利人造成损失数额在三十万元以上的；（二）因侵犯商业秘密违法所得数额在三十万元以上的；（三）直接导致商业秘密的权利人因重大经营困难而破产、倒闭的；（四）其他给商业秘密权利人造成重大损失的情形。

14. 损害商业信誉、商品声誉罪

根据《刑法》第二百二十一条规定，捏造并散布虚伪事实，损害他人的商业信誉、商品声誉，给他人造成重大损失或者有其他严重情节的行为，构成损害商业信誉、商品声誉罪。

注：《立案追诉标准（二）》第七十四条规定，捏造并散布虚伪事实，损害他人的商业信誉、商品声誉，涉嫌下列情形之一的，应予立案追诉：（一）给他人造成直接经济损失数额在五十万元以上的。（二）虽未达到上述数额标准，但具有下列情形之一的：①利用互联网或者其他媒体公开损害他人商业信誉、商品声誉的；②造成公司、企业等单位停业、停产六个月以上，或者破产的。（三）其他给他人造成重大损失或者有其他严重情节的情形。

15. 寻衅滋事罪

根据《刑法》第二百九十三条规定，肆意挑衅，随意殴打、骚扰他人或任意损毁、占用公私财物，或者在公共场所起哄闹事，严重破坏社会秩序的行为，构成寻衅滋事罪。

注：《立案追诉标准（一）》第三十七条规定，寻衅滋事，破坏社会秩序，涉嫌下列情形之一的，应予立案追诉：

（1）随意殴打他人，致1人以上轻伤或者2人以上轻微伤；引起他人精神失常、自杀等严重结果；多次随意殴打他人；持凶器随意殴打他人；随意殴打精神病人、残疾人、流浪乞讨人员、老年人、孕妇、未成年人，造成恶劣社会影响；在公共场所随意殴打他人，造成公共场所秩序严重混乱；其他情节恶劣的情形。

（2）多次追逐、拦截、辱骂、恐吓他人，造成恶劣社会影响的；持凶器追

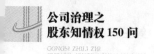

逐、拦截、辱骂、恐吓他人;追逐、拦截、辱骂、恐吓精神病人、残疾人、流浪乞讨人员、老年人、孕妇、未成年人,造成恶劣社会影响;引起他人精神失常、自杀等严重后果;严重影响他人的工作、生活、生产、经营;其他情节恶劣的情形。

(3) 强拿硬要公私财物价值 1 000 元以上,或者任意损毁、占用公私财物价值 2 000 元以上;多次强拿硬要或者任意损毁、占用公私财物,造成恶劣社会影响;强拿硬要或者任意损毁、占用精神病人、残疾人、流浪乞讨人员、老年人、孕妇、未成年人的财物,造成恶劣社会影响。

16. 非法拘禁罪

根据《刑法》第二百三十八条规定,以拘押、禁闭或者其他强制方法,非法剥夺他人人身自由的犯罪行为,构成非法拘禁罪。

注:《刑法》及司法解释中并没有规定一般主体非法拘禁罪的立案标准,只是对国家机关工作人员利用职权实施的非法拘禁行为明确了具体的刑事立案标准。

2019 年 4 月 9 日发布的《最高人民法院、最高人民检察院、公安部、司法部关于办理实施"软暴力"的刑事案件若干问题的意见》第六条规定,有组织地多次短时间非法拘禁他人的,应当认定为《刑法》第二百三十八条规定的"以其他方法非法剥夺他人人身自由"。非法拘禁他人三次以上、每次持续时间在四小时以上,或者非法拘禁他人累计时间在十二小时以上的,应当以非法拘禁罪定罪处罚。至此,一般主体非法拘禁罪终于有了一个明确的时间上的入罪标准。

现在可以参照的依据是 2006 年发布的《最高人民检察院关于渎职侵权犯罪案件立案标准的规定》,以及 2019 年发布的《最高人民法院、最高人民检察院、公安部、司法部关于办理实施"软暴力"的刑事案件若干问题的意见》。

根据上述规定,非法拘禁罪入罪标准:

(1) 国家机关工作人员利用职权实施非法拘禁,非法剥夺他人人身自由 24 小时以上;使用械具或者捆绑等恶劣手段或者实施殴打、侮辱、虐待行为;造成被拘禁人轻伤、重伤、死亡;导致被拘禁人自杀、自伤造成重伤、死亡或者精神失常;司法工作人员对明知是没有违法犯罪事实的人而非法拘禁。

(2) 黑恶势力有组织地多次短时间非法拘禁,采用"软暴力"手段非法拘禁他人 3 次以上、每次持续时间在 4 小时以上,或者非法拘禁他人累计时间在 12 小时以上。

（3）普通人实施非法拘禁罪时间、人数、行为、手段、后果参照以上执行。

17. 敲诈勒索罪

根据《刑法》第二百七十四条规定，以非法占有为目的，对被害人使用恐吓、威胁或要挟的方法，非法占用被害人公私财物的行为，构成敲诈勒索罪。

注：《最高人民法院、最高人民检察院关于办理敲诈勒索刑事案件适用法律若干问题的解释》第一条规定，敲诈勒索公私财物价值二千元至五千元以上、三万元至十万元以上、三十万元至五十万元以上的，应当分别认定为《刑法》第二百七十四条规定的"数额较大""数额巨大""数额特别巨大"。

各省、自治区、直辖市高级人民法院、人民检察院可以根据本地区经济发展状况和社会治安状况，在前款规定的数额幅度内，共同研究确定本地区执行的具体数额标准，报最高人民法院、最高人民检察院批准。

例如，四川省的相关标准根据《四川省高级人民法院、四川省人民检察院〈关于我省敲诈勒索罪具体数额执行标准的通知〉》规定：①敲诈勒索公私财物价值三千元以上的，为"数额较大"；②敲诈勒索公私财物价值五万元以上的，为"数额巨大"；③敲诈勒索公私财物价值三十五万元以上的，为"数额特别巨大"。

18. 故意伤害罪

根据《刑法》第二百三十四条规定，故意非法损害他人身体的行为为故意伤害罪。

注：故意伤害他人身体，经鉴定为轻伤或者重伤以上标准时，才构成故意伤害罪，予以立案。

19. 侮辱罪、诽谤罪

根据《刑法》第二百四十六条规定，使用暴力或者以其他方法，公然贬损他人人格，破坏他人名誉，情节严重的行为，构成侮辱罪。

根据《刑法》第二百四十六条第二款规定，故意捏造并散布虚构的事实，足以贬损他人人格，破坏他人名誉，情节严重的行为，构成诽谤罪。

注：侮辱罪、诽谤罪是情节犯，行为人公然侮辱、诽谤他人的行为，必须达到情节严重的程度，才构成犯罪，予以立案追究。

20. 打击报复会计、统计人员罪

根据《刑法》第二百五十五条规定，公司、企业的领导人员，对依法履行职责，抵制违反会计法、统计法行为的会计、统计人员实行打击报复，情节恶劣的行为，构成打击报复会计、统计人员罪。

公司、企业领导人对本公司的会计、统计人员进行打击报复的行为一般表现为：

（1）公然进行人身伤害，表现在授意、指使殴打会计、统计人员。

（2）滥用职权，侵犯会计、统计人员的合法权益，表现在调离岗位、扣发工资、降低待遇等。

（3）利用合法手段，达到打击报复之非法目的。表现在借改革、"优化组合"之名排除异己。

（4）利用群众对局部利益及眼前利益的期望心理，煽动群众围攻或孤立会计、统计人员。

上述打击报复的行为，必须是情节恶劣的才构成犯罪。

21. 虚假诉讼罪

根据《刑法》第三百零七条之一规定，以捏造的事实提起民事诉讼，妨害司法秩序或者严重侵害他人合法权益的行为，构成虚假诉讼罪。

注：本罪详见《最高人民法院、最高人民检察院关于办理虚假诉讼刑事案件适用法律若干问题的解释》全文。

22. 妨害作证罪

根据《刑法》第三百零七条第一款规定，采用暴力、威胁、贿买等方法阻止证人作证或者指使他人作伪证的行为，构成妨害作证罪。

注：妨害作证罪是举动犯，只要实施了妨害作证的行为，原则上均构成犯罪，情节严重只是妨害作证罪的加重情节。

23. 帮助毁灭、伪造证据罪

根据《刑法》第三百零七条第二款规定，帮助当事人毁灭、伪造证据，情节严重的行为，构成帮助毁灭、伪造证据罪。

注：本罪不限于刑事诉讼中，还包括民事诉讼和行政诉讼。根据《民事诉讼法》第一百一十一条、《行政诉讼法》第五十九条规定，伪造、隐匿、毁灭证据构成犯罪的，依法追究刑事责任。据此，与当事人共谋或受当事人指使毁灭、伪造证据，情节严重的，应予立案追究。

24. 拒不执行判决裁定罪

根据《刑法》第三百一十三条规定，对人民法院的判决、裁定有能力执行而拒不执行，情节严重的，构成拒不执行判决、裁定罪。

注：本罪详见《最高人民法院关于审理拒不执行判决、裁定刑事案件适用法

律若干问题的解释》全文。

25. 非法处置查封、扣押、冻结的财产罪

根据《刑法》第三百一十四条规定，隐藏、转移、变卖、故意毁损已被司法机关查封、扣押、冻结的财产，情节严重的行为，构成非法处置查封、扣押、冻结的财产罪。

注：本罪只有情节严重的才构成犯罪。现行法律并未对"情节严重"予以明确，司法实践中一般从以下方面来考虑：①非法处置查封、扣押、冻结的财产行为的次数；②非法处置查封、扣押、冻结的财产的数量、价值；③对被执行财产进行非法处置的故意内容和意图；④妨害诉讼活动正常进行的严重程度；⑤造成的恶劣影响和损害后果的程度等。

26. 伪造、变造、买卖国家机关公文、证件、印章罪

根据《刑法》第二百八十条第一款规定，伪造、变造、买卖国家机关公文、证件、印章罪是指非法制造、变造、买卖国家机关公文、证件、印章的行为。

注：本罪是行为犯，只要行为人实施了伪造、变造或者买卖国家机关公文、证件、印章的行为，原则上就构成犯罪，应予立案追究。

27. 伪造公司、企业、事业单位、人民团体印章罪

根据《刑法》第二百八十条规定，伪造公司、企业、事业单位、人民团体印章罪是指伪造公司、企业、事业单位、人民团体印章的行为。

注：本罪是行为犯，只要行为人实施了伪造公司、企业、事业单位、人民团体印章的行为，原则上就构成犯罪，应予立案追究。本罪与伪造国家机关印章罪不同，关键看印章的主体性质，量刑差距较大。

28. 非法经营罪

根据《刑法》第二百二十五条规定，非法经营罪是指违反国家规定，有下列非法经营行为之一的犯罪：（一）未经许可经营法律、行政法规规定的专营、专卖物品或其他限制买卖的物品的；（二）买卖进出口许可证、进出口原产地证明以及其他法律、行政法规规定的经营许可证或者批准文件；（三）未经国家有关主管部门批准，非法经营证券、期货或者保险业务的，或者非法从事资金结算业务的；（四）从事其他非法经营活动，扰乱市场秩序，情节严重的行为。

注：根据《最高人民检察院、公安部关于公安机关管辖的刑事案件立案追诉标准的规定（二）》第七十九条规定：

【非法经营电信】采取租用国际专线、私设转接设备或者其他方法，擅自经

营国际电信业务或者涉港澳台电信业务进行营利活动，扰乱电信市场管理秩序，具有下列情形之一的：1. 经营去话业务数额在一百万元以上的；2. 经营来话业务造成电信资费损失数额在一百万元以上的；3. 虽未达到上述数额标准，但具有下列情形之一的：（1）两年内因非法经营国际电信业务或者涉港澳台电信业务行为受过行政处罚二次以上，又非法经营国际电信业务或者涉港澳台电信业务的；（2）因非法经营国际电信业务或者涉港澳台电信业务行为造成其他严重后果的。

【非法经营外汇】非法经营外汇，具有下列情形之一的：1. 在外汇指定银行和中国外汇交易中心及其分中心以外买卖外汇，数额在二十万美元以上的，或者违法所得数额在五万元以上的；2. 公司、企业或者其他单位违反有关外贸代理业务的规定，采用非法手段，或者明知是伪造、变造的凭证、商业单据，为他人向外汇指定银行骗购外汇，数额在五百万美元以上或者违法所得数额在五十万元以上的；3. 居间介绍骗购外汇，数额在一百万美元以上或者违法所得数额在十万元以上的。

【非法出版】出版、印刷、复制、发行严重危害社会秩序和扰乱市场秩序的非法出版物，具有下列情形之一的：1. 个人非法经营数额在五万元以上的，单位非法经营数额在十五万元以上的；2. 个人违法所得数额在二万元以上的，单位违法所得数额在五万元以上的；3. 个人非法经营报纸五千份或者期刊五千本或者图书二千册或者音像制品、电子出版物五百张（盒）以上的，单位非法经营报纸一万五千份或者期刊一万五千本或者图书五千册或者音像制品、电子出版物一千五百张（盒）以上的；4. 虽未达到上述数额标准，但具有下列情形之一的：（1）两年内因出版、印刷、复制、发行非法出版物受过行政处罚二次以上的，又出版、印刷、复制、发行非法出版物的；（2）因出版、印刷、复制、发行非法出版物造成恶劣社会影响或者其他严重后果的。

【非法经营证券、期货、保险】未经国家有关主管部门批准，非法经营证券、期货、保险业务，或者非法从事资金支付结算业务，具有下列情形之一的：1. 非法经营证券、期货、保险业务，数额在三十万元以上的；2. 非法从事资金支付结算业务，数额在二百万元以上的；3. 违反国家规定，使用销售点终端机具（POS机）等方法，以虚构交易、虚开价格、现金退货等方式向信用卡持卡人直接支付现金，数额在一百万元以上的，或者造成金融机构资金二十万元以上逾期未还的，或者造成金融机构经济损失十万元以上的；4. 违法所得数额在五万元以上的。

【其他非法经营】从事其他非法经营活动，具有下列情形之一的：1. 个人非法经营数额在五万元以上，或者违法所得数额在一万元以上的；2. 单位非法经营数额在五十万元以上，或者违法所得数额在十万元以上的；3. 虽未达到上述数额标准，但两年内因同种非法经营行为受过二次以上行政处罚，又进行同种非法经营行为的；4. 其他情节严重的情形。

29. 串通投标罪

根据《刑法》第二百二十三条规定，投标者相互串通投标报价，损害招标人或者其他投标人利益，或者投标者与招标者串通投标，损害国家、集体、公民的合法权益，情节严重的行为，构成串通投标罪。

注：根据《最高人民检察院、公安部关于公安机关管辖的刑事案件立案追诉标准的规定（二）》第七十六条规定，投标人相互串通投标报价，或者投标人与招标人串通投标，涉嫌下列情形之一的，应予立案追诉：（一）损害招标人、投标人或者国家、集体、公民的合法利益，造成直接经济损失数额在五十万元以上的；（二）违法所得数额在十万元以上的；（三）中标项目金额在二百万元以上的；（四）采取威胁、欺骗或者贿赂等非法手段的；（五）虽未达到上述数额标准，但两年内因串通投标，受过行政处罚二次以上，又串通投标的；（六）其他情节严重的情形。

【和普提示】

行权股东通过行使股东知情权，在查阅、复制公司章程、股东会会议记录、董事会会议决议、监事会会议决议、财务会计报告以及查阅会计账簿过程中，相关人员可能涉及刑事犯罪，股东行权已然成为企业刑事法律风险防控的重点领域。上述罪名中最常见的当数隐匿、故意销毁会计凭证、会计账簿、财务报告罪。

对于股东一方，笔者建议股东在行权过程中采用合法途径与有效方式，正当行权，合法行权既要维护自身权益，又要避免滥用知情权影响公司经营，方才不会因行权方式方法不当使自己身陷囹圄。

对于公司一方，正视及维护股东知情权是公司及其他股东应当具备的基本权利意识，笔者认为再三强调也不为过。如果公司的相关人员初心不正，妄图通过控制公司实现自身的非法利益，行权股东完全有可能通过刑事的途径救济自身的权利。

第 134 问　公司股东行权查账最容易触及哪种刑事犯罪?

【问题背景】

前面的第 133 问"公司股东行权查账时容易涉及哪些刑事犯罪?"一问中,已经谈到公司及其他相关人员最容易触及的罪名为隐匿、故意销毁会计凭证、会计账簿、财务报告罪,因为在司法实务中,很多公司要么没有账,要么就是一本糊涂账,无法向行权股东进行披露。无论行权股东是通过申请还是诉讼的方式要求行使股东知情权,公司及相关人员出于各种考虑,可能会采取隐匿、故意销毁会计凭证、会计账簿、财务报告的方式进行回避,那么,该项罪名的概念是什么?犯罪构成要件、立案追诉标准、量刑处罚幅度等是如何确定的呢?

【刑事罪名】

股东与公司在行权查账、查与被查、要求查与拒绝查的博弈过程中最容易触及隐匿、故意销毁会计凭证、会计账簿、财务报告罪。

1. 本罪定义

隐匿、故意销毁会计凭证、会计账簿、财务报告罪,是指隐匿或者故意销毁依法应当保存的会计凭证、会计账簿、财务会计报告,情节严重的行为。

2. 犯罪构成

(1) 主体要件。本罪的犯罪主体是一般主体,年满十六周岁、具有刑事责任年龄的自然人均可成为本罪的主体,单位也可构成本罪。所有依照《会计法》的规定办理会计事务的公司、企业和个人,都可以成为本罪的主体。

(2) 主观要件。本罪的主观方面是直接故意。此处的故意,是指明知是依法应当保存的会计凭证、会计账簿、财务会计报告而隐匿、销毁的主观心理状态。不论出于什么目的,不影响本罪的构成。

(3) 客体要件。本罪侵犯的客体是国家会计管理制度。具体对象是会计凭证、会计账簿、财务会计报告。

(4) 客观要件。客观方面表现为隐匿或者故意销毁依法应当保存的会计凭证、会计账簿、财务会计报告,情节严重的行为。

①隐匿,是指有关机关要求其提供会计凭证、会计账簿、财务会计报告,以便监督检查其会计工作,查找犯罪证据时,故意转移、隐藏应当保存的会计凭

证、会计账簿、财务会计报告的行为。

②故意销毁，是指将明知按照会计档案管理的有关规定或者国家统一会计制度的规定应当存档或者保存的会计凭证、会计账簿、会计财务报告予以毁灭、损毁的行为。以纵火、水浸、销毁、粘连等方式使之毁坏，无法辨认，都可以构成故意销毁的行为。

③会计凭证，是指记录经济业务发生和完成情况，明确经济责任，作为记账依据的书面证明。会计凭证包括原始凭证、记账凭证、汇总凭证和其他会计凭证。

④会计账簿，是指由一定格式、相互联系的账页组成，以会计凭证为依据，用以序时地、分类地、全面地、系统地记录、反映和监督一个单位经济业务活动情况的会计簿籍，是会计信息的主要载体之一。会计账簿按其不同用途和会计法的规定，可以分为总账、明细账、日记账和其他辅助性账簿。

⑤财务会计报告，是指根据会计账簿记录和有关会计核算资料编制的反映单位财务状况和经营成果的报告文书。财务会计报告分为年度、半年度、季度和月度财务会计报告。年度、半年度财务会计报告应当包括：会计报表、会计报表附注、财务情况说明书。会计报表包括资产负债表、利润表、现金流量表及相关附表。

3. 立案标准

根据《立案追诉标准（二）》的规定，隐匿或者故意销毁依法应当保存的会计凭证、会计账簿、财务会计报告，涉嫌下列情形之一的，应予立案追诉：

（1）隐匿、故意销毁的会计凭证、会计账簿、财务会计报告涉及金额在50万元以上的；

（2）依法应当向司法机关、行政机关、有关主管部门等提供而隐匿、故意销毁或者拒不交出会计凭证、会计账簿、财务会计报告的；

（3）其他情节严重的情形。

4. 量刑幅度

《刑法》第一百六十二条之一规定：

"隐匿或者故意销毁依法应当保存的会计凭证、会计账簿、财务会计报告，情节严重的，处五年以下有期徒刑或者拘役，并处或者单处二万元以上二十万元以下罚金。

"单位犯前款罪的，对单位判处罚金，并对其直接负责的主管人员和其他直接责任人员，依照前款的规定处罚。"

本条第一款是关于个人犯罪的处罚规定。本款对犯罪主体未作特别规定。任何人只要实施了本款规定的隐匿或者故意销毁依法应当保存的会计凭证、会计账簿、财务会计报告行为，情节严重的就构成犯罪。

本条第二款是关于单位犯罪的规定。目前有些单位经济管理混乱，会计工作秩序一团糟，其原因是多方面的，有的是会计人员个人所为，但主要是单位行为。为明确单位负责人员对本单位会计工作和保证会计资料真实性、完整性的责任，《会计法》第四条明确规定："单位负责人对本单位的会计工作和会计资料的真实性、完整性负责。"根据本款的规定，单位隐匿或者故意销毁依法应当保存的会计凭证、会计账簿、财务会计报告构成犯罪的，除对单位判处罚金外，对单位直接负责的主管人员和其他直接责任人员还要依照第一款的规定处罚，即处五年以下有期徒刑或者拘役，并处或者单处二万元以上二十万元以下罚金。

5. 历史沿革

本条是我国第一次《刑法修正案》第一条增设的罪名。

1999 年 12 月 15 日第九届全国人民代表大会常务委员会第十三次会议通过的《刑法修正案》（自 1999 年 12 月 25 日起实施）第一条增设，纳入《刑法》第一百六十二条，作为一百六十二条之一。

需要注意的是，《刑法》并未对本罪的犯罪主体加以明文规定，而《刑法修正案》增加该条放在刑法第一百六十二条之后作为第一百六十二条之一，主要是考虑到增加的内容与刑法第一百六十二条的内容最为接近，而不能因为列在《刑法》分则"妨害对公司、企业的管理秩序罪"一节，就理解为本罪的犯罪主体限于公司、企业人员。对于该条法律的含义，应从条文本身的内容去分析理解，而不是只从节名划定本罪的犯罪主体。

《全国人民代表大会常务委员会法制工作委员会关于对"隐匿、销毁会计凭证、会计账簿、财务会计报告构成犯罪的主体范围"问题的答复意见》（法工委复字〔2002〕3 号）指出，根据全国人大常委会 1999 年 12 月 25 日刑法修正案第一条的规定，任何单位和个人在办理会计事务时对依法应当保存的会计凭证、会计账簿、财务会计报告，进行隐匿、销毁，情节严重的，构成犯罪，应当依法追究刑事责任。

全国人大法工委的答复意见是对本罪主体的扩大解释，按照这一规定，无论是否是公司、企业的财会人员，只要实施隐匿、故意销毁会计凭证、会计账簿、财务会计报告的行为，情节严重的，均应以本罪论处。

第 135 问　隐匿公司会计凭证、账簿是否涉嫌刑事犯罪？

【问题背景】

无论股东欲行使股东知情权亦或是要求解散、清算公司，均与公司的会计凭证、会计账簿等财务账目密切相关。在本书商事篇第 51 问 "股东能否以股东知情权受到损害为由主张解散公司？" 中，笔者已经探讨了行权股东不得因股东知情权受到损害为由解散公司，但如果相关人员为此而隐匿公司会计凭证、账簿，是否涉嫌刑事犯罪呢？

【裁判要旨】

公司股东先后以 "与企业有关的纠纷" "损害公司利益责任纠纷" 案为由提起诉讼，经法院审理后判决公司解散，被告人拒不交回会计凭证等公司财务账册，情节严重，构成隐匿会计凭证罪。

【参考案例】

广东省中山市中级人民法院在（2018）粤 20 刑终 460 号刑事裁定书中认为：

2009 年 7 月 2 日，被告人刘建龙与龙树辉等人成立中山市维纳思家具有限公司，刘建龙为公司执行董事、法定代表人。2014 年 7 月，刘建龙与公司其他股东之间因经营产生矛盾，股东邹龙辉以 "与企业有关的纠纷" 诉诸法院，法院判决维纳思公司解散，财务账册由公司负责人刘建龙带走。之后，股东龙树辉以刘建龙为被告向中山市第二人民法院提起 "损害公司利益责任纠纷" 诉讼，案号〔（2014）中二法黄民二初字第 393 号〕，并以刘建龙涉嫌职务侵占罪向公安机关报案。

中山市第二人民法院通知刘建龙移交维纳思公司财务资料。2015 年 1 月，刘建龙在向法院提交账册时称缺失的账册被股东邹龙辉盗走。2016 年 4 月，刘建龙发现缺失的其中 6 本会计凭证，但未交给法院并说明去向。同年 7 月 4 日，中山市永信会计师事务所因会计资料不全出具无法审计的回复函，法院将回复函内容告知双方。同年 7 月 22 日，法院作出民事裁定书，裁定 "驳回龙树辉的起诉"。龙树辉不服上诉。2017 年 2 月 17 日下午 3 时许，公安民警将刘建龙抓获后带往东莞市东城区火炼树怡丰都市广场丰泽阁 C 座 902 房其住处搜查，刘建龙称"账册均已提交法院"，随后公安人员在其卧室窗台缴获会计凭证 6 本。经审计，该 6 本会计凭证核算金额共计 23 438 211.72 元，与刘建龙之前提交给法院的账册在内容上没有重复。

中山市第二人民法院审理指控被告人刘建龙犯隐匿会计凭证罪一案，认定上述事实的证据有：股东龙树辉的陈述，公安机关出具的办案说明、缴获经过、搜查笔录、扣押笔录及清单、执行记录仪录像，涉案的 6 本账册，维纳思公司股东会决议，工商档案登记资料，法院相关民事裁定及笔录，股东梁宗乐、邹龙辉、陈匡发等人的证言，被告人刘建龙的供述及辩解等。据此，中山市第二人民法院于 2018 年 8 月 22 日作出〔（2017）粤 2072 刑初 2348 号〕刑事判决，以被告人刘建龙犯隐匿会计凭证罪，判处有期徒刑二年，并处罚金三万元。

一审宣判后，被告人刘建龙不服，提出上诉。经中山市中级人民法院审理查明，上诉人刘建龙无视国法，隐匿依法应当保存的会计凭证，情节严重，其行为已构成隐匿会计凭证罪，应依法惩处。原审判决认定被告人刘建龙犯罪的事实清楚、证据充分，据以定案的证据均经庭审质证，予以确认。据此，中山市中级人民法院于 2019 年 1 月 23 日作出〔（2018）粤 20 刑终 460 号〕刑事裁定，驳回刘建龙上诉，维持原判。

【和普提示】

股东行权查账→要求查阅公司账目→公司拒绝查账→股东提起知情权之诉→法院判决查账→公司隐匿账本……司法实践中，在股东行权查账的这一过程里，公司往往拒绝交出甚至隐匿所保管的公司账册，这种行为极易构成隐匿会计凭证罪。

对于股东一方，建议在国家权力机关调取股东掌握的公司相关财务资料时，不得转移、隐藏，如拒不提供，很容易涉嫌构成本罪。

对于公司一方，建议在国家权力机关要求对公司财务资料进行监督检查时，协助配合，予以提供，不得隐匿。

第136问 哪些人员容易涉嫌隐匿会计凭证、账簿罪?

【问题背景】

在前文第135问"隐匿公司会计凭证、账簿是否涉嫌刑事犯罪?"中,笔者探讨了相关人员拒不交回会计凭证等公司财务账册,情节严重,可能构成隐匿会计凭证罪的问题,那么在司法实务中,哪些人最容易涉嫌隐匿会计凭证、账簿罪呢?

【裁判要旨】

被告人隐匿公司会计凭证、会计账簿,且情节严重,其行为构成隐匿会计凭证、会计账簿罪。其他行为人帮助隐匿,亦构成本罪。

【参考案例】

案例一:四川省成都市青白江区人民法院在(2018)川 0113刑初158号刑事判决书中认为:

2016年4月至11月,被告人王苏林在任成都中铁运龙物流有限公司物业部经理期间,受该公司负责人何官燕(在逃)指使,直接参与或安排该公司综合部经理林燕忠多次转移该公司相关财务凭证。在公安机关向被告人王苏林调取该公司会计凭证、账簿等涉案材料时,王苏林拒不配合,未如实交代相关财务资料的去向。被告人林燕忠也拒不配合,否认知晓相关财务资料的去向。随后在办案民警教育下,被告人林燕忠带领办案民警在成都中益五金机电大市场房间里找到了中铁运龙物流有限公司2010年至2015年的会计凭证等资料。

成都市公安局青白江区分局于2017年5月5日聘请四川兴精诚司法鉴定所对上述会计凭证等材料进行司法会计鉴定。经鉴定,王苏林、林燕忠隐匿的成都中铁运龙物流有限公司2010年至2015年的会计凭证借方发生额金额合计3 664 678 914.40元、贷方发生额金额合计3 664 678 914.40元,总计7 329 357 828.80元。

成都市青白江区人民检察院以成青白检公诉刑诉(2018)152号起诉书指控被告人王苏林、林燕忠犯隐匿会计凭证罪,于2018年5月2日提起公诉。

成都市青白江区人民法院认定,被告人王苏林、林燕忠明知其保管、隐匿的相关资料系依法应当保存的会计凭证，在公安机关向其调取时，因受人指使不如实交代涉案会计资料去向，妨害了侦查工作正常进行，侵犯了会计管理制度，其行为均已构成隐匿会计凭证罪。根据被告人王苏林的具体犯罪情节和悔罪表现，可以适用缓刑。鉴于被告人林燕忠在公安机关要求其提供涉案会计凭证时，拒不提供予以隐匿的时间较短，犯罪情节轻微，可以免予刑事处罚。据此判决：一、被告人王苏林犯隐匿会计凭证罪，判处有期徒刑一年，缓刑二年，并处罚金人民币四万元；二、被告人林燕忠犯隐匿会计凭证罪，免予刑事处罚。

案例二：四川省成都市中级人民法院在（2019）川 01 刑终 408 号刑事裁定书中认为：

被告人王苏林、林燕忠犯隐匿会计凭证罪一案，成都市青白江区人民法院于 2019 年 1 月 29 日作出（2018）川 0113 刑初 158 号刑事判决。宣判后，原审被告人王苏林、林燕忠不服，提起上诉。

上诉人王苏林主要上诉理由：①王苏林的行为是受公司法定代表人安排而履行工作职责，不具有"隐匿"会计凭证的主观故意，也没有拒不提供的故意；②王苏林搬动财务资料的行为没有达到隐匿的程度，其行为不妨碍相关部门调查公司财务情况；③一审法院没有查明所谓隐匿的会计凭证属于"依法应当保存的会计凭证"；④王苏林的行为并未造成任何损害后果，也不构成情节严重，不应认定为犯罪。

上诉人林燕忠主要上诉理由：①林燕忠不具备隐匿会计凭证的主观故意；②客观上林燕忠并没有实施所谓的隐匿会计凭证的行为；③林燕忠的行为并未侵害会计资料的完整性、真实性，也未破坏市场经济管理秩序，未侵害隐匿会计凭证罪的客体；④一审法院没有查明所谓隐匿的会计凭证属于"依法应当保存的会计凭证"。

成都市中级人民法院认为，上诉人王苏林、林燕忠隐匿会计凭证资料的行为均已构成隐匿会计凭证罪，并根据在案证据综合评判如下：

第一，在客观方面，上诉人王苏林、林燕忠在公安机关向二人调取会计凭证资料时，实施了隐匿依法应当保存的会计凭证和拒不交出的行为。根据在案多名证人的证言、二上诉人的供述以及王苏林的微信聊天记录，可以证实王苏林受他人指使后，直接参与或安排林燕忠将本应保存于公司财务部门的会计凭证多次转移、隐匿于他处。在公安机关向王苏林调取会计凭证资料时，王苏林拒不交代会计凭证资料去向，在被拘留后，仍未交代他人从林燕忠处带走部分会计凭证资料的事实，直至林燕忠交代后王苏林才作出供述。在公安机关向林燕忠调取会计凭证资料时，林燕忠明知会计凭证资料的隐匿地，却拒不向公安机关提供，经公安机关教育后，才带民警找到涉案会计凭证资料。前述二上诉人的行为已达到公安机关管辖的刑事案件立案追诉标准。

第二，在主观方面，上诉人王苏林、林燕忠主观明知其隐匿的资料系依法应当保存的会计凭证。证人财务人员冯某、张某与保安队长刘某的证言，上诉人王苏林、林燕忠的多次供述以及王苏林与何官燕、顾乡的微信聊天记录内容，可以相互印证二上诉人明确知晓所藏匿的资料对公司很重要，系依法应保存的会计凭证。

因此，成都市中级人民法院认为，原判认定事实清楚，适用法律正确，量刑适当，审判程序合法。上诉人王苏林、林燕忠上诉理由不能成立，不予采纳。据此，裁定驳回上诉，维持原判。

【和普提示】

本罪属于轻微犯罪，《刑法》规定较为简单。具体来说，"隐匿"是指国家权力机关要求公司或者股东提供公司的会计凭证、会计账簿、财务会计报告，以便监督检查其会计工作，其拒不提供，故意转移、隐藏应当保存的会计凭证、会计账簿、财务会计报告的行为。因此，"隐匿"的认定应以"拒不提供"作为标准。实施隐匿行为的人员均可能涉及该项罪名，无论其身份、地位是什么，职务为实际控制人、董事、监事、经理还是财务人员，为前述人员提供帮助的也可能构成该项罪名的帮助犯。

第 137 问 销毁公司会计凭证、账簿是否涉嫌刑事犯罪?

【问题背景】

在前文第 135 问"隐匿公司会计凭证、账簿是否涉嫌刑事犯罪?"中，笔者探讨了公司相关人员拒不交回会计凭证等公司财务账册，情节严重，可能构成隐匿会计凭证罪，而且谈到"隐匿"的认定应以"拒不提供"作为标准的问题。那么，如果相关人员故意销毁公司会计凭证、账簿，是否涉嫌刑事犯罪?

【裁判要旨】

任何单位与个人不得故意销毁公司依法应当保存的会计资料。被告人作为公司会计、出纳，为拒绝查账而销毁会计凭证、会计账簿，构成故意销毁会计凭证、会计账簿、财务会计报告罪。

【参考案例】

案例一：四川省成都市金牛区人民法院在（2017）川 0106 刑初 1080 号刑事判决书中认为：

2014 年 12 月 12 日，成都市公安局金牛区分局在办理四川旭诚投资管理有限公司相关案件的过程中，要求作为旭诚公司的会计高洁、出纳吴心蕊提供该公司财务资料。二被告人离开公安机关后，于 2014 年 12 月 13 日 19 时许，将公司的合同资料、会计凭证、会计账簿等财务资料，带至成都市郫都区红光大道与金粮路交汇处的一偏僻地烧毁。2016 年 12 月 17 日，经公安机关口头传唤，被告人高洁、吴心蕊到案后被民警挡获，归案后如实供述了已将财务资料烧毁的犯罪事实。

成都市金牛区人民检察院以成金检公诉刑诉（2017）1013 号起诉书指控被告人高洁、吴心蕊犯故意销毁会计凭证、会计账簿罪、职务侵占罪，于 2017 年 9 月 1 日提起公诉。

成都市金牛区人民法院认定，被告人高洁、吴心蕊分别作为该公司的会计和出纳，故意销毁依法应当保存的会计凭证、会计账簿，情节严重，其行为均已构成故意销毁会计凭证、会计账簿罪。在故意销毁会计凭证、会计账簿的共同犯罪中，二被告人作用相辅相成，不分主从犯，按各自在犯罪中的地位、作用分别予以量刑处罚。被告人高洁、吴心蕊自动投案，并如实供述故意销毁会计凭证、会计账簿的犯罪事实，系自首，可以从轻处罚。据此，以犯故意销毁会计凭证、会计账簿罪判决被告人高洁有期徒刑一年六个月，与职务侵占罪并罚决定执行有期徒刑七年二个月，并处罚金二万元；以犯故意销毁会计凭证、会计账簿罪判处被告人吴心蕊有期徒刑一年六个月，并处罚金二万元。

案例二：四川省成都市中级人民法院在（2018）川 01 刑终 95 号刑事裁定书中认为：

被告人高洁、吴心蕊犯故意销毁会计凭证、会计账簿罪，成都市金牛区人民法院于 2017 年 11 月 14 日作出（2017）川

0106 刑初 1080 号刑事判决，宣判后，原审被告人高洁不服，提出上诉。

二审审理过程中，上诉人高洁自愿申请撤回上诉，认罪服判。成都市中级人民法院审查认为，原审判决认定事实清楚，适用法律正确，量刑适当，审判程序合法，裁定准许上诉人高洁撤回上诉。至此，成都市金牛区人民法院（2017）川 0106 刑初 1080 号刑事判决发生法律效力，被告人高洁、吴心蕊均以犯故意销毁会计凭证、会计账簿罪被判处有期徒刑一年六个月，并处罚金二万元。

【和普提示】

本罪的构成要件行为包括"隐匿"和"故意销毁"，其中，笔者在本书 136 问"哪些人员容易涉嫌隐匿会计凭证、账簿罪？"中谈到了"隐匿"行为，在此不再赘述。

"故意销毁"是指将明知按照会计档案管理的有关规定或者国家统一会计制度的规定应当存档或者保存的会计凭证、会计账簿、会计财务报告予以销毁的行为。

"隐匿"和"故意销毁"的区别在于，隐匿行为具有随时"可回转性"，销毁行为则具有"不可逆性"，这也是二者的最大区别。因为公司会计凭证、会计账簿、财务报告一旦被销毁，势必直接影响有权机关依据上述会计账册对该公司财务进行监管，严重侵害国家对公司、企业的财会管理秩序。因此，与隐匿行为不同，销毁行为本身即属于本罪的构成要件行为。比如以纵火、水浸、销毁、粘连等方式使依法应当保存的会计凭证、会计账簿、会计财务报告毁坏，使之无法辨认，都可以构成故意销毁的行为。

第 138 问　隐匿公司的电子财务数据是否涉嫌刑事犯罪？

【问题背景】

当前，随着公司记账方式从手工记账向电子记账转变，公司财务数据、会计档案的保存形式与内容也随之发生变化。那么，隐匿公司电子财务数据，如财务信息数据库、服务器、存储硬盘，是否涉嫌刑事犯罪？

【裁判要旨】

被告人故意将电子会计档案隐匿或销毁，情节严重的，其行为构成隐匿、故意销毁会计凭证、会计账簿、财务会计报告罪。对隐匿时间较短且未造成后果，犯罪情节轻微的，可以免予刑事处罚。

【参考案例】

案例一：山西省太原市杏花岭区人民法院在（2013）杏刑初字第 79 号刑事判决书中认为：

2012 年 5 月 29 日 19 时许，被告人张洁（云顶国际酒店总经理）为干扰太原市公安局对云顶国际酒店财务的调查工作，指使被告人张希明（酒店网络部主管）将该酒店五层机房内的财务信息服务器及硬盘转移并销毁。被告人张希明按照张洁的安排将财务服务器及存储硬盘从机房拆除，先后转移到酒店地下室及其车上。当晚 22 时许，张洁指使被告人贾宾（酒店前厅主管）告知张希明："如有人问起服务器的事情就说拿去修了。"被告人贾宾转达被告人张洁的话时，从张希明处得知被告人张洁所说的服务器是财务信息服务器，仍以"将服务器内的数据销毁后再备份一份"的语言与被告人张希明商量。后被告人张希明将财务信息服务器送至维修电脑处，将存储硬盘藏于云顶国际酒店五层张希明的办公室沙发垫子下。案发后，被隐匿的财务信息服务器及硬盘被依法查获。经查明，被隐匿的财务信息服务器记载的财务账目涉及金额 1 201 350 772.15 元。

太原市杏花岭区人民法院认定，被告人张洁作为云顶酒店总经理，为逃避相关机关对酒店财务的调查，暗中指使酒店的网络主管张希明将酒店财务服务器及硬盘转移并销毁。后张希明主动说出财务服务器及硬盘的藏匿地点，并将藏匿的硬盘交出。被告人张洁、张希明、贾宾明知资料是财务凭证而故意隐匿，其行为均构成隐匿会计凭证、会计账簿、财务会计报告罪。三被告人的行为均构成犯罪，但隐匿时间较短且未造成后果，犯罪情节轻微，依法可以免予刑事处罚。据此判决：被告人张洁、张希明犯隐匿会计凭证、会计账簿、财务会计报告罪，免予刑事处罚；被告人贾宾犯隐匿会计凭证、会计账簿、财务会计报告罪，免予刑事处罚；犯故意伤害罪，判处有期徒刑一年，数罪并罚，决定执行有期徒刑一年。

案例二：山西省太原市中级人民法院在（2016）晋 01 刑终 527 号刑事裁定书中认为：

被告人张洁、张希明、贾宾犯隐匿会计凭证、会计账簿、财务会计报告罪一案，太原市杏花岭区人民法院于 2016 年 7 月 13 日作出（2013）杏刑初字第 79 号刑事判决，宣判后，原审被告人张洁、张希明、贾宾均不服，提出上诉。

三被告人主要上诉理由：其没有犯罪的故意，没有隐匿、故意销毁会计凭证、会计账簿、财务会计报告的情节，其行为不属于《刑法》规定应当追诉的范围；犯罪情节轻微，依法可免于刑事处罚，有悖于《刑法修正案》中必须"情节严重的"才构成本罪的规定。

太原市中级人民法院认定，上诉人张洁、张希明、贾宾明知是财务信息服务器及存储硬盘而故意隐匿、转移，其行为均构成隐匿会计凭证、会计账簿、财务会计报告罪。上诉人贾某在缓刑考验期限内又犯新罪，应撤销缓刑，数罪并罚。三上诉人的犯罪行为属于犯罪情节轻微，依法可以免予刑事处罚。经查，上诉人张洁、张希明、贾宾将财务信息服务器及存储硬盘隐匿、转移，之后经公安人员询问时，上诉人张希明将存储硬盘交出的事实，在案证据足以证实三上诉人共同隐匿会计凭证、会计账簿、财务会计报告的客观事实。原判认定上诉人张洁、张希明、贾宾犯隐匿会计凭证、会计账簿、财务会计报告罪的事实清楚，证据确实充分，量刑适当，审判程序合法。据此裁定驳回张洁、张希明、贾宾上诉，维持原判。

案例三：山西省太原市中级人民法院在（2018）晋01刑再2号刑事裁定书中认为：

太原市杏花岭区人民法院审理太原市杏花岭区人民检察院指控被告人张洁、张希明、贾宾犯隐匿会计凭证、会计账簿、财务会计报告罪一案，于2016年7月13日作出（2013）杏刑初字第79号刑事判决。原审被告人张洁、张希明、贾宾不服，分别提出上诉。太原市中级人民法院于2016年9月21日作出（2016）晋01刑终527号刑事裁定，驳回上诉，维持原判。判决发生法律效力后，原审被告人张洁、张希明、贾宾提出申诉。太原市中级人民法院于2018年4月25日作出（2018）晋01刑监5号再审决定，对本案进行再审。

其主要申诉理由：

（1）张洁：其主观上没有指使他人隐匿财务凭证的故意，客观上没有隐匿的发生，本案根本没有隐匿财务凭证的犯罪行为发生。

（2）张希明：其行为不符合隐匿会计凭证、会计账簿、财务会计报告罪的构成要件，主观上不存在犯罪故意，客观上没有实施隐匿会计凭证的行为。在张洁让其保管好酒店财务服务器时，其没有接到任何法定机关要求其提供会计账册、会计凭证的通知。当公安人员向张希明讯问财务服务器时，张希明主动交出的财务服务器的行为不构成犯罪。其行为没有侵害任何机关对云顶酒店财务的监管，不具有社会危害性，请求改判自己无罪。

（3）贾宾：没有做原审判决认定的犯罪事实，不认为是犯罪。

太原市人民检察院出庭检查员认为，本案认定原审被告人张洁、张希明、贾宾犯隐匿会计凭证、会计账簿、财务会计报告罪，事实清楚，证据确实充分。本案中，三原审被告人为逃避侦查，将涉及金额 12 亿余元的财务会计凭证隐匿。证实上述犯罪事实的证据有各被告人的供述、搜查笔录、书证、视听资料等，证据来源合法，证据锁链环环相扣、严密闭合，足以证实共同隐匿会计凭证、会计账簿、财务会计报告的犯罪事实。三原审被告人均已构成犯罪，但是隐匿时间较短且未造成后果，犯罪情节轻微，于是判处免予刑事处罚，原审判决、裁定合情合理合法。

再审审理查明，原一、二审判决、裁定认定的事实清楚，证据确实。再审期间，控辩双方均未提交新的证据。

太原市中级人民法院认定，原审被告人张洁、张希明、贾宾明知是财务信息服务器及存储硬盘而故意隐匿、转移，涉及金额巨大，情节严重，其行为均已构成隐匿会计凭证、会计账簿、财务会计报告罪，系共同犯罪。同时，鉴于原审被告人张洁、张希明、贾宾隐匿财务信息服务器及存储硬盘的时间较短且未造成后果，故可以认定犯罪情节轻微，对原审被告人张洁、张希明、贾宾判处免于刑事处罚，符合法律之规定。综上，原一、二审判决、裁定的定罪量刑并无不当，本案再审应当予以维持。据此作出终审裁定：维持太原市杏花岭区人民法院（2013）杏刑初字第 79 号刑事判决和本院（2016）晋 01 刑终 527 号刑事裁定。

【和普提示】

当前，越来越多的公司、企业选择运用电子方式进行记账。2016 年 1 月 1 日开始实行的新《会计档案管理办法》中对可以仅用电子形式保存的会计资料做出了具体规定。在此情况下，《刑法》规定的"依法应当保存的会计凭证、会计账簿、财务会计报告"的内涵也发生了变化，依法保存的会计资料既包括手工记账的会计资料，又包括了电子记账的会计资料。

根据新《会计档案管理办法》规定，公司企业可以仅用电子的方式进行记账，对具有永久保留价值的和其他重要保留价值的会计材料在电子保存的同时，打印纸质进行保存，保存的纸质版叫作纸质会计资料，而不等于传统意义上的手工记账的会计资料。

如果公司企业完整地保存了电子会计材料或者手工会计资料，即使隐匿、销毁其中一种，只要另外一种存储方式能单独完整地体现企业财务现状，那么此时就不易构成本罪；反之，仅有电子记账方式，并隐匿或销毁该电子会计档案，则涉嫌构成本罪。

第 139 问　销毁公司的账外资金凭证是否涉嫌刑事犯罪？

【问题背景】

在公司经营过程中，可能存在两套甚至多套账，其中一套对公账户的账目用于报税，另外一套或者多套私人银行的账目用于真实记录公司的财务状况。那么，销毁用于真实记录公司财务状况的账外会计凭证、会计账簿，是否涉嫌刑事犯罪？

【裁判要旨】

公司账外资金的会计资料与其他应当依法保存的会计资料一样，属记载一家公司一定时期的部分经营活动情况，都应当保存。销毁这些会计资料，就是销毁公司经营活动情况的真实、完整的书面记载，从而可能逃避主管部门对公司进行的监督检查。因此，故意销毁公司账外资金凭证、单据的违法行为，构成故意销毁会计凭证、会计账簿罪。

【参考案例】（载《人民法院案例选》2014 年第 1 辑）

案例一：湖南省长沙铁路衡阳运输法院在（2013）衡铁刑初字第 10 号刑事判决书中认为：

2006 年至 2007 年 8 月，被告人兰永宁在担任中铁二十五局集团柳州公司副总经理兼黄织项目部经理期间，安排其下属以虚假计价等手段通过民工作业队套取工程款，设立账外资金并由周剑明进行管理。2007 年 8 月，兰永宁调任中铁二十五局集团柳州公司总经理，当年 9 月，兰永宁将周剑明保管的账外资金的有关报销凭证、单据、记账本等要走并烧毁。经查，被烧毁的凭证、单据、账册涉及金额人民币达 524 万余元。

长沙铁路衡阳运输法院认定，被告人兰永宁故意销毁公司账外资金凭证、单据的行为构成故意销毁会计凭证、会计账簿罪。根据相关法律规定，各公司必须依法设置会计账簿，并保证其真实、完整。必须根据实际发生的经济业务事项进行会计核算，填制会计凭证，登记会计账簿，编制财务会计报告。会计资料应当建立档案，妥善保管。法律上这样要求的目的在于准确反映公司的经营状况，以备核查，并依法予以监督。账外资金的会计资料与其他应当依法保存的会计资料一样，记载了一定时期的部分经营活动情况，都是应当保存的。销毁这些会计资料，就是销毁这部分经营活动情况的真实、完整的书面记载，从而逃避有关部门对此依法进行的监督检查。据此判决，被告人兰永宁犯故意销毁会计凭证、会计账簿罪，判处有期徒刑一年，并处罚金人民币 2 万元。

案例二：广东省广州铁路运输中级法院在（2013）广铁中法刑终字第 19 号刑事裁定书中认为：

被告人兰永宁犯故意销毁会计凭证、会计账簿罪一案，长沙铁路衡阳运输法院于 2013 年 8 月 6 日作出（2013）衡铁刑初字第 10 号刑事判决。宣判后，原审被告人兰永宁不服，向广州铁路运输中级法院提起上诉。

其上诉主要理由认为烧毁的凭证、单据、账册不是依法应当保存的会计凭证、会计账簿，不构成故意销毁会计凭证、会计账簿罪。

广州铁路运输中级法院于 2013 年 11 月 28 日作出（2013）广铁中法刑终字第 19 号裁定，驳回兰永宁上诉，维持原判。

【和普提示】

与依法应当保存的公司会计资料一样，账外资金的会计资料同样是记录和反映公司经营情况的重要史料和证据，是公司在会计活动过程中形成的真实反映经营活动的客观记录和描述，不宜因属账外资料而被忽视。

建议公司一方将实际发生的经营事项进行会计核算后如实入账，填制会计凭证，登记会计账簿，编制财务会计报告，不宜设置账外资金，更不得故意销毁公司账外资金凭证、单据。

第 140 问 销毁公司的财务历史旧账是否涉嫌刑事犯罪？

【问题背景】

对于公司财务旧账，股东、高管、会计、出纳等可能认为在如期完成税费申报后已没有用处，或为了逃避过往的法律责任，同时也为了不再担心税务部门稽查而擅自销毁留存的该类旧账册。那么，销毁公司财务历史旧账，是否涉嫌刑事犯罪呢？

【裁判要旨】

专业会计从业人员应在公司财务账目交接、完成税费申报后，根据会计档案管理规定依法保存公司所有的会计凭证、会计账簿，不能故意销毁留存的公司旧账册，否则其行为构成故意销毁会计凭证、会计账簿罪。

【参考案例】

案例一： 四川省宜宾市南溪区人民法院在（2019）川 1503 刑初 27 号刑事判决书中认为：

被告人曾丽岚于 2008 年 10 月起担任宜宾市珙县三江建材有限责任公司会计，在公司负责做账。2010 年上半年，该公司停产关闭，曾丽岚不再担任会计，也无人接手会计凭证，其认为私人企业财务档案没啥用了，于是将公司两本会计账本、十多本凭证拿到办公楼的楼梯间烧毁。

2012 年 1 月，被告人曾丽岚又到珙县天旺烟花爆竹公司担任会计，做会计账目，建会计凭证，根据会计凭证建明细账，负责每季度向国税网上报税，每个月向地税网上报税。该公司前任会计李某离职时将公司账目交接给了曾丽岚。曾丽岚认为旧账没啥用，在 2014 年撕毁了 2012 年的账册，2015 年撕毁了 2013 年的账册，2016 年撕毁了 2014 年的账册。

经从珙县国税局调取企业纳税申报表查实，三江建材有限责任公司 2008 年 10 月至 2011 年 7 月期间的年度增值税纳税申报共计收入金额为 8 068 309.77 元，这期间的凭证都已被曾丽岚销毁了；天旺烟花爆竹公司 2012 年至 2014 年企业所得税年度纳税申报表共计 21 页，三年收入合计 630 536.85 元，这几年的凭证亦都被曾丽岚销毁了。

宜宾市南溪区人民法院认定，被告人曾丽岚故意销毁应当保存的珙县三江建材有限公司和珙县天旺烟花爆竹公司的会计凭证、会计账簿，情节严重，其行为已构成故意销毁会计凭证、会计账簿罪。被告人曾丽岚经电话传唤，如实供述其犯罪事实，应当认定为自首，依法可以从轻或减轻处罚。据此判决被告人曾丽岚犯故意销毁会计凭证、会计账簿罪，判处有期徒刑二年，并处罚金人民币三万元。

案例二： 四川省宜宾市中级人民法院在（2019）川 15 刑终 193 号刑事裁定书中认为：

被告人曾丽岚犯故意销毁会计凭证、会计账簿罪一案，宜宾市南溪区人民法院于 2019 年 5 月 17 日作出（2019）川 1503 刑初 27 号刑事判决。原审被告人曾丽岚不服，提出上诉。

其主要上诉及辩解理由：账本保存有操作性难度，自己不可能一直保存；错误认为私企财务档案，无债务后经过一定时间就没有用了，所以才销毁账册，其主观恶性相对较小；未充分考虑其自首情节，量刑畸重。

宜宾市中级人民法院认定，上诉人曾丽岚作为专业会计从业人员，违反规定故意销毁公司会计凭证、会计账簿，情节严重的行为已构成故意销毁会计凭证、会计账簿罪，原判综合全案事实、情节、后果，在法律规定幅度范围内依法判处刑罚，量刑适当。据此裁定驳回上诉，维持原判。

【和普提示】

根据新《会计档案管理办法》实施规定，自 2016 年 1 月起，原始凭证、记账凭证的保存期限由 15 年变为 30 年，总账、明细账的保存期限由 15 年变为 30 年。

企业在经营管理过程中，需要及时清理财务旧账，确保企业财物安全，如若企业财务旧账得不到妥善的解决和处理，则很容易为企业未来的发展带来一连串的财务风险，进而给企业造成不可弥补的经济损失。

第 141 问　公司销毁会计账目是否涉嫌构成单位犯罪？

【问题背景】

在查阅公司账目过程中，公司股东、负责人等以公司名义作出决策而销毁公司会计账目，那么，公司是否构成单位犯罪呢？

【裁判要旨】

被告单位江山造纸厂为本单位私利，经单位决策机构集体研究同意后，烧毁依法应当保存的会计资料，江山造纸厂构成销毁会计资料罪，被告杨云法作为单位直接负责的主管人员，依照销毁会计资料罪处罚。

【参考案例】（《最高人民法院公报》2002年第4期案例——浙江省江山造纸厂、杨云法销毁会计资料案）

该案例中，浙江省衢州江山市人民法院认为，被告人杨云法身为被告单位江山造纸厂的厂长、法定代表人，召集有关人员审核并指使他人烧毁该厂的会计资料，根据《刑法》第一百六十二条之一规定："隐匿或者故意销毁依法应当保存的会计凭证、会计账簿、财务会计报告，情节严重的，处五年以下有期徒刑或者拘役，并处或者单处二万元以上二十万元以下罚金。""单位犯前款罪的，对单位判处罚金，并对其直接负责的主管人员和其他直接责任人员，依照前款的规定处罚。"

此罪主体既可以是具有刑事责任能力的自然人，也可以是单位法人。犯罪的主观方面是直接故意，并且具有逃避国家依法对单位财务进行监督的目的；侵害的客体是国家对公司、企业财务的管理秩序，犯罪对象是依法应当保存的会计凭证、会计账簿或财务会计报告，犯罪客观方面表现为对依法应当保存的会计凭证、会计账簿或财务会计报告实施隐匿或者故意销毁的行为。

被告单位江山造纸厂为本厂私利，经该厂决策机构集体研究同意后，用锅炉烧毁了依法应当保存的上述会计资料，其行为与法律的规定公开相悖，可视为情节严重。依照《刑法》第一百六十二条之一的规定，江山造纸厂的行为构成销毁会计资料罪。依照《刑法》第一百六十二条之一第二款和《刑法》第三十条关于"公司、企业、事业单位、机关、团体实施的危害社会的行为，法律规定为单位犯罪的，应当负刑事责任"的规定，江山造纸厂应当承担刑事责任。据此，被告单位江山造纸厂犯销毁会计资料罪，判处罚金人民币十万元。

被告人杨云法身为江山造纸厂的厂长、法定代表人，召集有关人员审核并指使他人烧毁会计资料，对江山造纸厂实施的销毁会计资料犯罪行为负有直接责任，是《刑法》第一百六十二条之一第二款规定的"直接负责的主管人员"，也应当依照《刑法》第一百六十二条之一第一款的规定承担销毁会计资料的刑事责

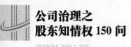
任。据此，被告人杨云法犯销毁会计资料罪，判处有期徒刑一年，缓刑一年，并处罚金 5 万元。

【和普提示】

本罪的犯罪主体，既可以是具有刑事责任能力的自然人，也可以是单位法人。单位构成本罪则实行"双罚制"，即对单位判处罚金，并对其直接负责的主管人员和其他直接责任人员判处法定的刑罚。

备注：最高人民检察院、公安部在 2001 年 4 月 18 日颁布的《关于经济犯罪案件追诉标准的规定》的第七条为"隐匿、销毁会计资料罪"，后最高人民法院、最高人民检察院在 2002 年 3 月 15 日公布的《关于执行〈中华人民共和国刑法〉确定罪名的补充规定》将该罪名确定为"隐匿、故意销毁会计凭证、会计账簿、财务会计报告罪"。

第 142 问　向股东提供虚假财务报告是否涉嫌刑事犯罪？

【问题背景】

在企业经营过程中，相关人员要向股东提供真实的财务报表，如提供虚假财务报告，将会损害股东或者其他人的利益。那么，向股东提供虚假财务报告是否涉嫌刑事犯罪呢？

【裁判要旨】

被告人作为直接负责的主管人员和其他直接责任人员，编制虚假财务报表、虚增利润，采取虚提返利、费用跨期入账等手段，或以虚增利润的方法取得配股权等方式，严重损害了股东及其他人的合法权益，其行为均已构成提供虚假财会报告罪。

【参考案例】

案例一：河南省郑州市中级人民法院 2002 年 11 月 14 日刑事判决书认为：

被告人李福乾作为郑州百文股份有限公司（简称"郑百文"）董事长、法人代表，在听取总经理卢一德、财务处主任都群福汇报公司 1997 年度经营亏损，并看到 1997 年底第一次汇总的财务报表也显示亏损的情况下，仍指示财务部门和家电分公司要在 1997 年度会计报表中显示完成年初下达的盈利目标。被告人卢一德签发了一个紧急通知,要求家电分公司财务部门把实际上未到位的 1997 年度供方返利"以预提形式在 1997 年度会计报表中反映"。被告人都群福指示总公司财务人员将各分公司所报当年的财务报表全部退回作二次处理,并明确要求不准显示亏损。按照三被告人的要求,家电分公司等部门财务人员在重新编制财务报表时,采取虚提返利以及将 1997 年财务费用推迟到 1998 年列账的手段,虚增利润 8 658.99 万元。1998 年 3 月 10 日,郑州会计师事务所为郑百文出具了无保留意见的审计报告,3 月 11 日,李福乾签发了《郑州百文股份有限公司(集团)1997 年度报告》向社会公告,向公众披露盈利 8 563.76 万元,从而使郑百文在 1998 年 7 月实现了配股方案。因上述作假手段以及经营不善等,郑百文 1998 年出现 50 241.46 万元的巨额亏损,使股东权益包括配股资金当年即损失 98.79%。

郑州市中级人民法院认为,郑州百文股份有限公司编制并向股东和社会公众提供虚假的财务会计报告,严重损害了广大股东利益,其行为已构成提供虚假财会报告罪。被告人李福乾、卢一德、都群福均系郑百文提供虚假财会报告的直接负责的主管人员,其行为均已构成提供虚假财会报告罪。据此判决:原公司董事长、法人代表李福乾有期徒刑三年,缓刑五年,并处罚金人民币五万元;原公司总经理卢一德、财务处主任都群福分别被判处有期徒刑二年,缓刑三年,并处罚金人民币三万元。

案例二:福建省厦门市思明区人民法院在(2002)思刑初字第 065 号刑事判决书中认为:

被告人吴乌作为厦门海洋实业(集团)股份有限公司的董事长,为了取得配股权,在公司达不到连续三年年利润率为 10% 的配股要求的情况下,召开董事会,决定采取虚增利润的方法取得配股权。嗣后,由董事长吴乌总负责,分管财务、证券的副董事长陈少熙负责具体操作,对公司下属的太平洋船队、贝劳船队、远洋二部、经营部、渔业燃料供应部和能达网厂等企业的利润状况进行摸底,而后布置各相关企业必须虚增利润的指标,再由各相关企业做假账虚增利润。1996 年至 1998 年期间,该公司在向股东和社会公众提供的财会报告中,共虚增利润 106 623 235.64 元,致使该公司股票于 2000 年 5 月 9 日被深圳证券交易所实施特别处理并强制停牌一天。案发后,被告人吴乌、陈少熙在接受调查时,均主动交代了上述虚增利润的犯罪事实。

厦门市思明区人民法院认为,身为公司董事长的被告人吴乌和副董事长的被告人陈少熙为了取得配股权，连续三年向股东和社会公众提供虚假的财务会计报告，严重损害了股东及其他人的合法权益，侵犯了公司财务管理的制度，其行为均已构成提供虚假财会报告罪。鉴于被告人吴乌、陈少熙在接受调查时，主动交代公司虚增利润的事实，可视为自首，依法予以从轻处罚。据此判决：被告人吴乌犯提供虚假财会报告罪，判处有期徒刑一年，并处罚金人民币二万元；被告人陈少熙犯提供虚假财会报告罪，判处有期徒刑一年，并处罚金人民币二万元。

【和普提示】

本罪主体为特殊主体，属于纯正的单位犯罪，只有有限责任公司或者股份有限公司才能构成，个人或者不具备公司资格的企业不能构成本罪的主体。

本罪采取单罚制，即只对"直接负责的主管人员和其他直接责任人员"进行处罚，不处罚单位。这里的"直接负责的主管人员和其他直接责任人员"，既包括对公司财务会计报告的真实性、可靠性负有直接责任的公司董事长、董事、总经理、经理、监事，又包括直接参与虚假财务会计报告制作的工作人员。

事实上，从单位实施的提供虚假财会报告罪的案例中可以看到，公司董事长等主要领导通常都是事件的主要责任人。"造假"这样重大的"决策"，绝非公司一般人员就能作出的决定，而"操刀"造假行为的公司财务负责人员和一般财会人员，往往是在公司董事长等主要领导的授意和指示下才实施造假活动。因此，通常会对相应的责任人员区分主、从犯，以正确评定刑罚幅度。

备注：2006 年 6 月 29 日，全国人民代表大会常务委员会通过的《中华人民共和国刑法修正案（六）》将"提供虚假财会报告罪"修改为"违规披露、不披露重要信息罪"。

第 143 问　为公司提供虚假审计报告是否涉嫌刑事犯罪？

【问题背景】

公司为虚增利润而编造虚假财报，其股东、董事、高管、监事、会计、出纳等直接责任人员涉嫌构成提供虚假财会报告罪。那么，为公司提供虚假审计报告的人员，是否涉嫌刑事犯罪？

【裁判要旨】

公司直接负责的主管人员和其他直接责任人员故意提供虚假财会报告而损害股东利益的，以提供虚假财会报告罪论处；承担资产评估、验资审计等职责的中介组织的人员，出具的证明文件重大失实，造成严重后果的，以出具证明文件重大失实罪论处。

【参考案例】董博等提供虚假财会报告案（载《最高人民检察院公报》2004年第5号）：

被告人董博、李有强、丁功民、阎金岱作为银广夏公司和天津广夏公司直接负责的主管人员和其他直接责任人员，明知提供虚假财会报告会损害股东利益却故意为之，采取伪造银行进账单、汇款单、海关报关单、销售合同、购货发票单及虚开增值税专用发票等手段，伪造天津广夏公司1999年度和2000年度及2001年中期虚假收入和利润，为掩盖银广夏公司虚报虚假利润的事实，又采取拆借资金的手段，达到银广夏公司2001年中期利润分红，导致银广夏公司向股东和社会公众提供虚假的财会报告，向社会披露虚假利润，致使银广夏公司涉嫌违规，被中国证监会停牌，股价急速下跌，严重损害了股东的利益，致使股东遭受巨大的财产损失。

深圳中天勤会计师事务所接受银广夏公司委托后，被告人刘加荣、徐林文在对天津广夏公司1999年度和2000年度财务报告审计过程中，没有实施向海关询证的必要程序，没有实施向银行询证的重要程序，没有充分关注购进原材料发票均是普通发票这一重要疑点，未对天津广夏公司银行存款余额实施有效的检查及函证程序。被告人刘加荣、徐林文在不辨别真伪、不履行会计师事务所三级复核有关要求的情况下，仍先后为银广夏公司出具了1999年度、2000年度"无保留意见"的审计报告，致使银广夏公司虚假的财会报告向社会公众发布，造成投资者的利益遭受重大损失。该所签发的银广夏审计报告的负责人与签字注册会计师为同一人，未遵循审计准则中规定的会计师事务所三级复核的有关要求。同时，被告人刘加荣还违反注册会计师的有关规定，兼任银广夏公司财务顾问。在形式和实质上，均失去独立性。

2002年12月17日，银川市中级人民法院开庭审理认为：被告人刘加荣、徐林文代表深圳中天勤会计师事务所在对银广夏公司及天津广夏公司1999年度和2000年度财务报告进行审计的过程中，未遵循《中国注册会计师独立审计准则》，

未履行必要的审计程序，为银广夏公司出具了 1999 年度和 2000 年度严重失实的审计报告。被告人刘加荣、徐林文应当预见其出具的 1999 年度、2000 年度银广夏公司审计报告有重大失实，并可能造成严重后果，但没有预见，其行为均已构成出具证明文件重大失实罪，依法应予严惩。

2003 年 9 月 3 日，银川市中级人民法院对被告人董博、李有强、丁功民、阎金岱以犯提供虚假财会报告罪，分别判处有期徒刑三年、两年六个月等；对出具审计报告的被告人刘加荣、徐林文以犯出具证明文件重大失实罪，分别判处有期徒刑二年六个月、二年三个月。

【和普提示】

在提供虚假财会报告犯罪案例中，法院往往会对承担资产评估、验资审计等职责的会计师、审计师，因其故意提供虚假的资产评估报告、验资证明、审计报告等证明文件，或者严重不负责任，出具的证明文件有重大失实，造成严重后果的行为，分别以提供虚假证明文件罪、出具证明文件重大失实罪论处。

第 144 问　同时具有隐匿、销毁会计凭证、账簿、财务报告等多种行为，应如何定罪处罚？

【问题背景】

在查阅公司账目过程中，相关人员往往存在隐匿、故意销毁会计凭证、会计账簿、财务会计报告等多种行为。那么，对于隐匿、销毁会计凭证、账簿和财会报告的行为，应如何定罪处罚？

【裁判要旨】

隐匿、故意销毁会计凭证、会计账簿、财务会计报告罪的犯罪对象是《会计法》规定的应当保存的公司、企业的会计资料，其中，会计凭证、会计账簿与财务会计报告是选择性要件，当公司股东或其他人员具有隐匿、销毁行为且该行为的对象为会计凭证、账簿、财会报告，则构成隐匿、故意销毁会计凭证、会计账簿、财务会计报告罪一罪。

【参考案例】

案例一：上海市嘉定区人民法院在（2017）沪 0114 刑初
175 号刑事判决书中认为：

2006 年 9 月，黑松节夫在上海市嘉定区注册成立了黑松
（上海）感应加热科技有限公司，聘用被告人杨北辰为公司副
总经理协助其经营管理公司。2012 年初，黑松节夫因病回日本治疗，此后委托杨
北辰负责公司的经营管理。2015 年 11 月，黑松节夫因对杨北辰的经营管理不满，
授权戴某某接管公司，杨北辰拒不接受，双方发生纠纷。2016 年 1 月，戴某某根
据黑松节夫委托，向杨北辰宣布解聘决定并送达解聘通知书，杨北辰仍予以拒
绝，拒不交出公司的公章、证照、账册等，并拒绝搬离黑松感应公司办公场所。
2016 年 4 月 4 日，杨北辰认为其即将失去对黑松感应公司的控制，遂私自雇佣搬
家公司将黑松感应公司的会计凭证、会计账簿、财务会计报告及其他纸质文件资
料全部搬走转移。同年 4 月中旬，黑松感应公司因杨北辰拒绝归还上述会计资料，
又发现有部分公司资金汇入杨北辰及其父亲的个人银行账户，向公安机关报案。
公安机关在调查过程中多次要求杨北辰交出会计凭证、财务账册，杨北辰拒不交
出。经查，被隐匿的会计凭证、会计账簿、财务会计报告涉及资金在 1 700 万元
以上。

上海市嘉定区人民检察院以沪嘉检诉刑诉（2017）137 号起诉书指控被告人
杨北辰犯隐匿会计凭证、会计账簿、财务会计报告罪，于 2017 年 2 月 3 日提起
公诉。

上海市嘉定区人民法院认定，被告人杨北辰故意隐匿依法应当保存的会计凭
证、会计账簿、财务会计报告，情节严重，其行为已构成隐匿会计凭证、会计账
簿、财务会计报告罪。经查，杨北辰明知黑松感应公司的经营管理纠纷一事，仍
于 2016 年 4 月 4 日私自雇佣搬家公司，将黑松感应公司经营办公场所内的全部纸
质文件搬走转移。证人证言证实涉案会计资料案发前存放于黑松感应公司经营办
公场所内，且证人证言证实杨北辰在案发后承认其转移了涉案会计资料。又查
明，杨北辰在接受公安机关调查及到案后，以未拿走为由，拒绝移交涉案会计资
料及隐瞒其存放的地点。故杨北辰具有隐匿黑松感应公司会计凭证、会计账簿、
财务会计报告的主观故意、客观行为。结合杨北辰犯罪的手段、后果及取得黑松
感应公司谅解等，在量刑时一并予以考虑。据此判决：一、被告人杨北辰犯隐匿

会计凭证、会计账簿、财务会计报告罪，判处有期徒刑一年三个月，并处罚金人民币五万元；二、责令被告人杨北辰退回隐匿的会计凭证、会计账簿、财务会计报告，发还黑松（上海）感应加热科技有限公司。

案例二：上海市第二中级人民法院在（2017）沪 02 刑终 1228 号刑事裁定书中认为：

被告人杨北辰犯隐匿会计凭证、会计账簿、财务会计报告罪一案，上海市嘉定区人民法院于 2017 年 8 月 30 日作出（2017）沪 0114 刑初 175 号刑事判决。宣判后，原审被告人杨北辰不服，提出上诉。

上诉主要理由：否认犯罪，辩称其从黑松感应公司搬走的材料中并不包含任何会计资料；主观上没有隐匿会计资料的故意；客观上没有直接证据证明杨从黑松感应公司搬走了会计资料。建议二审法院依法改判无罪。

上海市第二中级人民法院认为，上诉人杨北辰隐匿依法应当保存的会计凭证、会计账簿、财务会计报告，情节严重，其行为已构成隐匿会计凭证、会计账簿、财务会计报告罪，依法应予处罚。经查，杨北辰在与黑松感应公司发生经营管理权纠纷后，私自雇佣搬家公司将黑松感应公司办公场所内的会计凭证、会计账簿、财务会计报告及其他文件资料等搬走转移，且在接受公安机关调查时拒绝返还。原审根据杨北辰犯罪的事实、性质、情节及对社会的危害程度等，所作判决并无不当，且诉讼程序合法。上海市人民检察院第二分院的意见正确。据此裁定驳回上诉，维持原判。

【和普提示】

本罪属于选择性罪名，其中会计凭证、会计账簿与财务会计报告属于选择性要件，应按照相关人员具体实施的行为（隐匿或故意销毁）和侵害的对象（会计凭证、会计账簿、财务会计报告之一种或数种）来确定罪名。即使行为人实施了本罪犯罪构成中一种或数种行为，侵害了多个对象，也只构成一罪。

需要注意的是，在司法实践中，本罪多与公司股东、董事、高管、监事、经理、会计、出纳等涉嫌的职务侵占、挪用资金、商业贿赂、涉税发票、财会类犯罪构成数罪并罚。

第145问　公司拒不执行法院支持股东查阅账簿的生效判决，应如何定罪处罚？

【问题背景】

股东行权查账被公司拒绝后，以股东知情权纠纷为由起诉至法院，请求依法行权，法院判决亦支持股东查阅公司会计账簿、财务报表、股东会会议记录等，若公司罔顾法院生效判决，拒不执行判决支持股东查阅账簿的行为，应当如何定罪处罚？

【裁判要旨】

被告公司在股东提起股东知情权之诉并得到法院判决支持股东查阅该公司会计账簿、会计凭证、会计报表（收益表、资产负债表、损益表）和股东会会议记录后，依然拒绝履行判决所确定的相关查阅义务，经股东申请强制执行，法院将公司负责人纳入限制高消费、失信名单，并以拒不执行判决、裁定罪将其移送公安部门依法处理。

【参考案例】

案例一：河南省郑州市中原区人民法院在（2018）豫0102民初10610号民事判决书中认为：

被告郑煤集团总医院中原西路门诊部（仁记体检院）系原告李嘉慧等17名股东出资组建而成，原告在该院成立初始其股份由其他股东代持。后原告李嘉慧向法院起诉请求解除代持股协议并将仁记体检院的股权份额转移至原告名下，同时判令仁记体检院将原告的名字、出资额、认购股份、出资比例、出资时间等登记在股东花名册。上述请求得到法院判决支持，仁记体检院不服提出上诉，后被驳回上诉，维持原判。

2018年9月5日，仁记体检院在股东花名册上将其他股东代持的原告李嘉慧股份全部变更登记至原告名下，至此，原告李嘉慧成为仁记体检院的股东，登记的出资金额为220万元，占仁记体检院21.8%的股份。后原告李嘉慧曾向仁记体检院提出查阅会计账簿、股东大会会议记录、董事会会议决议、监事会会议决议的申请。

2018 年 10 月 26 日，仁记体检院部分出资人以仁记体检院系非营利性医疗机构，不属于《公司法》规定的有限责任公司及股份有限公司为由，认为原告依据《公司法》主张权利属于适用法律错误，另以原告曾经实施严重损害仁记体检院合法权益的行为、原告未履行出资义务、提出的查阅申请存在不当目的为由，拒绝了原告的查阅请求。

本案经法院审查认为，仁记体检院虽非《公司法》调整的对象，但仁记体检院在章程中选择将《公司法》作为调整其内部关系适用的法律，该选择不违背法律强制性规定，应予准许。根据章程内容，仁记体检院系按股份制管理的医疗卫生机构，仁记体检院出资人参照《公司法》有关股东的规定享有权利、承担义务。知情权是股东的基本权利，被告在没有证据证明股东行使知情权存在非法目的前提下，被告理应予以满足。原告虽非初始出资入股，但法院生效判决已确定原告的股东资格，根据仁记体检院章程有关股东权利的内容，原告在法定范围内享有对仁记体检院经营状况和财务状况进行了解的权利和查阅股东会会议记录和门诊财务报告的权利。被告以其不属于公司法规定的有限责任公司及股份有限公司、原告曾经实施严重损害被告行为、未履行出资义务、其提出的查阅申请目的不当为由，拒绝了原告的查阅请求的做法是错误的，应予纠正。2018 年 2 月 8 日，原告在仁记体检院的股东资格得到确认，原告自此享有对仁记体检院的经营状况和财务状况进行了解和查阅股东会会议记录和门诊财务报告的权利。根据《会计法》相关规定，会计账簿是重要但非唯一的会计资料，其数据来源于会计凭证，只有会计账簿全面、真实、客观地反映会计凭证，才能真实反映出一个单位的资产经营状况。原告作为股份制经营方式的医疗机构的股东，只有通过查阅原始凭证才能知晓会计账簿的记录与该股份制医疗机构的实物、款项的实有数额是否相符，与会计凭证的有关内容是否相符，才能真正地让股东了解和掌握仁记体检院的经营和财务状况，充分保护股东的知情权。基于上述分析及章程中关于股东的权利的表述，原告的知情权包括查阅仁记体检院在 2018 年 2 月 8 日后形成的财务账簿等财务资料，包括：会计账簿、会计凭证、会计报表（收益表、资产负债表、损益表）及股东会会议记录。

据此判决：被告郑煤集团总医院中原西路门诊部（仁记体检院）于本判决生效之日起十日内在其经营场所内提供 2018 年 2 月 8 日后的会计账簿、会计凭证、会计报表（收益表、资产负债表、损益表）和股东会会议记录供原告李嘉慧查阅。

案例二：河南省郑州市中原区人民法院在（2019）豫0102执1859号执行裁定书中认为：

申请执行人李嘉慧与被执行人郑煤集团总医院中原西路门诊部（仁记体检院）股东知情权一案，郑州市中原区人民法院于2019年1月18日作出的（2018）豫0102民初10610号民事判决书已经发生法律效力。经李嘉慧申请强制执行，郑州市中原区人民法院于2019年4月19日依法立案受理。

2019年4月25日，法院向被执行人郑煤集团总医院中原西路门诊部（仁记体检院）发出执行通知书，责令其限期履行法律文书确定的义务，并传唤被执行人负责人到本院接受调查询问。2019年5月23日，被执行人的负责人董文甫到庭接受调查。

2019年6月13日，对郑煤集团总医院中原西路门诊部（仁记体检院）负责人董文甫实施司法拘留十五日。

2019年6月24日，申请执行人李嘉慧递交申请书，请求对郑煤集团总医院中原西路门诊部（仁记体检院）涉嫌拒不执行判决、裁定罪线索移交公安机关处理。

2019年6月27日，决定将被执行人郑煤集团总医院中原西路门诊部（仁记体检院）负责人董文甫涉嫌构成拒不执行生效判决、裁定罪有关材料移送郑州市公安局须水分局依法处理。

2019年11月21日，对被执行人的负责人董文甫采取限制高消费及有关消费的措施，并于当日作出失信决定，决定将被执行人纳入失信名单。

【和普提示】

股东知情权之诉中，法院判决支持股东行权查账，公司应履行法院生效判决义务，在判决确定的时间、地点提供公司会计账簿、会计凭证、会计报表、股东会会议记录等供股东查阅复制，否则将面临拒不执行裁判、裁定罪的刑事处罚。对于拒执犯罪，笔者接下来将重点解析。

【重点罪名解析：拒执类犯罪】

在股东知情权案件执行过程中，公司及相关人员如果拒不执行法院的判决或者裁定，可能构成该类犯罪。

1. 本罪定义

拒不执行裁判、裁定罪，指被执行人、协助执行义务人、担保人等负有执行义务的人对人民法院的判决、裁定有能力执行而拒不执行，情节严重的，以拒不执行判决、裁定罪处罚。

2. 犯罪构成

（1）主体要件。本罪主体为特殊主体。根据《民事诉讼法》《最高人民法院关于审理拒不执行判决、裁定刑事案件适用法律若干问题的解释》相关规定，本罪主体主要是指被执行人、协助执行义务人、担保人等负有执行义务的人。此外，单位也可构成本罪。

（2）主观要件。本罪主观方面表现为故意，即行为人明知是人民法院已经生效的判决或裁定，而故意拒不执行。确因不知判决、裁定已生效而未执行的，或者因某种不能预见或无法抗拒的实际困难而无法执行的，因为不属于故意拒不执行，所以不构成犯罪。至于行为人故意拒不执行的动机是多种多样的，并不影响拒不执行判决、裁定罪的构成。

（3）客体要件。拒不执行判决、裁定罪侵犯的客体是复杂客体，包括人民法院的司法权威和当事人的合法权益，本罪的对象是人民法院依法作出的具有执行内容并已经发生法律效力的判决、裁定，包括人民法院为依法执行支付令、生效的调解书、仲裁裁决、公证债权文书等所作的裁定。

（4）客观要件。本罪在客观方面表现为对人民法院生效的判决、裁定有能力执行而拒不执行，情节严重的行为。构成本罪必须具备三个方面的条件。

第一，对人民法院的判决、裁定有能力执行。

拒不执行判决、裁定罪属于不作为犯罪，必须以有作为能力为前提条件。对人民法院发生法律效力的判决、裁定"有能力执行"，是指根据人民法院查实的证据证明负有执行人民法院判决、裁定义务的人有可供执行的财产或者具有履行特定行为义务的能力。

第二，拒不执行人民法院的判决、裁定。

拒不执行判决、裁定罪属于不作为犯罪，在客观方面表现为不履行相应的法律义务，但在具体行为形式上多种多样：既可以采取积极的作为，如殴打、捆绑、拘禁、围攻执行人员，抢走执行标的，砸毁执行工具、车辆，以暴力伤害、毁坏财物、加害亲属、揭露隐私、破坏名誉等威胁、恫吓执行人员，转移、隐藏可供执行的财产，命令停止侵害仍不停止侵害而故意为之，等等，又可以采取消极的不作为方式，如对人民法院的执行通知置之不理或者躲藏、逃避等；既可以采取暴力的方式，又可以采取非暴力的方式；既可以公开抗拒执行，又可以是暗地里进行抗拒。不论其方式如何，只要其有能力执行而拒不执行，即可构成本罪。

第三，必须达到情节严重，才能构成本罪。

拒不执行判决、裁定罪属于情节犯，必须达到情节严重的程度才构成犯罪。

3. 立案标准

根据《最高人民法院关于审理拒不执行判决、裁定刑事案件适用法律若干问题的解释》第二条规定"其他有能力执行而拒不执行，情节严重的情形"：

（1）具有拒绝报告或者虚假报告财产情况、违反人民法院限制高消费及有关消费令等拒不执行行为，经采取罚款或者拘留等强制措施后仍拒不执行的；

（2）伪造、毁灭有关被执行人履行能力的重要证据，以暴力、威胁、贿买方法阻止他人作证或者指使、贿买、胁迫他人作伪证，妨碍人民法院查明被执行人财产情况，致使判决、裁定无法执行的；

（3）拒不交付法律文书指定交付的财物、票证或者拒不迁出房屋、退出土地，致使判决、裁定无法执行的；

（4）与他人串通，通过虚假诉讼、虚假仲裁、虚假和解等方式妨害执行，致使判决、裁定无法执行的；

（5）以暴力、威胁方法阻碍执行人员进入执行现场或者聚众哄闹、冲击执行现场，致使执行工作无法进行的；

（6）对执行人员进行侮辱、围攻、扣押、殴打，致使执行工作无法进行的；

（7）毁损、抢夺执行案件材料、执行公务车辆和其他执行器械、执行人员服装以及执行公务证件，致使执行工作无法进行的；

（8）拒不执行法院判决、裁定，致使债权人遭受重大损失的。

拒不执行判决、裁定罪属于情节犯，达到上述"情节严重"情形应予立案追诉。

4. 量刑幅度

根据《刑法》第三百一十三条及相关司法解释，拒不执行判决、裁定罪的量刑处罚标准如下：

对人民法院的判决、裁定有能力执行而拒不执行，情节严重的，处三年以下有期徒刑、拘役或者罚金；情节特别严重的，处三年以上七年以下有期徒刑，并处罚金。

单位犯前款罪的，对单位判处罚金，并对其直接负责的主管人员和其他直接责任人员，依照前款的规定处罚。

5. 历史沿革

1997 年修订《刑法》时，拒不执行判决、裁定罪独立出来单独列条，作为原第三百一十三条规定"对人民法院的判决、裁定有能力执行而拒不执行，情节严重的，处三年以下有期徒刑、拘役或者罚金"。

1997 年《刑法》施行后，在司法实践中，对于上述条款规定的"裁定"是否包括人民法院依法执行支付令、生效的调解书、仲裁决定、公证债权文书所作的裁定，存在不同认识，需要作出进一步明确规定。

2002 年 8 月 29 日通过的《全国人民代表大会常务委员会关于〈中华人民共和国刑法〉第三百一十三条的解释》，明确了裁定的范围包括法院为执行支付令、生效的调解书、仲裁裁决、公证债权文书等所作的裁定，并列举出"有能力执行而拒不执行，情节严重"的 5 种情形。

2007 年 8 月 30 日印发的《最高人民法院、最高人民检察院、公安部关于依法严肃查处拒不执行判决、裁定和暴力抗拒法院执行犯罪行为有关问题的通知》，在第一条、第二条分别列举了以拒不执行判决、裁定罪和妨害公务罪论处的情形，在第三条指出负有执行判决、裁定义务的单位主管人员和直接责任人员，为本单位利益实施第一条、第二条所列行为的，对其分别以拒不执行判决、裁定罪和妨害公务罪论处。

2015 年 7 月 22 日起施行的《最高人民法院关于审理拒不执行判决、裁定刑事案件适用法律若干问题的解释》，对全国人大常委会有关解释中的"其他有能力执行而拒不执行，情节严重的情形"，进一步明确列出 8 种具体情形，并规定符合《刑事诉讼法》第二百零四条第三项规定的，可以自诉。

2015 年《刑法修正案（九）》对本罪做了两方面的主要修改：一是针对拒不执行判决、裁定情节特别严重的，增加配置"处三年以上七年以下有期徒刑，并处罚金"，与拒不执行判决、裁定行为的社会危害程度相适应；二是针对实践中单位拒不执行判决、裁定较为突出的现象，对拒不执行判决、裁定罪增设单位犯罪的规定，补充了单位犯罪主体。

总之，笔者认为在司法实践中本罪的立法规定比较笼统，相关法律解释仍有遗漏，司法实务中对于如何认定本罪的情节严重、犯罪数额、拒不执行时间起算等仍有分歧，影响了惩治效果。如对于拒不执行行为的起算时间节点，有人认为应从裁判文书生效时起算，也有人认为应从执行立案时起算，进入执行程序的债务人才能称为被执行人，才存在拒不执行问题，而在法院执行立案前的转移财产等不能作为拒不执行判决、裁定罪认定。因此，笔者认为亟待明确统一的裁判标准，以确保本罪发挥出维护司法权威、保护当事人合法权益的综合效果，切实解决"执行难"问题。

第 146 问　为掩盖侵占单位财产的犯罪事实而销毁会计凭证，应一罪单处，还是数罪并罚？

【问题背景】

行为人利用职务便利侵占单位财产，在企业单位或国家机关对公司财务账目进行核查时，为防止被追查并掩盖侵占事实而故意销毁会计凭证。那么，对这种行为是以职务侵占罪或故意销毁会计凭证、会计账簿罪一罪单处，还是数罪并罚？

【裁判要旨】

行为人在企业单位实施了职务侵占行为后，为掩盖犯罪事实，故意销毁会计凭证、会计账簿、财务会计报告，同时构成职务侵占罪和故意销毁会计凭证、会计账簿、财务会计报告罪，应数罪并罚。

【参考案例】

案例一：四川省成都市金牛区人民法院在（2017）川 0106 刑初 1080 号刑事判决书中认为：

2014 年 12 月 12 日，成都市公安机关在办理四川旭诚投资管理有限公司涉嫌非法吸收公众存款案的过程中，要求旭诚公司的会计高洁、出纳吴心蕊提供该公司财务资料。二被告人被传唤后离开公安机关，于 2014 年 12 月 13 日 19 时许将公司的合同资料、会计凭证、会计账簿等财务资料，带至成都市郫都区红光大道与金粮路交汇处的一偏僻地烧毁。之后，公安机关查明被告人高洁于 2014 年 5 月至 12 月期间，担任旭诚公司的会计，利用职务上的便利，擅自将公司资金用于自己购买衣服、手机、奢侈品以及办理健身卡等消费，消费金额共计人民币 133.77 万元。被告人高洁向旭诚公司偿还赃款人

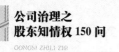
民币 41.9 万元。

成都市金牛区人民法院认定，被告人高洁作为该公司的会计，故意销毁依法应当保存的会计凭证、会计账簿，情节严重，其行为均已构成故意销毁会计凭证、会计账簿罪。同时，被告人高洁利用职务上的便利，将本单位财务非法占为己有，数额巨大，其行为已经构成职务侵占罪。据此判决：被告人高洁犯故意销毁会计凭证、会计账簿罪，判处有期徒刑一年六个月，并处罚金二万元；犯职务侵占罪，判处有期徒刑六年。决定执行有期徒刑七年二个月，并处罚金二万元。

案例二：安徽省郎溪县人民法院在（2002）郎刑初字第 58 号刑事判决书中认为：

2001 年 10 月至 2002 年 1 月，被告人吴梅在任十字信用社毛家店分社记账员期间，利用经手账目的职务便利，以多笔活期储蓄账不记入现金收入登记簿的方法侵占库款共计 97 300 元。2002 年 1 月 18 日，十字信用社对被告人吴梅经手的账目进行审核时发现其经手的账目不平。吴梅为了掩盖犯罪事实，用电水壶购买柴油藏于自己房间，并寻找理由得以在自己房间里查账。后趁查账人员离开时，吴梅将事先准备好的柴油倒在账簿上，点火将该社部分账目烧毁。

郎溪县人民法院认定，被告人吴梅在十字信用社查账过程中，故意销毁会计凭证、会计账簿，且情节严重，其行为构成故意销毁会计凭证、会计账簿罪。十字信用社对被告人吴梅经手的账目进行审核时，被告人吴梅明知审核的是依法应当保存的会计凭证、账簿，而用事先准备的柴油将账目予以烧毁。其主观上是为了掩盖其违法犯罪行为以达到毁灭罪证、逃避刑事追究、非法占用信用社资金的目的，同时又破坏会计资料的真实、完整，且情节严重，其行为分别构成职务侵占罪和故意销毁会计凭证、会计账簿罪，应实行数罪并罚。据此：被告人吴梅犯职务侵占罪，判处有期徒刑三年；犯故意销毁会计凭证、会计账簿罪，判处有期徒刑二年，并处罚金二万元。两罪并罚，决定执行有期徒刑三年，并处罚金二万元。

【和普提示】

一般而言，相关人员在查阅公司财务账目过程中，可能会查阅到公司股东、董事、高管、监事、经理、会计、出纳等人涉嫌利用职务便利侵占公司财物的犯罪线索。职务侵占罪是公司经营过程中极易触及的重点罪名，笔者接下来将重点解析。

【重点罪名解析：职务侵占罪】

在股东行权查账过程中，根据查实的公司资金流向，股东及其他人员最常见的涉嫌罪名之一就是职务侵占罪。

1. 本罪定义

职务侵占罪是指公司、企业或者其他单位的人员，利用职务上的便利，将本单位财物非法占为己有，数额较大的行为。

2. 犯罪构成

（1）主体要件。本罪主体为特殊主体，指公司、企业或者其他单位的"非国家工作人员"。该主体有以下三个特征：一是公司、企业或者其他单位的人员，这里的公司、企业或者其他单位包括国有性质的和非国有性质的；二是公司、企业或者其他单位中不具有国家工作人员身份或者不以国家工作人员身份论的人员；三是公司、企业或者其他单位具有一定职务的人员。

只有符合上述三个特征，行为人才可利用职务便利侵占公司单位的财物而成为本罪的主体。

（2）主观要件。本罪在主观方面是直接故意，并且具有非法占有公司、企业或其他单位财物的目的，过失不构成本罪。

（3）客体要件。本罪的犯罪客体是公司、企业或者其他单位的财产所有权。

（4）客观要件。本罪在客观方面表现为利用职务上的便利，侵占本单位财物，数额较大的行为。这里的利用职务上的便利，是指利用自己在单位的职务范围内的职权形成的主管、保管或者经手本单位的财物的便利条件。

3. 立案标准

《最高人民法院、最高人民检察院关于办理贪污贿赂刑事案件适用法律若干问题的解释》（2016年4月18日施行）第十一条第一款：刑法第一百六十三条规定的非国家工作人员受贿罪、第二百七十一条规定的职务侵占罪中的"数额较大""数额巨大"的数额起点，按照本解释关于受贿罪、贪污罪相对应的数额标准规定的二倍、五倍执行。

注：《贪污贿赂案件司法解释》第一条规定贪污或者受贿数额在三万元以上不满二十万元的，应当认定为"数额较大"；第二条规定贪污或者受贿数额在二十万元以上不满三百万元的，应当认定为"数额巨大"。

综上，现行2016年最新司法解释关于职务侵占罪的立案标准为六万元以上

（数额较大）、一百万元以上（数额巨大）。

4. 量刑幅度

（1）《刑法》第二百七十一条：

"公司、企业或者其他单位的工作人员，利用职务上的便利，将本单位财物非法占为己有，数额较大的，处三年以下有期徒刑或者拘役，并处罚金；数额巨大的，处三年以上十年以下有期徒刑，并处罚金；数额特别巨大的，处十年以上有期徒刑或者无期徒刑，并处罚金。

"国有公司、企业或者其他国有单位中从事公务的人员和国有公司、企业或者其他国有单位委派到非国有公司、企业以及其他单位从事公务的人员有前款行为的，依照本法第三百八十二条、第三百八十三条的规定定罪处罚。"

（2）《公司法》《合伙企业法》亦规定公司董事、监事、高级管理人员、合伙人等执行职务造成损失的，依法承担赔偿责任；构成犯罪的，依法追究刑事责任。

5. 历史沿革

《刑法》第二百七十一条规定的职务侵占罪，是由 1995 年 2 月 28 日全国人大常委会通过的《全国人民代表大会常务委员会关于惩治违反公司法的犯罪的决定》第十条规定的"侵占罪"拓展演化而来。1997 年《刑法》修订时，明确将贪污罪主体中的非国家工作人员分离出来，对于客观上同样的犯罪行为，依据行为主体的不同身份，分别规定为贪污罪与职务侵占罪，突出国家工作人员犯罪从重处罚的立法精神，有效地保护企业单位的财产权利。

《刑法》第二百七十一条第一款的立法目的是保护单位财产，惩处单位内工作人员利用职务便利，侵占单位财产的行为。除罪名有变化外，1997 年修订的《刑法》，还适当扩大了本罪的主体范围，即由上述《全国人民代表大会常务委员会关于惩治违反公司法的犯罪的决定》规定的公司、企业人员，扩展到公司、企业或者其他单位的"非国家工作人员"。

由于"侵占"一词的含义较为模糊，其范围并不十分明确，在司法实践中难以把握。到目前为止，笔者还没发现有任何司法解释对职务侵占罪的犯罪行为的手段与方式加以解释和明确化。不过基于职务侵占罪和《全国人民代表大会常务委员会关于惩治违反公司法的犯罪的决定》所规定的侵占罪的相继承性，可以参照该解释对侵占罪的手段的规定来认定职务侵占罪的手段。

在司法实践中，本罪的行为方式主要表现为侵吞、窃取、骗取以及其他手段。用"其他手段"加以概括，旨在对惩治职务侵占行为拾遗补缺，以防疏漏。

**第 147 问　为掩盖挪用公司资金的犯罪事实而隐匿会计账簿，
应一罪单处，还是数罪并罚？**

【问题背景】

公司资金去向不明，股东怀疑公司负责人挪用资金，要求行权查账，对公司进行财务审计，相关负责人拒不提供财务资料，且在司法机关介入后，为掩盖挪用资金的事实而隐匿会计账簿。那么，对这种行为是以挪用资金罪或故意销毁会计凭证、会计账簿罪一罪单处，还是数罪并罚？

【裁判要旨】

股东利用自己担任公司负责人的有利条件，挪用公司大额资金，在司法机关介入调查后，故意隐匿并拒不交出公司会计凭证、会计账簿，其行为构成挪用资金罪和隐匿会计凭证、会计账簿罪，应数罪并罚。

【参考案例】

案例一：湖北省武汉市汉阳区人民法院在（2014）鄂汉阳刑初字第 00207 号刑事判决书中认为：

被告人陈洪以时任湖北上达房地产有限公司法定代表人的身份与武汉银都房地产开发有限公司实际控制人祝某于 2005 年 12 月签订股权转让协议，将银都公司 98% 的股权转让给上达公司，并将银都公司股权比例变更为上达公司持股 40%，黄某（陈洪母亲）持股 58%，祝某持股 2%。2006 年 5 月 12 日，陈洪将上达公司所持 40% 股权变更至其个人名下。

2007 年 10 月，银都公司融资时被告人陈洪将黄某所持的 58% 股权无偿转让给徐某，股权比例变更为陈洪持股 40%，徐某持股 58%，祝某持股 2%。同月 16 日，武汉楚昌投资有限公司出资购买银都公司部分股份，并增资扩股将银都公司股权比例变更为楚昌公司持股 80%，陈洪持股 8%，徐某持股 11%，祝某持股 1%。随后，经银都公司股东会及董事会决议，决定由被告人陈洪担任董事长兼总经理。上述注册资本变更、自然人股权变更、法人股东变更、董事会情况变更事项均于 2007 年 10 月 25 日完成工商登记。

在担任银都公司法定代表人、董事长期间，被告人陈洪利用职务便利，多次挪用银都公司资金共计887.18万元，用于偿还个人债务、支付购房款及前妻的购车款，部分资金至今未归还。

2009年6月，楚昌公司与广州均康投资管理有限公司签订股权转让协议，将其所持有的银都公司80%的股份转让给均康公司。2012年12月，控股股东均康公司发现银都公司大量资金去向不明，遂要求对该公司进行财务审计。被告人陈洪作为银都公司法定代表人、董事长，拒不配合，并将公司全部会计账簿、会计凭证予以隐匿，在司法机关介入后仍拒不提供。

经法院判决认定，被告人陈洪利用其担任银都公司法定代表人、董事长的职务便利，挪用本单位资金共计887.18万元归个人使用，尚有761.18万元未退还，数额巨大，且在依法应当向司法机关提供的情况下，故意隐匿并拒不交出公司会计凭证、会计账簿，其行为已构成挪用资金罪和隐匿会计凭证、会计账簿罪，应当数罪并罚。据此判决：被告人陈洪犯挪用资金罪，判处有期徒刑八年六个月；犯隐匿会计凭证、会计账簿罪，判处有期徒刑两年，并处罚金人民币二万元。决定执行有期徒刑十年，并处罚金人民币二万元。

案例二：湖北省武汉市中级人民法院在（2015）鄂武汉中刑终字第00519号刑事裁定书中认为：

被告人陈洪犯挪用资金罪、隐匿会计凭证、会计账簿罪一案，武汉市汉阳区人民法院于2015年3月19日作出（2014）鄂汉阳刑初字第00207号刑事判决。原审被告人陈洪不服，提出上诉。武汉市中级人民法院认定原判事实清楚，证据确实、充分，定罪准确，量刑适当，审判程序合法，适用法律正确，驳回上诉人陈洪上诉，维持原判。

案例三：湖北省武汉市中级人民法院在（2017）鄂01刑申1号驳回申诉通知书中认为：

被告人陈洪不服武汉市汉阳区人民法院（2014）鄂汉阳刑初字第00207号刑事判决和武汉市中级人民法院（2015）鄂武汉中刑终字第00519号刑事裁定，向武汉市中级人民法院申诉。该院审查认为，在没有新的证据推翻原审认定事实的情况下，一审刑事判决、二审刑事裁定认定事实清楚，证据确实、充分，定罪准确，审判程序合法，被告人陈洪提出的申诉理由不符合再审条件，对其申诉予以驳回。

案例四：湖北省高级人民法院在（2018）鄂刑申 51 号驳回申诉通知书中认为：

被告人陈洪向武汉市中级人民法院申诉被驳回后，其近亲属陈维鑫向湖北省高级人民法院提起刑事申诉。该院审查认为，原审被告人陈洪利用其担任银都公司法定代表人、董事长的职务便利，挪用本单位资金共计 887.18 万元归个人使用，尚有 761.18 万元未退还，数额巨大，且在依法应当向司法机关提供的情况下，故意隐匿并拒不交出公司会计凭证、会计账簿，情节严重，其行为已分别构成挪用资金罪和隐匿会计凭证、会计账簿罪。原判定罪准确，量刑适当，审判程序合法，其申诉理由不符合申诉规定，据此驳回申诉。

【和普提示】

同笔者在本书第 146 问"为掩盖侵占单位财产的犯罪事实而销毁会计凭证，应一罪单处，还是数罪并罚？"讨论的职务侵占罪一样，挪用资金是股东行权查账时从公司财务账目中比较容易查阅到的犯罪线索。挪用资金罪亦是公司经营过程中极易触及的重点罪名，是侵犯公司财产类型犯罪中比较有代表性的罪名，笔者接下来将重点解析。

【重点罪名解析：挪用资金罪】

在股东行权查账过程中，根据查实的公司资金流向，股东及其他人员最常见的涉嫌罪名之二就是挪用资金罪。

1. 本罪定义

挪用资金罪，是指公司、企业或者其他单位的工作人员，利用职务上的便利，挪用本单位资金归个人使用或者借贷给他人，数额较大、超过三个月未还的，或者虽未超过三个月，但数额较大、进行营利活动的，或者进行非法活动的行为。

2. 犯罪构成

（1）主体要件。本罪的主体是特殊主体，即只能是公司、企业或其他单位中掌握一定职权的人。这里的公司、企业或其他单位指非国有性质的单位，也就是说，挪用资金罪的主体是不具有国家工作人员身份的公司、企业或其他单位的工作人员。

（2）主观要件。本罪的主观方面是故意，但不具有非法占有的目的。即行为人明知是本单位的资金，而挪为本人所用或供他人所用，并打算日后归还。

（3）客体要件。本罪的客体是公司、企业或其他单位对本单位资金的占有权、使用权和收益权。犯罪对象是行为人所在单位的资金。行为人实施本罪，并不是以非法占有其所在单位的资金为目的，而只是将其所在单位的资金挪作他用，所以本罪的客体并不包括单位资金的处分权。

（4）客观要件。本罪在客观上表现为利用职务上的便利，挪用本单位资金归个人使用或者借贷给他人，数额较大、超过三个月未还的，或者虽未超过三个月，但数额较大、进行营利活动的，或者进行非法活动的行为。

3. 立案标准

《最高人民法院、最高人民检察院关于办理贪污贿赂刑事案件适用法律若干问题的解释》（法释〔2016〕9 号）第十一条第二款：刑法第二百七十二条规定的挪用资金罪中的"数额较大""数额巨大"以及"进行非法活动"情形的数额起点，按照本解释关于挪用公款罪"数额较大""情节严重"以及"进行非法活动"的数额标准规定的二倍执行。

注：《贪污贿赂案件司法解释》规定挪用公款进行非法活动，数额在三万元以上为"数额较大"；进行营利活动或者超过三个月未还，数额在五万元以上为"数额较大"。

综上，参照现行 2016 年最新司法解释，按照挪用公款罪 2 倍标准，则挪用资金罪的立案标准为：

（1）个人一般使用，进行营利活动或超过三个月未还，10 万元以上为挪用资金"数额较大"，200 万元以上为挪用资金"数额较大不退还"，400 万元以上为挪用资金"数额巨大"；

（2）进行非法活动，入罪数额标准为 6 万元以上，100 万元以上为挪用资金进行非法活动"数额较大不退还"，200 万元以上为挪用资金进行非法活动"数额巨大"。

4. 量刑幅度

《刑法》第二百七十二条　公司、企业或者其他单位的工作人员，利用职务上的便利，挪用本单位资金归个人使用或者借贷给他人，数额较大、超过三个月未还的，或者虽未超过三个月，但数额较大、进行营利活动的，或者进行非法活动的，处三年以下有期徒刑或者拘役；挪用本单位资金数额巨大的，处三年以上七年以下有期徒刑；数额特别巨大的，处七年以上有期徒刑。

国有公司、企业或者其他国有单位中从事公务的人员和国有公司、企业或者其他国有单位委派到非国有公司、企业以及其他单位从事公务的人员有前款行为的，依照本法第三百八十四条的规定定罪处罚。

有第一款行为，在提起公诉前将挪用的资金退还的，可以从轻或者减轻处罚。其中，犯罪较轻的，可以减轻或者免除处罚。

第一百八十五条第一款　银行或者其他金融机构的工作人员利用职务上的便利，挪用本单位或者客户资金的，依照本法第二百七十二条的规定定罪处罚。

5. 历史沿革

挪用资金罪是《全国人民代表大会常务委员会关于惩治违反公司法的犯罪的决定》新设立的罪名，1979 年《刑法》并无此罪名。1997 年《刑法》修订时，出于在市场经济框架下对打击非国有企业中挪用犯罪的需要而增设了第二百七十二条挪用资金罪。2021 年实施的《刑法修正案（十一）》增加了第三款，明确挪用者在被公诉前将挪用资金退还的可以从轻或者减轻处罚，对犯罪较轻的可以减轻或者免除处罚。

该罪是针对在我国市场经济的迅猛发展以及现代企业模式多元化发展过程中产生的非国有公司、企业等单位的工作人员挪用单位资金的行为而规定的一种新型犯罪，是新形势下打击犯罪需要的立法选择，为司法机关依法打击挪用资金犯罪活动、保护公司企业财产权益提供了法律依据。

第 148 问　为逃避税务机关稽查公司的涉税违规行为而隐匿公司财务资料，应如何定罪处罚？

【问题背景】

税务机关对公司进行税务稽查时，公司负责人为逃避稽查故意隐匿甚至销毁公司会计凭证、会计账簿、财务会计报告。那么，对于这种为逃避税务稽查而隐匿公司财务资料的行为，应当如何定罪处罚？

【裁判要旨】

被告人在税务机关对公司进行税务稽查时，拒不交出并隐匿公司会计凭证、会计账簿、财务会计报告，后查实公司违规开具增值税专用发票并申报抵扣。被告人作为公司负责人构成虚开增值税专用发票罪和隐匿会计凭证、会计账簿、财务会计报告罪，一人犯数罪，应数罪并罚。

【参考案例】

四川省达州市通川区人民法院在（2016）川 1702 刑初 230 号刑事判决书中认为：

2015 年，被告人刘旭在经营达州市通川区金源燃料建材有限公司和达州市亚能贸易有限公司的过程中，在无真实货物交易的情况下，以支付价税合计 9.3% 开票费的方式，通过被告人袁环军从陕西开具增值税专用发票 51 份，均向税务机关申报抵扣。经查，被告人刘旭作为金源公司和亚能公司负责人虚开增值税专用发票总额为 1 247 011.29 元。

2015 年 9 月 15 日，达州市国家税务局稽查局依法向作为金源公司法定代表人的被告人刘旭送达调取会计资料文书，被告人刘旭拒不配合，当场撕毁税务机关出具的相关文书和送达回证，随后将该公司相关会计凭证、会计账簿、财务会计报告等资料转移隐匿。2015 年 10 月 27 日，达州市国家税务局稽查局将该案移送达州市公安局，达州市公安局于 2015 年 11 月 10 日立案侦查。

达州市通川区人民检察院以通川检公诉刑诉（2016）2 号起诉书指控被告人刘旭等犯虚开增值税专用发票，被告人刘旭犯隐匿会计凭证、会计账簿、财务会计报告罪，于 2016 年 9 月 23 日提起公诉。

达州市通川区人民法院认定，金源公司在税务机关要求其提供会计资料时拒不交出会计资料并对其进行隐匿，被告人刘旭作为单位直接负责的主管人员，其行为已构成隐匿会计凭证、会计账簿、财务会计报告罪。被告人刘旭作为金源公司和亚能公司负责人虚开增值税专用发票税额为 1 247 011.29 元，其行为构成了虚开增值税专用发票罪。被告人刘旭一人犯数罪，应实行数罪并罚。据此判决：被告人刘旭犯虚开增值税专用发票罪，判处有期徒刑七年；犯隐匿会计凭证、会计账簿、财务会计报告罪，判处有期徒刑一年零六个月，并处罚金人民币三万元。数罪并罚，决定执行有期徒刑八年，并处罚金人民币三万元。

【和普提示】

税务稽查是税务机关代表国家依法对公司纳税情况进行检查监督的一种方式，公司及其负责人应依法接受税务稽查，按时缴纳税款，切勿为逃避稽查而隐匿、销毁公司财务资料，否则将面临涉税犯罪和隐匿、故意销毁会计凭证、会计账簿、财务会计报告罪的数罪并罚。对于涉税犯罪，笔者接下来重点解析。

【重点罪名解析：涉税犯罪】

在股东行权查账过程中，根据查实的公司资金流向，股东及其他人员最常见的涉嫌罪名之三就是涉税犯罪。

涉税犯罪，主要是指危害税收征管罪，税务违法行为造成严重后果达到刑法规定幅度的，就由违法变成了犯罪，主要包括：

（1）逃税罪（《刑法》第二百零一条）；

（2）抗税罪（《刑法》第二百零二条）；

（3）逃避追缴欠税罪（《刑法》第二百零三条）；

（4）骗取出口退税罪（《刑法》第二百零四条）；

（5）虚开增值税专用发票或者虚开用于骗取出口退税、抵扣税款发票罪（《刑法》第二百零五条）；

（6）虚开发票罪（《刑法》第二百零五条之一）；

（7）伪造、出售伪造的增值税专用发票罪（《刑法》第二百零六条）；

（8）非法出售增值税专用发票罪（《刑法》第二百零七条）；

（9）非法购买增值税专用发票、购买伪造的增值税专用发票罪（《刑法》第二百零八条）；

（10）非法制造、出售非法制造的用于骗取出口退税、抵扣税款发票罪（《刑法》第二百零九条第一款）；

（11）非法制造、出售非法制造的发票罪（《刑法》第二百零九条第二款）；

（12）非法出售用于骗取出口退税、抵扣税款发票罪（《刑法》第二百零九条第三款）；

（13）非法出售发票罪（《刑法》第二百零九条第四款）；

（14）持有伪造的发票罪（《刑法》第二百一十条之一）。

当前，涉税犯罪已从一般的偷税漏税发展到虚开增值税发票、利用增值税专用发票抵扣税款等专项犯罪，基于此，笔者在本问中重点围绕公司企业最容易触及的虚开增值税专用发票或者虚开用于骗取出口退税、抵扣税款发票罪进行分析。

虚开增值税专用发票或者虚开用于骗取出口退税、抵扣税款发票罪：

1. 本罪定义

虚开增值税专用发票或者虚开用于骗取出口退税、抵扣税款发票罪，是指违反国家税收征管和发票管理规定、为他人虚开、为自己虚开、让他人为自己虚开、介绍他人虚开增值税专用发票或者用于骗取出口退税、抵扣税款的其他发票的行为。

2. 犯罪构成

（1）主体要件。本罪的主体均为一般主体，包括自然人和单位。单位构成本罪的，对单位实行双罚制，对单位判处罚金并对直接负责的主管人员和其他直接责任人员按《刑法》第二百零五条第三款的规定追究刑事责任。

（2）主观要件。本罪的主观方面是故意，即行为人明知虚开增值税专用发票或者用于骗取出口退税、抵扣税款的其他发票会造成国家税款流失的结果，而积极追求该结果的发生。过失不构成本罪。本罪不要求行为人具有偷逃、骗取税款的目的。因为在为"他人虚开""介绍他人虚开"的场合，只要有帮助他人偷逃、骗取税款的认识就可以构成本罪，不问行为人本人有没有偷逃、骗取税款的目的。

（3）客体要件。本罪的客体是国家对专用发票的管理制度和税收征管制度。

（4）客观要件。本罪的客观方面表现为：虚开专用发票的行为，包括虚开增值税专用发票与虚开用于骗取出口退税、抵扣税款的其他发票的行为。

其中，"出口退税、抵扣税款的其他发票"，是指除增值税专用发票以外的，具有出口退税、抵扣税款功能的收付款凭证或者完税凭证。

"虚开"主要表现为四种形式：

①"为他人虚开"指行为人本人无商品交易活动，但利用所持有的上述发票，采用无中生有或者以少开多的手段，为他人虚开发票的行为。其中也包括以往所说的"代开"发票的行为。这里规定的"他人"既包括企业、事业单位、机关团体，也包括个人。

②"为自己虚开"指利用自己所持有的上述发票，虚开以后自己使用，如进行抵扣税款或者骗取出口退税。

③"让他人为自己虚开"指要求或者诱骗收买他人为自己虚开上述发票的行为。

④"介绍他人虚开"指在虚开上述发票的犯罪过程中起牵线搭桥、组织策划作用的犯罪行为。

3. 立案标准

根据《立案追诉标准（二）》和《最高人民法院关于适用〈全国人民代表

大会常务委员会关于惩治虚开、伪造和非法出售增值税专用发票犯罪的决定〉的若干问题的解释》的规定，虚开增值税专用发票或者虚开用于骗取出口退税、抵扣税款的其他发票，虚开的税款数额在一万元以上的或者虚开上述发票致使国家税款被骗数额在五千元以上的，应予立案追诉。

4. 量刑幅度

根据《刑法》第二百零五条及相关司法解释，虚开增值税专用发票或者虚开用于骗取出口退税、抵扣税款发票罪的量刑处罚标准如下：

（1）虚开的税款数额在一万元以上或者致使国家税款被骗数额在五千元以上的，处三年以下有期徒刑或者拘役，并处二万元以上二十万元以下罚金。

（2）虚开的税款数额在十万元以上或者有以下严重情节的，处三年以上十年以下有期徒刑，并处五万元以上五十万元以下罚金：①因虚开增值税专用发票或者虚开用于骗取出口退税、抵扣税款发票致使国家税款被骗取五万元以上的；②具有其他严重情节的。

（3）虚开的税款数额在五十万元以上，或者具有下列情节特别严重之一的，处十年以上有期徒刑或者无期徒刑，并处五万元以上五十万元以下罚金或者没收财产：①因虚开增值税专用发票或者虚开用于骗取出口退税、抵扣税款发票致使国家税款被骗取三十万元以上的；②虚开的税款数额接近巨大并有其他严重情节的；③具有其他特别严重情节的。

利用虚开的增值税专用发票实际抵扣税款或者骗取出口退税一百万元以上的属于"骗取国家税款数额特别巨大"；造成国家税款损失五十万元以上并且在侦查终结前仍无法追回的，属于"给国家利益造成特别重大损失"。

利用虚开的增值税专用发票骗取国家税款数额特别巨大、给国家利益造成特别重大损失，为"情节特别严重"。

（4）单位犯本罪的，对单位判处罚金，其直接负责的主管人员和其他直接责任人员按照上述相应的标准承担刑事责任。

（5）虚开增值税专用发票犯罪分子与骗取税款犯罪分子，无论是否构成共犯，均应对虚开的税款数额和实际骗取的国家税款数额承担刑事责任。

（6）犯本罪被判处罚金、没收财产的，在执行前，应当先由税务机关追缴税款和所骗取的进出口退税款。

5. 历史沿革

1997年修订《刑法》时，针对当时虚开增值税专用发票或者虚开用于骗取出

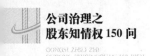
口退税、抵扣税款的其他发票特别严重的情况，将虚开增值税专用发票或者虚开用于骗取出口退税、抵扣税款的其他发票的行为规定为犯罪。而对于虚开增值税发票以外的其他发票的行为，在修订《刑法》时没有单独规定罪名。

2011 年，《刑法修正案（八）》将虚开《刑法》第二百零五条规定以外的其他发票的行为规定为犯罪，进一步加强发票管理，加大了对虚开发票行为的打击力度。

关于虚开增值税专用发票或者虚开用于骗取出口退税、抵扣税款发票罪，从犯罪完成形态来看，根据《刑法》第二百零五条的规定，本罪属于行为犯，即只要具有虚开行为，便构成犯罪，没有"数额""情节"的限定。但是，任何发票犯罪都存在情节问题，对于虚开的数额较小，行为情节显著轻微，危害不大的，根据《刑法》第十三条"但书"规定，应不认定为犯罪。

因此，从这个意义上讲，需要注意区分虚开增值税专用发票或者虚开用于骗取出口退税、抵扣税款发票罪与一般的违法行为，严格把握入罪标准，对低于涉税犯罪相关司法解释规定金额的，不以犯罪论处，应予以税务行政处罚。

第 149 问　为防止司法机关调查企业的违规经营行为而毁灭公司财务资料，应如何定罪处罚？

【问题背景】

公司财务负责人明知司法机关调查企业违规经营行为，为逃避追查，经公司负责人授意故意撕毁、丢弃公司营业流水、日记账等财务资料。那么，对这种毁灭公司财务单据的行为应如何定罪处罚？

【裁判要旨】

在司法机关调查企业违规经营活动的过程中，公司负责人、财务负责人或者公司其他人员故意撕毁、丢弃公司违规经营时的财务资料，该销毁、丢弃单据的行为会直接妨碍司法机关的侦查活动，涉嫌构成帮助毁灭证据罪。

【参考案例】

案例一：北京市西城区人民法院在（2017）京 0102 刑初 809 号刑事判决书中认为：

被告人王榕玲系北京蓝黛俱乐部财务总监，该俱乐部分为酒吧、夜总会、康体游泳馆三部分，公司实际负责人为吕彬（以犯组织卖淫罪另案处理）。2016 年 12 月 25 日，王榕玲接到吕彬让财务总监处理财务凭证的指示，于 12 月 25 日至 26 日通过被告人王光华先后组织被告人曹艳峰、王晓红、杨春等人，在北京市海淀区板井路 69 号世纪金源大饭店地下二层蓝黛康体中心等地，在明知蓝黛夜总会正被公安机关查处的情况下，仍将蓝黛俱乐部收银日报表、营业流水日报表、刷卡流水单、结算单、现金日记账、工资表、提成表、提成领取表、日常报销单据等财务单据撕毁后丢弃，并指使他人拆卸蓝黛俱乐部电脑主机及财务室电脑硬盘等物，致使公安机关无法查获。

2017 年 1 月，被告人王榕玲被查获归案。同案被告人王光华被公安机关抓获后，其妻被告人杨振燕开车将王光华藏匿于家中的蓝黛的电脑主机和财务账目材料等物品丢弃。

北京市西城区人民检察院以京西检公诉刑诉（2017）766 号起诉书指控被告人王榕玲等人犯帮助毁灭证据罪于 2017 年 11 月 29 日提起公诉。

北京市西城区人民法院认定，被告人王榕玲等帮助毁灭证据，情节严重，妨害了司法活动，其中多名参与人员系共同犯罪，其行为均已构成帮助毁灭证据罪。据此判决：被告人王榕玲犯帮助毁灭证据罪，判处有期徒刑二年四个月。

案例二：北京市第二中级人民法院在（2019）京 02 刑终 83 号刑事裁定书中认为：

被告人王榕玲等犯帮助毁灭证据罪一案，北京市西城区人民法院于 2018 年 12 月 18 日作出（2017）京 0102 刑初 809 号刑事判决。一审宣判后，原审被告人王榕玲、王晓红不服，以量刑过重为由提出上诉。

北京市第二中级人民法院审查认为，原审法院综合考虑上诉人王榕玲、王晓红的犯罪性质及量刑情节，对二人在法定刑幅度内所判处的刑罚适当，审判程序合法，扣押物品处理正确，应予维持。据此裁定驳回上诉，维持原判。

【和普提示】

股东行使股东知情权要求查阅公司账目，有时需要通过向法院提起"股东知情权之诉"才得以完成最终查账目的。笔者建议行权股东在诉讼过程中始终坚持

其行权的正当性、合法性，切不可为图一时胜诉后能够查账而毁灭、伪造证据，使得原本正当行权行为最终涉嫌构成帮助毁灭、伪造证据罪。对于本罪，笔者接下来将重点解析。

【重点罪名解析：帮助毁灭、伪造证据罪】

股东行权查账过程中，公司及相关人员如果帮助当事人毁灭、伪造证据，可能构成帮助毁灭、伪造证据罪。

1. 本罪定义

帮助毁灭、伪造证据罪，是指帮助当事人毁灭、伪造证据，情节严重的行为。

2. 犯罪构成

（1）主体要件。本罪的主体是一般主体，即年满 16 周岁且具有刑事责任能力的自然人均可成为本罪的主体。

（2）主观要件。本罪的主观方面是直接故意。行为人实施本罪中的"帮助"行为，必须是出于故意，行为人认识到自己实施毁灭、伪造行为将使得证据功能减弱或消失，从而影响司法活动的进行，在主观上希望发生这种结果。行为人一般具有使当事人逃避或减轻法律制裁的目的。

（3）客体要件。本罪侵犯的客体是司法机关的正常诉讼活动。证据是证明案件真实情况的事实，无论在刑事诉讼还是民事、行政诉讼中，证据对于司法机关正确认定案件事实都起决定性的作用。但是，如果证据被毁灭，或者出现伪造的证据，就会使司法机关难以作出公正的裁判甚至作出错误的裁判。因此，帮助当事人毁灭、伪造证据，必然妨害司法机关的正常诉讼活动。

（4）客观要件。本罪客观方面表现为帮助当事人毁灭、伪造证据的行为。帮助当事人毁灭、伪造证据，既可以是与当事人共同毁灭、伪造证据，也可以是单独为当事人毁灭、伪造证据。当事人既包括刑事案件中的自诉人、被告人、被害人，也包括民事、行政等案件中的原告、被告、第三人等。毁灭证据，是指使证据从物质形态上消失，如将书证烧毁、物证丢弃。伪造证据，包括两种情况：一种是"无中生有"，即凭空捏造出证据；另一种是"改头换面"，即对原来真实的证据加以改造，使证据的证明方向发生改变。

3. 立案标准

认定帮助毁灭、伪造证据罪与非罪的界限，应当注意从以下两个方面进行区分：第一，行为人主观上必须出于故意。如果行为人是出于不知情，或上当受骗而过失地帮助他人实施毁灭、伪造证据的，不构成本罪。因此，在实践中，应当注意区分行为人主观上是否明确地知道自己是在帮助当事人毁灭、伪造证据，并且这种帮助毁灭、伪造证据的行为是否违背行为人的意志。

第二，构成帮助毁灭、伪造证据罪，还必须具有情节严重的要件。如果行为人帮助当事人毁灭、伪造证据情节轻微，危害不大，或者经批评教育后，停止了帮助行为，没有造成严重后果的，一般不应当认定为构成犯罪。

4. 量刑幅度：

《刑法》第三百零七条第二款规定"帮助当事人毁灭、伪造证据，情节严重的，处三年以下有期徒刑或者拘役。"

5. 历史沿革

本罪是 1997 年修订《刑法》时，第三百零七条第二款新增的罪名，1979 年《刑法》和单行刑法均没有规定此罪名。该罪由于相关立法规定过于笼统，又缺乏相应的司法解释，在司法实践中，与包庇罪等相近罪难以区别，导致司法适用困难。

需要注意的是，"帮助当事人毁灭、伪造证据"中的当事人，应当作广义理解，是指诉讼法意义上的当事人，而不限于刑事诉讼中的当事人，其范围由《刑事诉讼法》和《民事诉讼法》规定。具体见如下法律条文：

《刑事诉讼法》第五十二条　人民法院、人民检察院和公安机关有权向有关单位和个人收集、调取证据。有关单位和个人应当如实提供证据。

行政机关在行政执法和查办案件过程中收集的物证、书证、视听资料、电子数据等证据材料，在刑事诉讼中可以作为证据使用。

对涉及国家秘密、商业秘密、个人隐私的证据，应当保密。

凡是伪造证据、隐匿证据或者毁灭证据的，无论属于何方，必须受法律追究。

第五十九条　证人证言必须在法庭上经过公诉人、被害人和被告人、辩护人双方质证并且查实以后，才能作为定案的根据。法庭查明证人有意作伪证或者隐匿罪证的时候，应当依法处理。

《民事诉讼法》第一百一十一条　诉讼参加人或者其他人有下列行为之一的，人民法院可以根据情节轻重予以罚款、拘留；构成犯罪的，依法追究刑事责任：（一）伪造、毁灭重要证据，妨碍人民法院审理案件的……

第 150 问　公司负责人隐匿或销毁商业贿赂的财务记账凭证，
应如何定罪处罚？

【问题背景】

如何有效防范商业贿赂，降低企业刑事犯罪风险，亦成为企业合规经营的重点与难点。那么，在反商业贿赂调查时，行为人将涉嫌商业贿赂的财务资料予以隐匿或销毁，应如何定罪处罚呢？

【裁判要旨】

公司负责人利用职务便利，非法收受他人财物，用账外资金支付回扣或其他应付款项，在司法机关介入调查时故意隐匿、丢弃相关会计凭证的行为涉嫌构成隐匿会计凭证罪。

【参考案例】

案例一：江苏省高级人民法院在（2019）苏刑申 140 号驳回申诉通知书中认为：

原判决认定，被告人金鑫于 2012 年 8 月 24 日担任江苏东方重工有限公司董事长、总经理，其利用职务便利非法收受江苏生源电力器材有限公司法定代表人朱某某为获得其公司在结算舾装件加工费等方面的关照，而送给金鑫一张存有 80 万元的银行卡。2013 年 10 月，被告人金鑫将江苏东方重工有限公司财务负责人刘某某、出纳会计吴某某上交给金鑫的该公司 2007 年以来的账外资金收支原始资料、账簿予以丢弃，涉及金额 2 137 万元。上述犯罪事实有被告人金鑫的供述、相关的证人证言及书证等证据证实，上述证据相互印证，且均经原审庭审举证质证，来源合法，事实清楚，证据确实充分。据此以非国家工作人员受贿罪及隐匿会计凭证、会计账簿罪对其定罪处罚。

被告人金鑫不服泰州市中级人民法院（2018）苏 12 刑终 66 号刑事判决，以原判决认定事实不清，证据不足，适用法律错误，不构成隐匿会计凭证、会计账簿罪及非国家工作人员受贿罪为由，提出申诉。

江苏省高级人民法院针对申诉人金鑫的申诉理由审查认定，根据相关证人证言及书证证实，申诉人金鑫隐匿的涉案会计凭证和账簿是未入公司账目的部分资金使用情况的真实记账凭证，该部分记账凭证后附录有相关的原始单据、凭证，并非简单的银行流水，属于依法应当保存的会计凭证、账簿，其行为依法构成隐匿会计凭证、会计账簿罪；申诉人金鑫利用职务上的便利，非法收受他人财物，为他人谋取利益，数额较大，该行为构成非国家工作人员受贿罪。故，金鑫的申诉理由不能成立，申诉不符合重新审判条件，予以驳回。

案例二：山东省烟台市中级人民法院在（2014）烟刑二终字第58号刑事判决书中认为：

被告人郝维江自1999年担任山东招远市七六一有限责任公司董事长兼总经理期间，便开始安排财务人员私设账外账。后郝维江因重大责任事故改由其子郝学桂担任公司法人代表，但其保外就医后仍实际行使公司控制权、管理权。

2012年10月，招远市公安局经侦大队对被告人郝维江涉嫌对非国家工作人员行贿案进行立案初查。2012年11月1日，公安机关以涉嫌犯对非国家工作人员行贿罪将郝维江刑事拘留，同年12月8日郝维江被逮捕。公安机关在初查阶段要求郝维江提供该公司账外账的账簿，但其安排公司财务人员仅将小金库账簿上交。经侦查人员反复做工作后，郝维江安排公司出纳将该公司2006年以后的账外账会计凭证交出。

2013年1月21日，招远市公安局下达调取七六一有限责任公司1999年至2005年12月账外账的记账凭证通知书，该公司出纳仍坚持其没有收到和保存上述凭证。2013年4月15日上午，办案民警在该公司出纳家小草屋中查获2003年和2004年部分会计凭证共计17本。经鉴定，被隐匿会计凭证涉及金额达人民币19 998 848.08元。

招远市人民法院认定，被告人郝维江在担任公司董事长兼总经理期间，安排公司财务人员编制账外账用于支付公司各种回扣或其他应付款。郝维江在税务机关对公司进行税务检查时，指使财务人员隐匿账外账会计凭证；在公安机关侦查其涉嫌对非国家工作人员行贿案件过程中，指使公司出纳隐匿17本账外账会计凭证而拒不交出，其行为构成隐匿会计凭证罪。据此，以隐匿会计凭证罪判处被告人郝维江有期徒刑二年零三个月，并处罚金人民币四万元。后经上诉，烟台市中级人民法院以隐匿会计凭证罪改判为被告人郝维江有期徒刑一年十一个月，并处罚金人民币三万元。

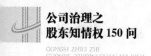

【和普提示】

在企业经营过程中，收受回扣、佣金等现象屡见不鲜。由于会计制度不健全、现金交易大量发生、假账现象普遍存在等因素，贿款常常以技术服务费、咨询费、顾问费、外出考察费、业内研讨会赞助费等看似合法的形式出现，导致商业贿赂的形式纷繁多样，已呈向社会多行业多领域蔓延之势。商业贿赂成为《刑法》重点打击的刑事犯罪领域。鉴于商业贿赂犯罪与企业经营息息相关，笔者接下来将重点解析。

【重点罪名解析：商业贿赂犯罪】

股东在行权查账过程中，公司及相关人员如果有行贿或者受贿行为，可能构成该类商业贿赂犯罪。

商业贿赂罪是一类罪名，并非刑法规定的独立罪名，而是对与商业活动有关的贿赂犯罪的统称。商业贿赂罪主要包括商业受贿罪、商业行贿罪，涉及《刑法》规定的主要有八种罪名：

（1）非国家工作人员受贿罪（《刑法》第一百六十三条）；

（2）对非国家工作人员行贿罪（《刑法》第一百六十四条）；

（3）受贿罪（《刑法》第三百八十五条）；

（4）单位受贿罪（《刑法》第三百八十七条）；

（5）行贿罪（《刑法》第三百八十九条）；

（6）对单位行贿罪（《刑法》第三百九十一条）；

（7）介绍贿赂罪（《刑法》第三百九十二条）；

（8）单位行贿罪（《刑法》第三百九十三条）。

我国《反不正当竞争法》第八条明确规定："经营者不得采用财物或者其他手段进行贿赂以销售或者购买商品。"这是我国在法律中第一次对商业贿赂进行明确的法律规范。

实践中，通常所称的"商业贿赂罪"主要指的是受贿犯罪与行贿犯罪。企业经营最容易触及的是非国家工作人员受贿罪和对非国家工作人员行贿罪。商业贿赂并非刑法意义上的类罪，也不是刑法意义上的独立的犯罪类型，在此，笔者围绕商业贿赂犯罪中最容易触及的非国家工作人员受贿罪、对非国家工作人员行贿罪这两个罪名进行分析。

（一）非国家工作人员受贿罪

1. 本罪定义

非国家工作人员受贿罪，是指公司、企业或者其他单位的工作人员利用职务上的便利，索取他人财物或者非法收受他人财物，为他人谋取利益，数额较大的行为。

2. 犯罪构成

（1）主体要件。犯罪主体是特殊主体，即公司、企业或者其他单位的工作人员。公司、企业的工作人员是指在公司、企业、其他单位中从事领导、组织、管理工作的人员，如公司的董事、监事以及公司、企业的经理、厂长、财会人员以及其他受公司、企业聘用从事管理事务的人员。其他单位的工作人员包括非国有事业单位或者其他组织的工作人员，如教育、科研、医疗、体育、出版等单位的从事组织领导以及履行监督、管理职责的人员。

此罪和受贿罪的主要区别是犯罪主体的不同。非国家工作人员受贿罪的犯罪主体主要是公司、企业或者其他单位的工作人员，范围比较广，而受贿罪的主体严格限定于国家工作人员。

（2）主观要件。本罪的主观方面表现为故意，即公司、企业、其他单位的工作人员故意利用其职务之便接受或索取贿赂，为他人谋取利益。

（3）客体要件。本罪侵犯的客体是国家对公司、企业以及非国有事业单位、其他组织的工作人员职务活动的管理制度。在市场经济的运行机制中，公司、企业以及事业单位、其他组织，后者如教育、科研、医疗、体育、出版等单位扮演着十分重要的角色。这些单位的工作人员通过自己合法的职务活动，使公司、企业、事业单位等在市场经济体制中的角色得以正常而出色地发挥。因此，有关法律对这些单位的工作人员的职务活动作了规范，建立起一套明确的管理制度。相关人员受贿罪则是对这套管理制度的直接侵犯，从而产生公司、企业、事业单位等管理层的腐败，危害公司、企业、事业单位的根本利益，破坏正常的社会主义市场公平竞争的交易秩序。

（4）客观要件。本罪客观方面表现为利用职务上的便利，索取他人财物或非法收受他人财物，为他人谋取利益，数额较大的行为。利用职务上的便利是本罪在客观方面的重要因素，是指公司、企业以及事业单位、其他组织，后者如教育、科研、医疗、体育、出版等单位的工作人员利用本人组织、领导、监督、管理等职权以及利用与上述职权有关的便利条件。索取他人财物是指利用组织、领导、监督、管理等职务上的便利，主动向有求于行为人职务行为的请托人索要财物。非法收受他人财物是指利用组织、领导、监督、管理等职务上的便利，为请托人办事，接受请托人主动送给的财物。为他人谋取利益是指行为人索要或收受他人财物，利用职务之便为他人或允诺为他人实现某种利益。该利益是合法还是非法，该利益是否已谋取到，均不影响本罪的成立。数额较大是指接受贿赂即财物的数额较大。接受了数额较大的贿赂，则构成该罪的既遂。

3. 立案标准

现行最新司法解释关于非国家工作人员受贿罪的立案标准为 6 万元以上"数额较大"，100 万元以上为"数额巨大"。

4. 量刑幅度

根据《刑法》第一百六十三条的规定，公司、企业或者其他单位的工作人员，利用职务上的便利，索取他人财物或者非法收受他人财物，为他人谋取利益，数额较大的，处三年以下有期徒刑或者拘役，并处罚金；数额巨大或者有其他严重情节的，处三年以上十年以下有期徒刑，并处罚金；数额特别巨大或者有其他特别严重情节的，处十年以上有期徒刑或者无期徒刑，并处罚金。

（二）对非国家工作人员行贿罪

1. 本罪定义

对非国家工作人员行贿罪，是指为谋取不正当利益，给予公司、企业或者其他单位的工作人员以财物，数额较大的行为。

2. 犯罪构成

（1）主体要件。本罪的主体是经营者，即从事商品经营、营利性服务等经济活动的主体，对其实施的违法犯罪活动要平等地制裁打击，不能搞区别对待，宽严不一。

（2）主观要件。本罪的主观方面均为故意，其目的是谋取不正当利益。此处的谋利不同于经济活动中依法经营获取正当利益，而是牟取暴利、追求不正当的高额经济利润。就行贿方而言，其旨在通过对公司、企业人员行贿谋取高于其提供的商品、劳务服务所应得的公平利润，其动机还可能是垄断市场、排除竞争对手，最终进行垄断经营，牟取暴利。

（3）客体要件。本罪侵犯的是复杂客体，即国家公司、企业的正常管理秩序和市场竞争秩序。对公司、企业人员行贿违背诚实信用原则，公然抢走生意，会严重挫伤合法经营者的积极性，使市场竞争营业处于混乱无序的状态。在司法实践中以行贿罪认定和处理这些问题，囿于主体的公职身份、客观上利用职务之便要求的局限，难免存在困难偏差，出现打击盲点。随着公务员制度逐渐完善，国家工作人员直接以权谋私、以权换利的贿赂犯罪会逐步减少，而部分商品经营者及从事营利活动的个人、企事业单位利用贿赂手段进行不正当竞争谋取非法利润的商业行贿犯罪会不断上升，其隐蔽性和欺骗性很大，且并发其他多种犯罪，危害极大，为打击制裁经济犯罪、规定经济行为，本条设立对公司、企业由买方或卖方单独给付或双方共同给付的款项。

（4）客观要件。本罪的客观方面表现为谋取不正当利益，给予公司、企业的工作人员以财物，并且数额较大的行为。支付回扣、手续费是本罪客观方面的主要表现形式。原则上，只要买卖双方和中间人本着诚实信用、公平交易的原则，在不违反国家政策法律的情况下支付收受，对经济发展是有利的，法律上也应予以承认和保护。但是在某些情况下，回扣、手续费的支付与收受会危害市场经济公平竞争机制，破坏市场经济秩序，严重的则可能构成本罪。

3. 立案标准

《立案追诉标准（二）》第十一条规定，为谋取不正当利益，给予公司、企业或者其他单位的工作人员以财物，……单位行贿数额在 20 万元以上的，应予立案追诉。

根据《最高人民法院、最高人民检察院关于办理贪污贿赂刑事案件适用法律若干问题的解释》第十一条第三款：刑法第一百六十四条第一款的对非国家工作人员行贿罪中的"数额较大""数额巨大"的数额起点，按照本解释第七条、第八条第一款关于行贿罪的数额标准规定的二倍执行。

具体而言，个人行贿 6 万元以上或者具有特定情节、行贿 2 万元以上，为对非国家工作人员行贿"数额较大"；个人行贿 200 万元以上或者具有特定情节、行贿 100 万元以上，为对非国家工作人员行贿"数额巨大"；单位行贿依照原司法解释，数额在 20 万元以上的，应予立案追诉。

4. 量刑幅度

根据《刑法》第一百六十四条规定，为谋取不正当利益，给予公司、企业或者其他单位的工作人员以财物，数额较大的，处三年以下有期徒刑或者拘役，并处罚金；数额巨大的，处三年以上十年以下有期徒刑，并处罚金。

单位犯前款罪的，对单位判处罚金，并对其直接负责的主管人员和其他直接责任人员，依照前款的规定处罚。

行贿人在被追诉前主动交代行贿行为的，可以减轻处罚或者免除处罚。

5. 历史沿革

（1）非国家工作人员受贿罪，最早被称为"公司、企业人员受贿罪"。2007年10月颁布的《最高人民法院、最高人民检察院关于执行〈中华人民共和国刑法〉确定罪名的补充规定（三）》取消了"公司、企业人员受贿罪"，改为"非国家工作人员受贿罪"，并将本罪主体增加到"其他单位的工作人员"。

（2）对非国家工作人员行贿罪，最早被称为"公司、企业人员行贿罪"。2006年6月公布的《刑法修正案（六）》修改了原罪名，更名为"对非国家工作人员行贿罪"，并将该条罪状修改为"为谋取不正当利益，给予公司、企业或者其他单位的工作人员以财物，数额较大"。修改后将"其他单位的工作人员"纳入条文，扩大了本罪的主体范围。

（3）2008年11月印发的《最高人民法院、最高人民检察院关于办理商业贿赂刑事案件适用法律若干问题的意见》中明确了《刑法》第一百六十三条中的"其他单位"的范围，扩大了本罪的主体适用范围，明确了"公司、企业或者其他单位的工作人员"的认定范围；明确了医药购销、工程建设、政府采购等领域中商业贿赂犯罪的刑事责任，对医生"开单提成"等群众反映强烈的贿赂行为的定性问题作出明确规定；明确了商业贿赂犯罪中不正当利益的认定；区分了商业贿赂犯罪与赠予的界限①。

---

① 区分贿赂与馈赠的界限，应当结合以下因素全面分析、综合判断：
  （1）发生财物往来的背景，如双方是否存在亲友关系及历史上交往的情形和程度；
  （2）往来财物的价值；
  （3）财物往来的缘由、时机和方式，提供财物方对于接受方有无职务上的请托；
  （4）接受方是否利用职务上的便利为提供方谋取利益。

特别鸣谢

　　由于本书作者都是常年奋战在一线的法律工作人员，本书项目立项之后，我们一边要处理手中繁重的诉讼或者非诉业务，继续服务我们的客户，一边还要撰写本书。在艰难的写作过程中，我们获得了身边亲友的大力支持，他们或者给我们提出了宝贵的修改意见，或者在稿件校对、行政事务、联系出版等方面给我们提供了巨大的帮助，才使本书得以顺利出版。最后我们要感谢我们的客户，为我们提供了宝贵的实践经验，让我们有足够的底气出版本书，同时我们也承诺将为我们的客户提供更好的服务。

　　特别感谢下列人员（排名不分先后）：

　　李定举、郑晓彤、黄小玥、熊婉珍、管兴芸、廖昌辉

　　本书主编联系方式：

　　　　杨桥微信　　　　　颜学刚微信